Die Entstehung des Neuen Testaments

Benjamin Wisner Bacon

Writat

Diese Ausgabe erschien im Jahr 2023

ISBN: 9789359256795

Herausgegeben von
Writat
E-Mail: info@writat.com

Inhalt

TEIL I

Heiligsprechung und Kritik

KAPITEL I

Inspiration und Heiligsprechung

Das Neue Testament stellt das Paradoxon einer Literatur dar, die aus dem Protest gegen die Tyrannei eines Kanonikers entstand und sich letztlich selbst durch eine zunehmende Forderung nach externer Autorität kanonisierte. Dieses Paradoxon ist von großer Bedeutung. Wir müssen es genauer untersuchen.

Das Werk Jesu war ein konsequenter Versuch, die Religion vom abstumpfenden System der Schriftgelehrten zu befreien. Er war sich einer direkten, göttlichen Autorität bewusst. Die zerbrochenen Lichter früherer Inspiration gehen in der vollen Dämmerung der Gegenwart Gottes in seiner Seele verloren.

Also bei Paul. Der Schlüssel zum Denken des Paulus ist seine Revolte gegen den Legalismus. Es gehörte zu seiner Knechtschaft, die Sekte zu verfolgen, die behauptete, einen anderen Weg als den „Weg" [1] der Schriftgelehrten zu kennen. Diese Christen bekundeten ihren Glauben durch den Ritus der Taufe und rühmten sich im Sinne der Begabung mit „dem Geist". Saul war sich des Jochs zutiefst bewusst; nur hatte er nicht damit gerechnet, dass seine eigene Befreiung von einer solchen Seite kommen könnte. Aber der Kontakt mit Opfern wie Stephanus, Männern, die „vom Geist erfüllt" waren und sich der „Kraft Gottes" bewusst waren, aufgrund derer seine Seele ohnmächtig wurde, konnte nur Wirkung zeigen. Es kam plötzlich und überwältigend. Das eigentliche Problem war, wie Saul es sah, sowohl vor als auch nach seiner Bekehrung, Gesetz *versus* Gnade. Indem sie „Rechtfertigung" durch die Gunst Jesu suchten, eröffneten diese Christen einen neuen und lebendigen Weg zur Akzeptanz bei Gott. So verräterisch und abtrünnig der Versuch auch erscheinen muss, während der Weg des Gesetzes noch Erfolg versprach, für Seelen, die wie Saul immer tiefer in das verzweifelte Bewusstsein der „Schwäche des Fleisches" versinken, könnte sich die Vergebung im Namen Jesu als erweisen Licht und Leben von Gott. Die verachtete Sekte der „Sünder", die er verfolgt hatte, drückte den Kern ihres Glaubens in der Lehre aus, dass die Gabe des Geistes Jesu sie zu Söhnen und Erben Gottes gemacht habe. Wenn der bekehrte Paulus seinerseits durch das Gefühl der gegenwärtigen Inspiration emporgehoben wird – „energetisiert", wie er es nennt – sogar über seine Mitchristen hinaus, ist das nicht mehr, als wir erwarten sollten.

Die Bekehrung des Paulus zum neuen Glauben – oder zumindest seine anhaltende Befriedigung damit – wird unerklärlich sein, wenn wir nicht die Logik erkennen, aus der er darin einen inhärenten Widerstand gegen die wachsenden Anforderungen des Legalismus erkennt. In Wahrheit hatte Jesus eine Revolte gegen die bloße Bücherreligion angeführt. Seine Hauptgegner waren die Schriftgelehrten, Anhänger und Vertreter einer heiligen Schrift, des Gesetzes. „Gesetz" und „Propheten", von denen das eine die Bedingungen des erwarteten transzendentalen Königreichs vorschrieb, das andere ihre Anwendung veranschaulichte und ihre Verheißung garantierte, bildeten den Kanon der Synagoge. Das Judentum war zu einer Religion schriftlicher Autorität geworden. Dem stellte Jesus eine direkte Beziehung zum lebendigen Vater im Himmel gegenüber, der dem kindlichen Geist immer gegenwärtig offenbart wurde. Die Bergpredigt macht das Tun des Willens dieses Vaters zu etwas ganz anderem als der Unterwerfung unter schriftliche Gebote, die von offizieller Autorität ausgelegt und unter Strafe verhängt werden. Es bedeutet Selbstdisziplin im Geiste der uneigennützigen Güte des Vaters, wie er in der Alltagserfahrung zum Ausdruck kommt.

Selbst den Lohn dieser Selbstdisziplin, das Königreich, konnte sich Jesus nicht ganz so vorstellen wie die Schriftgelehrten. Für sie verschaffte ihnen der Gehorsam in dieser Welt einen „Anteil an der künftigen Welt". Für ihn war die Belohnung eher eine Frage des Seins als des Erhaltens. Das Königreich war ein scheinbarer Erbe; und daher sowohl Gegenwart als auch Zukunft. Es geschah sowohl „innerhalb" und „unter" den Menschen als auch vor ihnen. Sie sollten danach streben, „Söhne und Töchter des Höchsten" zu sein, und dabei davon ausgehen, dass alle anderen guten Dinge „hinzugefügt" werden. Also erweckte Jesus die Religion wieder zum Leben. Es wurde spirituell, innerlich, persönlich, tatsächlich.

Nach dem Wirken Johannes des Täufers an die, wie wir es nennen würden, „kirchenfremden" Massen, nahm Jesus ihre Sache auf. Er wurde zum „Freund" und Vorkämpfer der „Kleinen", der „Zöllner und Sünder", des gemischten „Volkes des Landes" im bevölkerungsreichen, halbheidnischen Galiläa. Die Bürden, die die Schriftgelehrten im Namen der „Schrift" auferlegten, wurden vom typischen Pharisäer bereitwillig angenommen, unbeeindruckt von den paulinischen Bedenken hinsichtlich „moralischer Unfähigkeit". „Alle Gerechtigkeit zu erfüllen" war für den Pharisäer, der nicht vom Hellenismus befleckt war, Stolz und Freude. Für die „verlorenen Schafe Israels", die Jesus fern von Tempel und Synagoge ansprach, erwies sich diese „Gerechtigkeit" (ebenso wie für Paulus, wenn auch aus ganz anderen Gründen) als „ein Joch, das weder wir noch unsere Väter ertragen konnten". " Jesus „hatte Mitleid mit der Menge". Zu ihnen „sprach er mit Vollmacht"; und doch „nicht als die Schriftgelehrten", sondern als „ein Prophet". Als ihm die Schriftgelehrten seine Autorität vorwarfen, verwies er auf „die Taufe des Johannes" und fragte, ob der Auftrag des Johannes „vom Himmel oder von Menschen" stamme. Sie gaben zu, dass Johannes „ein Prophet" war. Diejenigen, die auf diese Weise die einfache, aufrichtige

Überzeugung der Seele zum Ausdruck bringen und ihr instinktives Streben nach „den Dingen, die von Gott sind", zum Ausdruck bringen, sind sich bewusst, dass sie nicht von sich selbst sprechen.

Jesus war zwar kein Bilderstürmer. Er legte großen Wert darauf, deutlich zu machen, dass, wenn er das ersetzte, was sie früher als Gerechtigkeit gelehrt hatten, dies im Interesse einer höheren, einer „Gerechtigkeit Gottes" geschah. Wenn er Fasten und Sabbate außer Acht ließ, so geschah dies, um die Substanz an die Stelle der Form und den Zweck an die Stelle der Mittel zu setzen. „Urteil, Barmherzigkeit und Treu und Glauben" sollten mehr zählen als der Zehnte von „Minze, Anis und Kreuzkümmel ". Er wiederholte, was Johannes der Täufer über Reue und Vergebung gelehrt hatte. Hoffnung sollte nicht länger auf Geburt, Vorrecht oder ritueller Form basieren, sondern auf der Barmherzigkeit eines Gottes, der von uns verlangt, dass wir vergeben, wenn uns vergeben wird. Dies war jedoch nicht nur die Botschaft von Johannes, sondern von allen Propheten vor ihm: „Ich will Barmherzigkeit haben und nicht opfern." Jesus lehrte diese höhere, innere Gerechtigkeit; aber nicht nur wie John es getan hatte. Johannes hatte gesagt: Tut Buße, denn der Zorn Gottes ist nahe. Jesus sagte: Tut Buße, denn die Vergebung Gottes ist offen. Das Herz des Vaters sehnt sich nach den eigensinnigen Söhnen. Jesus predigte die Nähe des Königreichs als „Frohbotschaft für die Armen"; und zu diesen „Armen" zählten sogar Außerirdische, die an den Gott Abrahams „glaubten".

Der neue Weg ging von derselben Schrift aus wie die der Schriftgelehrten, tendierte jedoch in die entgegengesetzte Richtung. Sie hatten sich seit der Zeit Esras allmählich an Bestimmtheit und Autorität entwickelt; Ja, denn Josia hatte nach der Entdeckung des „Buches des Gesetzes" im Tempel einen formellen Bund geschlossen und sich und sein Volk zum Gehorsam verpflichtet. Wie bei vielen alten Völkern folgte auf die Kodifizierung des alten Gesetzes dessen Heiligsprechung, und mit dem Niedergang des nationalen Lebens nahm die religiöse Bedeutung des Gesetzes zu. Es wurde nun erklärt, dass es den vollständigen Willen Gottes für ein ideales Volk Gottes in einem erneuerten Universum zum Ausdruck bringe, dessen Zentrum ein neues und verherrlichtes Jerusalem sein sollte. Das Exil unterbrach eine Zeit lang den Prozess der formalen Entwicklung; aber in dem kirchlichen Umbau, der zu Esras Zeiten folgte, war „das Buch des Gesetzes" umso erhabener geworden; Der Schreiber trat an die Stelle des Beamten, die Synagoge wurde zum örtlichen Heiligtum und zum Gerichtsgebäude in einem, die Nation wurde zur Kirche, Israel wurde zum „Volk des Buches".

Gesetzliche Anforderungen erfordern einen Belohnungsanreiz. Wir brauchen uns also nicht zu wundern, dass der Kanon des Gesetzes bald durch den der historischen und mahnenden Schriften der Propheten ergänzt wurde. Erstere galten als Interpretation des Gesetzes, indem sie seine Anwendung in der Praxis zeigten, letztere wurden wegen ihres prädiktiven Elements geschätzt. Gesetze und Propheten wurden durch Psalmen und Elemente aus der späteren Literatur ergänzt, die auf das religiöse System anwendbar waren. Am einflussreichsten waren die „Apokalypsen" oder „Offenbarungen" des transzendentalen Königreichs und der Bedingungen und Art seines Kommens. Die Heilige Schrift war somit zu einer Verkörperung der israelischen Religion geworden. Es legt das nationale Zivil-, Straf- oder Religionsrecht fest; und die nationale Hoffnung, das Königreich Gottes. Sein Verwalter und Dolmetscher war „Schreiber", Anwalt und Geistlicher zugleich. Der Schreiber besaß „den Schlüssel des Wissens"; Ihm war es gegeben, „zu binden und zu lösen", „zu öffnen und zu schließen". Jeder Prediger, der sich anmaßt, eine Gerechtigkeit außerhalb des „Jochs des Gesetzes" vorzuschreiben oder aus anderer Autorität Vergebung der Sünden zu versprechen, muss mit den Schriftgelehrten rechnen. Es würde davon ausgegangen werden, dass er versuchte, „das Königreich mit Gewalt einzunehmen".

Das Martyrium Jesu wurde durch die Priester, die Tempelbehörden, vollzogen ; sondern auf Veranlassung der Schriftgelehrten und Pharisäer. Seine Anhänger wurden bald darauf aus dem orthodoxen Judentum vertrieben und verfolgt. Diese Verfolgung fand jedoch bald ihre natürliche Führung nicht unter der sadduzäischen Tempelpriesterschaft, sondern unter den Anhängern des Gesetzes. Es war „in den Synagogen". Aus einer quasi-politischen Bewegung wurde eine deutlich religiöse Bewegung. Diese Verfolgung durch die Pharisäer ist im Großen und Ganzen weniger überraschend als die Tatsache, dass sich so viele jüdische Gläubige weiterhin als konsequente Pharisäer betrachteten und von ihren Mitjuden sogar so angesehen wurden. In Wirklichkeit konnten jüdische Christen in der Regel keine Unvereinbarkeit zwischen der durchschnittlichen Synagogenreligion und ihrer Akzeptanz von Jesus als dem Mann erkennen, der in der Auferstehung auf übernatürliche Weise bezeugt wurde, dass er zurückkehren und die Herrlichkeit des Königreichs bringen werde. Jesu Vorstellung von „Gerechtigkeit" schien ihnen nicht unvereinbar mit dem Legalismus der Schriftgelehrten; noch weniger hatten sie den subtilen Unterschied zwischen seinem Versprechen „Ihr werdet Söhne und Töchter des Höchsten sein" und den apokalyptischen Träumen gespürt, die sie mit ihren Mitjuden teilten. Saul, der Verfolger, und Paulus, der Apostel, waren logischer. In Gal. ii. 15-21 haben wir Paulus' eigene Aussage über das Wesentliche, wie es seinem klaren Verstand noch erschien. Die durchschnittliche Synagogenreligion ließ trotz des allmählichen Vordringens des legalistischen Systems der Schriftgelehrten immer noch Raum für eine väterlichere Beziehung Gottes zum Einzelnen. Männer, die für Widersprüchlichkeit nicht empfänglich sind, könnten in der Synagoge Platz für den „väterlichen Theismus" Jesu finden, auch wenn dieser immer mehr unter die Rubrik „ungebundene Barmherzigkeit" gestellt werden muss. Für Paulus ist das Dilemma jedoch absolut. Man muss sich entweder auf „Gesetz" oder auf „Gnade" verlassen. Ein teilweises Vertrauen in das eine bedeutet in genau diesem Maße eine Verneinung des Glaubens an das andere. Das System schriftlicher Vorschriften lässt keine Ausnahme zu und duldet keine geteilte Loyalität. Wenn der Kanon des geschriebenen Gesetzes die von Gott gegebene Bedingung für die messianische Verheißung ist, dann kann kein Mensch danach streben, an der Hoffnung Israels teilzuhaben, der sich nicht vorbehaltlos seinem Joch unterwirft. Umgekehrt ist Glaube kein Glaube, wenn man ihn durch „Werke des Gesetzes" zu ergänzen sucht .

Aus dieser Sicht muss der Jude, der durch die Taufe „auf den Namen Jesu" Vergebung seiner Sünden sucht, als Abtrünniger vom Gesetz betrachtet werden. Damit erkennt er an, dass er einem anderen Weg folgt, einem Weg der „Gnade", sozusagen einer Abkürzung zu einem Anteil am messianischen Erbe Israels durch die „Gunst" eines angeblichen Messias . Derselbe Paulus, der nach seiner Bekehrung behauptet (Gal. 2, 21), dass die Suche nach „Rechtfertigung" durch das Gesetz die Gnade Gottes wirkungslos macht, muss umgekehrt vor der Bekehrung davon ausgegangen sein, dass die Suche nach „Rechtfertigung" durch die „Gnade" Jesu erfolgt das Gesetz der Wirkungslosigkeit. Sogar zum Zeitpunkt des Schreibens galt noch immer das Axiom: Kein Widerstand gegen das Joch des Gesetzes, keine Verfolgung (Gal. v. 11).

Es ist also wahr, dass sich das gesetzliche System der Verschreibung und Belohnung nur auf Kosten der weniger mechanischen, väterlicheren Religion eines Hosea oder eines Jesaja entwickelt hatte und entwickeln konnte. Sogar Schriftgelehrte hatten zugegeben, dass das Gesetz der Liebe „viel mehr war als alles Brandopfer und Schlachtopfer". Und die Bewegung der Täufer und Jesu hatte in Wirklichkeit den Charakter einer Reaktion auf diesen älteren, einfacheren Glauben. Die plötzliche Revolte in Paulus' eigenem Geist gegen das Schreibsystem hätte bei einem Pharisäer, der mit griechischen Ideen nicht vertraut war, vielleicht nicht stattgefunden. Aber in gewisser Weise war die Erfahrung des Paulus mit dem Konflikt zwischen Fleisch und Geist, einer „moralischen Unfähigkeit", die Anforderungen des Gesetzes zu erfüllen, *eine* typisch christliche Erfahrung, wie Paulus sie empfand. Für ihn wurde es zur Grundlage eines eigenständigen Evangeliums. Für ihn waren das Kreuz und der vom auferstandenen Messias verliehene Geist Zeichen Gottes, dass die Evangeliumszeit des Gesetzes beendet und eine Evangeliumszeit der Gnade und der Sohnschaft begonnen hat. Ohne dieses paulinische Evangelium *über* Jesus hätte das Christentum niemals mehr als eine Sekte des reformierten Judentums werden können.

Die Lehre und das Martyrium Jesu hatten somit dazu beigetragen, einen tiefen und echten Gegensatz hervorzuheben. Nur Männern, die nicht wie Paulus vom Extrem des Vertrauens in den Legalismus zu einem entsprechenden Extrem der Verzweiflung übergegangen sind, könnte eine gewisse Unempfindlichkeit gegenüber dieser Inkonsistenz verziehen werden. Wir sind uns darüber im Klaren, dass Jakobus und Petrus sich ehrlich dem geschriebenen Gesetz verpflichtet fühlten, auch wenn wir die Logik des Paulus anerkennen, dass jeder Mensch, der einst „gestrebt hatte, in Christus gerechtfertigt zu werden", nicht in irgendeiner Weise zur Einhaltung des Gesetzes zurückkehren konnte „Selbstverurteilung" sein.

Man kann sagen, dass das Christentum in der großen Auseinandersetzung, die Paulus in Anlehnung an sein eigenes Evangelium gegen Petrus und die älteren Apostel führte, als neue Religion zu Selbstbewusstsein gelangte. Ihr Sieg als universelle Religion der „Gnade" über die Beschränkungen des Judentums war der gemeinsamen Lehre vom „Geist" zu verdanken. Dies war der einzige Punkt der Einigkeit, die einzige Hoffnung auf endgültige Eintracht zwischen den streitenden Parteien. Alle waren sich einig, dass die Ausstattung mit „dem Geist" den Christen kennzeichnet. Es war in Wahrheit das große Erbe Jesu, das alle gemeinsam teilten. Und Petrus und Jakobus gaben zu, dass die Leugnung, dass unbeschnittene Heiden den Geist empfangen hätten, einem „Kampf gegen Gott" gleichkäme.

Nach dem Tod des Paulus verlief die kirchliche Entwicklung vor allem über die Synagoge. Das Gefühl der Präsenz und Autorität des „Geistes" wurde schwächer, die Autorität des Buchstabens stärker. Selbst die paulinischen Kirchen folgten von Anfang an instinktiv diesem Muster, was Rituale, Ordnung und Einhaltung anbelangte. Alle nutzten wie selbstverständlich weiterhin die heiligen Schriften der Synagoge. Paulus selbst konnte trotz seines Protests gegen „den Buchstaben" nur durch Argumente aus der „Schrift" gegen seine Gegner vorankommen. Er hatte darin Vorwegnahmen und Vorhersagen seines eigenen christlichen Glaubens gefunden ; aber durch eine Exegese, die oft nur wenig weniger erzwungen und phantastisch ist als die der Rabbinerschulen, in denen er ausgebildet worden war. Dies war eine Notwendigkeit der Zeit. Die Argumentation, so trügerisch sie heute auch erscheinen mag, hatte an Paulus' eigenen Glauben appelliert und ihn gestärkt und war wahrscheinlich bei anderen wirksam, auch wenn der Glaube tatsächlich auf anderen Gründen beruhte als der Argumentation, mit der er verteidigt wurde. Die Ergebnisse dieses Biblizismus waren nicht alle heilsam. Die Ansprüche der schriftlichen Autorität wurden eher gelockert als gebrochen. Paulus selbst hatte innerhalb dieser Verteidigungsanlagen genügend Raum für die Religion des Geistes gefunden; aber es kam eine Generation mit weniger Sinn für die gegenwärtige Inspiration. Die Abhängigkeit von früheren Autoritäten würde in dieser neuen Generation in direktem Verhältnis zu ihrem Gefühl für die überlegene „Inspiration" der vorherigen Generation zunehmen. Selbst durch die „Schriften der Propheten" lässt sich Paulus nicht behindern, da diese seiner Ansicht nach ihre gesamte Autorität und Bedeutung „vom Herrn, dem Geist" beziehen. Daher „wo der Geist des Herrn ist, da ist Freiheit." Nur das erinnerte „Wort des Herrn" hat für Paulus eine Autorität, die über seine eigene hinausgeht, selbst wenn er denkt, dass er auch den Geist hat. Mit dieser Ausnahme sind für Paulus vergangene Offenbarungen der Gegenwart untergeordnet. Aber der unmittelbare Jünger des Paulus, der Autor des Hebräerbriefs, befindet sich bereits auf einer niedrigeren Ebene. Dieser Autor blickt auf eine dreifache Autoritätsquelle zurück: Gott hatte in früheren Zeiten „durch die Propheten" und in der Gegenwart „durch einen Sohn" gesprochen, aber er blickt auch auf eine höhere apostolische Autorität als seine eigene: Das Wort „wurde bestätigt". zu uns durch die, die es hörten, und Gott zeugte mit ihnen, sowohl durch Zeichen und Wunder, als auch durch vielfältige Kräfte und durch die Gaben des Heiligen Geistes." In ähnlicher Weise hält der Autor der Hirtenbriefe (90-100?) das von Paulus gehörte „Muster gesunder Worte" für ein „heiliges Gut", das „vom Heiligen Geist" „behütet" und nicht offenbart wird. Die fraglichen „gesunden Worte" werden als „die Worte unseres Herrn Jesus Christus" definiert. Diese legen zusammen mit „der Lehre, die der Frömmigkeit entspricht" den Maßstab der Orthodoxie fest. Für „Judas" (100-110?) ist der Glaube etwas „ein für alle Mal den Heiligen überliefert". Seine Botschaft lautet: „Gedenkt, Geliebte, der Worte, die zuvor von den Aposteln unseres Herrn Jesus Christus gesprochen wurden." Die Autorität nimmt zu, das Gefühl für den offenbarenden Geist nimmt ab.

Es dauert lange, bis der Sinn für die gegenwärtige Inspiration, sowohl im Wort als auch im Werk, verloren geht; Es dauert noch länger, bis die aufgezeichneten Gebote Jesu, die Ermahnungen und Anweisungen der Apostel, die Visionen von „Propheten" als „Schriften des neuen Bundes" ihren Platz neben der Bibel der Synagoge einnehmen. Melito von Sardes (*um* 170) ist der erste, der diesen Ausdruck verwendet, und selbst in seinem Fall hat er nicht den Sinn eines Kanons mit klaren Grenzen. Tertullian (200-210) ist der erste, der dem Alten ein eindeutiges „Neues Testament" gegenüberstellt. Wir müssen einen Blick auf einige Zwischenschritte werfen, um diesen schrittweisen Prozess der Heiligsprechung zu verstehen.

Zunächst gibt es keine andere „Schrift" als die der Synagoge . Clemens von Rom (95) verwendet als Bibel immer noch nur das Gesetz und die Propheten (einschließlich einiger heute verlorener Apokryphen). Er bezieht sich auf die Gebote Jesu (zitiert wie in Apostelgeschichte XX, 35 aus mündlicher Überlieferung), mit dem gleichen Bewusstsein wie Paulus für ihre überragende Autorität, und fordert die Korinther, die er anspricht, auf, das zu beachten, was der selige Apostel Paulus ihnen geschrieben hatte „zu

Beginn des Evangeliumsgottesdienstes", um sie vor Parteilichkeit zu warnen. Noch hat Clemens den Sinn für direkte Inspiration verloren; denn er fügt seinem eigenen Brief, der im Auftrag der Kirche in Rom verfasst wurde, die gleiche übermenschliche Autorität bei, die in Apostelgeschichte XV BEANSPRUCHT WIRD. 28 für den Brief der Kirche in Jerusalem. Wenn die Korinther die „von Gott durch uns gesprochenen Worte" missachten, werden sie „keine geringfügige Übertretung und Gefahr auf sich nehmen", denn diese Warnungen einer Schwesterkirche werden im Namen und durch Inspiration des Heiligen Geistes ausgesprochen. Dennoch denkt Clemens nicht daran, seine Autorität, selbst wenn er als Vertreter der Kirche schreibt, mit der der „Orakel der Lehren Gottes", der „heiligen Schriften", der „wahren, gegebenen Schriften" zu vergleichen durch den Heiligen Geist, in dem nichts Ungerechtes oder Falsches geschrieben steht." Er stellt seine eigene Autorität nicht einmal auf die Stufe der „guten Apostel Petrus und Paulus".

Ignatius, Bischof von Antiochia, der 110–117 zum Märtyrertod nach Rom gebracht wurde, nutzt einen kurzen Aufenthalt bei den Kirchen Asiens, um sie zu ermahnen, den Übergriffen der Häresie durch Festigung der Kirchenorganisation, Disziplin und strikten Gehorsam gegenüber dem Bischof zu widerstehen. Auch Ignatius spürt noch immer die Begeisterung. Seine Botschaft, erklärt er mit Nachdruck, sei ihm samt Anlass direkt vom Himmel herab offenbart worden. Es war „die Stimme Gottes und nicht nur einer Menschenstimme", als er unter den Philadelphiern rief: „Hört auf den Bischof, das Presbyterium und die Diakone." Doch Ignatius kann den Römern nicht so befehlen, wie es Petrus und Paulus taten. Sie waren „Apostel". Er ist „ein Sträfling". Seine Inspiration ist, wie unbestritten sie auch sein mag, geringerer Natur.

Hermas , ein „Prophet" derselben römischen Kirche wie Clemens, ist sich, obwohl eine Generation später, immer noch des übermenschlichen Charakters seiner „Visionen", „Gleichnisse" und „Mandate" so bewusst, dass er sie als inspiriert in Umlauf bringt Botschaften des Geistes; und das nicht nur für Rom. Clemens, damals offenbar noch am Leben, und „derjenige, dem diese Pflicht übertragen ist", soll sie „in fremde Städte" schicken. Tatsächlich hatte der *Hirte* von Hermas lange Zeit für viele Kirchen einen Platz im neutestamentlichen Kanon. Doch weniger als eine Generation nach Hermas galt der Anspruch, die Gabe der Prophezeiung in der Kirche auszuüben, als gefährlich, wenn nicht ketzerisch.

Aufgrund der Natur der Sache war es wirklich unmöglich, dass das ursprüngliche Gefühl der Begabung mit „dem Geist" überleben sollte. Die schnell wachsende Ehrfurcht vor den Aposteln und dem Herrn öffnete nicht nur eine Kluft, die das „Wort der Weisheit und das Wort der Macht", das dieser Zeit gegeben wurde, von den geringeren zeitgenössischen Ansprüchen auf Wunder und Offenbarung trennte; Gerade das Wachstum und die weite Verbreitung der Botschaft des Evangeliums machten eine Standardisierung unabdingbar. Vor der Mitte des zweiten Jahrhunderts hatte das gnostische Schisma fast die Hälfte der Kirche in den Strudel der spekulativen Häresie gestürzt. Marcion in Rom (*ca.* 140) trieb den paulinischen Antilegalismus bis zur völligen Ablehnung des Alten Testaments. Das Judentum und alle seine Werke und Wege sollten abgelehnt werden. Es wurde erklärt, dass der wahre Gott Abrahams, Isaaks und Jakobs anders sei als der „himmlische Vater" Jesu und dass er ihn nicht kenne. Gegen solche Launen muss es einen historischen Maßstab geben. Sogar Marcion selbst betrachtete die Vergangenheit, wie jung sie auch sein mag, als Quelle des Lichts, und da ein schriftlicher Standard gefunden werden musste, war er, der Ketzer, der dem Christentum seinen ersten Kanon christlicher Schriften gab. Die marcionitischen Kirchen schafften die öffentliche Verlesung des Gesetzes und der Propheten ab und konnten stattdessen nur „Evangelium" und „Apostel" einsetzen. Nicht, dass Briefe, Evangelien und sogar „Offenbarungen" nicht auch unter den Orthodoxen in Gebrauch gewesen wären; aber sie werden noch nicht als „Schrift" bezeichnet. Sogar Evangelien werden lediglich als Erinnerungshilfen bei der Weitergabe der Lehren des Herrn behandelt. Diese Lehre selbst ist lediglich die maßgebliche Interpretation des Gesetzes und der Propheten und wird wiederum durch die Schriften der Apostel interpretiert.

Marcions „Evangelium" bestand aus unserem Lukas, der nach seinen eigenen Vorstellungen gereinigt wurde. Sein „Apostel" enthielt die Briefe des Paulus ohne die Hirtenbriefe und eine Reihe von Passagen, die als jüdische Einfügungen vom Rest gestrichen wurden. Dies war die erste christliche Bibel, die sich von den „Schriften" der Synagoge unterschied.

Indirekt trug das Wachstum der gnostischen Häresie noch mehr zur zunehmenden Autorität apostolischer und quasi-apostolischer Schriften bei. Eine ihrer frühesten und abscheulichsten Formen wurde „ Doketismus " genannt, von der Übertreibung des Paulinismus bis hin zu einer völligen Ablehnung des historischen Jesus, dessen irdische Karriere als bloßes „Phantasma" (*dokesis*) stigmatisiert wurde. Der Doketismus ist uns nicht nur durch Beschreibungen orthodoxer Gegner bekannt, sondern auch durch einige eigene Schriften. Es ist die Art von Ketzerei, die in den Johannesbriefen (*ca.* 100) und in denen des Ignatius (110-117) bekämpft wird. Nun verließ sich Ignatius, wie wir gesehen haben, hauptsächlich auf kirchliche Organisation und Disziplin. Die Hirtenbriefe (90-100) betonen zwar auch „die Form gesunder Worte, nämlich der Worte unseres Herrn Jesus", gehen aber im Großen und Ganzen in eine ähnliche Richtung. Aber auch der 1. Johannesbrief, der sich weit weniger als die Hirtenbriefe oder Ignatius auf die bloße Organisation der Kirche verlässt, wird auf das Leben und die Lehre Jesu als historischen Maßstab zurückgeführt. Es beruft sich daher formal auf die heilige Tradition in ihren beiden Elementen, jedoch mit einem für den paulinischen Geist charakteristischen Unterschied . Das erlösende Leben und Sterben Jesu werden als Manifestation des „Lebens, sogar des ewigen Lebens (des Logos) angesehen, das beim Vater war und uns offenbart wurde" (der historischen Gemeinschaft der Gläubigen). Wiederum ist Jesu einziges „neues Gebot", das Gesetz der Liebe, der Inbegriff aller Gerechtigkeit.

In seiner Lehre von der Heiligen Schrift wie auch in vielen anderen Aspekten zeigt der johanneische Schriftsteller eine Breite und Katholizität des Geistes, die die Entwicklung späterer Zeitalter fast vorwegnimmt. Seine Aufgabe bestand in der Tat darin, das entwickelte paulinische Evangelium an eine Form des Christentums anzupassen, die eher der Synagogentradition ähnelte. Dieser Typ war unter dem Namen Peter aufgewachsen. In der Frage nach dem Maßstab der schriftlichen Autorität lässt „Johannes" [2] Raum für die Freiheit des Geistes, die so großartig in der Lehre und dem Beispiel von Jesus und Paulus zum Ausdruck kommt, während er sich der unberechenbaren Zügellosigkeit „derer widersetzt, die euch führen wollen". in die Irre gehen." Das Ergebnis ist eine Lehre von historischer Autorität im Allgemeinen und der Heiligen Schrift im Besonderen, die sich deutlich von der jüdischen unterscheidet und in jeder Hinsicht verdient, als Grundlage der christlichen Lehre behandelt zu werden. In einem großen Kapitel seines Evangeliums (Johannes V.), in dem Jesus mit den Schriftgelehrten über die Frage seiner eigenen Autorität debattiert, endet der Dialog mit einer Verunglimpfung der Schriftgelehrten, weil sie die Heiligen Schriften mit der Vorstellung durchsuchen, dass sie in ihnen ewiges Leben haben . das heißt, sie behandeln sie als einen Kodex von Geboten, deren Befolgung auf diese Weise belohnt wird. Im Gegenteil, sagt Jesus, „bezeugen" die Heiligen Schriften nur das Leben, das in Ihm selbst als dem fleischgewordenen, ewigen Wort gegenwärtig ist; „Aber ihr wollt nicht zu mir kommen, um das Leben zu haben."

Indem der johanneische Schriftsteller das Leben hinter der Literatur als wahre Offenbarung sucht, macht er den wesentlichen Unterschied zwischen jüdischer und christlicher Lehre. Er steht zwischen Paulus, dessen eigentümliche Sichtweise auf einer außergewöhnlichen persönlichen Erfahrung beruhte, und dem modernen Forscher, der alle literarischen Denkmäler und Aufzeichnungen religiöser Bewegungen nur objektiv als Daten für die Geschichte und Psychologie der Religion betrachten kann. Wenn der Schüler aufrichtig ist, wird die Heilige Schrift auch für ihn, wie auch immer sie durch die Eigenheiten der zeitlichen Umgebung und des individuellen Charakters bedingt ist, Manifestationen „des Lebens, sogar des ewigen Lebens, das beim Vater war und uns offenbart wurde" sein .

Aber der johanneische Schriftsteller war viel tiefer und „spiritueller" [3] als der Trend seiner Zeit. Ignatius' Freund und Zeitgenosse, Polykarp, „der Vater der Christen" Asiens, drängt in seinem Brief an die Philipper (110-117) dazu, die falschen Lehrer zu meiden, die „die Worte des Herrn für ihre eigenen Begierden verdrehen und ihn leugnen". (körperliche) Auferstehung und Gericht." Doch ihm bleibt kein besseres Mittel, als „sich (wahrscheinlich auf etwas mechanische Weise) der von Anfang an überlieferten Tradition zuzuwenden" und „die Briefe des Paulus" zu studieren. Der erstere Prozess findet in vollem Umfang Anwendung bei Polykarps späterem Kollegen Papias von Hierapolis (*ca.* 145?), der einen kleinen Band mit dem Titel *Interpretation of the Sayings of the Lord veröffentlicht* . Es basiert auf sorgfältig authentifizierten Überlieferungen der „Apostel und Ältesten", insbesondere eines gewissen zeitgenössischen „Elder John", der für die Jerusalemer Nachfolge spricht. Laut Papias stellen unsere beiden griechischen Evangelien von Matthäus und Markus zwei apostolische Quellen dar, die eine ist eine aramäische Zusammenstellung der Gebote Jesu durch Matthäus, die andere Anekdote seiner „Sprüche und Taten", zusammengestellt aus den Predigten des Petrus.

So dankbar wir auch für Papias' Bemühungen sein müssen, die evangelische Überlieferung zu authentifizieren, da sie in ihren wesentlichen Ergebnissen durch alle anderen antiken Überlieferungen sowie durch kritisches Studium der Dokumente bestätigt werden, ist doch auffällig, wie sie mit den Tendenzen der evangelischen Überlieferung in Einklang stehen Alter. Eusebius (325) charakterisiert die Herrschaft Trajans (98-117) als eine Zeit, in der viele es unternahmen, „die göttlichen Evangelien" schriftlich zu verbreiten. Einer unserer eigenen Evangelisten, dessen Werk wahrscheinlich auf den Beginn dieser Zeit zurückzuführen ist, von „dem Ältesten" jedoch nicht erwähnt wird, spielt auf dasselbe Phänomen an. Die Apostel waren weg. Daher war für Lukas [4] die Frage der „Ordnung" ein Rätsel, da der Älteste anmerkt, dass dies bereits für Markus der Fall war. Bald nach Lukas und Papias folgt Basilides mit seiner *Exegetik* , die vermutlich auf Lukas (120?) basiert, und Marcion (140), die sich beide aus jeweils eigener Sicht mit den aktuellen Fragen der Lehre und des Wirkens Jesu auseinandersetzen.

Somit waren zu Beginn des zweiten Jahrhunderts alle notwendigen Elemente für die Bildung eines neutestamentlichen Kanons vorhanden. Dazu gehörten die Tradition der Lehre und des Wirkens Jesu, die Briefe von Aposteln und Kirchenführern, die als durch die Autorität des Geistes gegeben verehrt wurden, sowie die Visionen und Offenbarungen von „Propheten". Nicht nur die Elemente waren vorhanden, der unwiderstehliche Druck der Zeit zwang sie auch zwangsläufig zur Kristallisation. Das Wunder ist nicht, dass der Kanon hätte gebildet werden sollen, sondern dass er sich so lange verzögert hat.

Denn es gab auch resistente Faktoren. Phrygien, der Schauplatz der ersten großen missionarischen Eroberungen des Paulus, die uralte Heimat religiöser Begeisterung, wurde um die Mitte des zweiten Jahrhunderts zum Sitz einer Protestbewegung gegen die kirchliche Konsolidierungs- und Standardisierungspolitik. Montanus entstand, um das Fortbestehen der Gabe der Prophezeiung in der Kirche aufrechtzuerhalten, und führte die Nachfolge sowohl in männlicher als auch in weiblicher Linie auf Silas, den Gefährten von Paulus, und die prophetischen Töchter Philipps des Evangelisten zurück. Die „Phrygier", wie sie genannt wurden, machten natürlich viele Schriften in Kleinasien aktuell, insbesondere das Buch der „Prophezeiung", das „Johannes" zugeschrieben wird. Theoretisch war die Kirche tatsächlich nicht bereit, das Verschwinden dieser Gabe anzuerkennen. Für Hermas (130-140) und die *Lehre der Zwölf* (120-130) ist es immer noch eine „Sünde gegen den Geist", einen Propheten während seiner ekstatischen Äußerung zu unterbrechen oder sich ihm zu widersetzen. Andererseits bekräftigt die *Lehre* die apostolischen Warnungen, „die Geister auf die Probe zu stellen", und verbietet bestimmte Exzesse des Ordens. Darüber hinaus wich zur Zeit von Montanus und den „Phrygiern" die theoretische Anerkennung der Offenbarung durch die Propheten schnell den praktischen Gefahren, die untrennbar mit „Offenbarungen" dieses enthusiastischen Charakters verbunden sind, von denen jedes Mitglied der Kirche, ob Mann oder Frau, unwissend oder unwissend ist Der Empfänger könnte ein Gelehrter, ein Laie oder ein Geistlicher sein. Die strenge regulative Kontrolle, die sowohl Paulus als auch Johannes [5] dieser Art von geistlicher Gabe auferlegten (1. Thess. V. 20 *f*.; 1. Kor. xii. 3; xv. 29 *f.* 32; *vgl.* 1. Johannes IV. 1) erwies sich angesichts der zerfallenden Tendenzen des nachapostolischen Zeitalters als doppelt notwendig, und nach langer Debatte und vielem Protest wurde die Bewegung des Montanus schließlich in Rom für ketzerisch erklärt, obwohl Irenäus (186) und Tertullian dafür intervenierten (210) wurde Konvertit.

Die Geschichte dieser Bewegung in der Entstehungszeit des neutestamentlichen Kanons erklärt, warum die „Offenbarungen der Propheten" im Vergleich zum „Wort des Herrn" und dem „Gebot der Apostel" nur geringe Anerkennung fanden. Der letzte der drei, in der Reihenfolge seines Ranges (1. Kor einst aktuelle Bücher der „Prophezeiung". Eine Zeit lang konkurrierten der *Hirte* des Hermas und die *Apokalypse des Petrus* mit den Kanonizitätsansprüchen unserer eigenen Offenbarung des Johannes, wurden aber bald fallen gelassen. Unsere eigene Apokalypse hat mehr Widerstand erlitten als jede andere neutestamentliche Schrift und wird in einigen Zweigen der Kirche immer noch aus dem Kanon ausgeschlossen. Sein prekärer Platz am Ende des Kanons, den wir Modernen von Athanasius (*ob.* 373) geerbt haben, war in der Tat weit weniger auf die energischen Behauptungen seines Autors als inspirierter „Prophet" zurückzuführen (1.

1-3; xxii . 6-9, 18 *f.*) als auf die im Vorwort und im Anhang vorgebrachten Apostolizitätsansprüche. Denn bis zum dritten Jahrhundert dachte niemand daran, den „Johannes" von Rev. I. zu verstehen . 4, 9 und xxii. 8 Anders als der Apostel. Eusebius (325) ist dementsprechend nur unsicher, ob das Buch in seine erste Gruppe „akzeptierter" Schriften zusammen mit den Evangelien und den Paulusbriefen oder in die dritte Gruppe als „falsch" eingestuft werden sollte. Wenn es von „einem anderen Johannes als dem Apostel" geschrieben worden wäre , würde er es nicht einmal mit einem Platz in seiner zweiten Gruppe „umstrittener" Bücher neben Hebräer, Jakobus, Judas und dem 2. Petrus würdigen .

So gab es am Ende des zweiten Jahrhunderts zwar noch viele Streitigkeiten über die *Grenzen des neutestamentlichen Kanons* (die in der Tat Jahrhunderte andauern sollten) , doch es gab tatsächlich ein echtes kanonisches Neues Testament, das dem Alten gegenübergestellt war , als von gleicher oder sogar größerer Autorität. Das „Wort des Herrn", das „Gebot der Apostel" und schließlich sogar die „Offenbarungen der Propheten" hatten nach und nach aufgehört, lebendige Realitäten zu sein und sich in schriftlicher Form zu kristallisieren. Sie waren kodifiziert und heiliggesprochen worden. Die Kirche war den ausgetretenen Pfaden der Synagoge gefolgt, und zwar umso schneller, je nach ihrem Vorbild. Keiner der frühen Kanons (*d . h.* Listen von Schriften, die in den Kirchen gelesen werden dürfen) stimmt zwar genau mit dem unter uns aktuellen Neuen Testament überein. Die Liste des Athanasius ist die erste, die nur unsere Bücher enthält. In der römischen Liste des muratorischen Fragments (185-200) werden Hebräer, Jakobus und der 2. Petrusbrief weggelassen und die *Apokalypse des Petrus* zumindest teilweise gebilligt . Die Listen von Origenes (*ob* . 251) und Eusebius (325) unterscheiden sich hinsichtlich Einschluss und Ausschluss. Alle frühen Autoritäten äußern ein zweifelhaftes Urteil über den äußeren Rand kleinerer Schriften wie Jakobus, Judas, 2. Petrus, 2. und 3. Johannes. Sogar diejenigen mit größerem Inhalt, wie der Hebräerbrief und die Offenbarung, blieben umstritten, wenn ihre Apostolizität in Frage gestellt wurde. Doch bereits um DAS JAHR 200 n. Chr. war die Zeit längst vorbei, in der jeder der dreizehn Briefe, die den Namen Paulus trugen, als fraglich angesehen werden konnte. Marcions Ausschluss der drei Pastoralen war vergessen. Streitigkeiten über den Vier-Evangelien-Kanon könnten immer noch toleriert werden; aber nicht lange. Irenäus (186) hat keine Geduld mit „diesen elenden Männern", die nicht erkennen können, dass es in der Natur der Sache weder mehr noch weniger als diese Zahl geben sollte. Aber er bezieht sich ausdrücklich auf diejenigen, die „den Aspekt des Johannesevangeliums" bestritten haben. Tatsächlich gab es in Rom Gegner des Montanismus, die unter der Führung von Gaius die Echtheit aller Johannes zugeschriebenen Schriften, einschließlich des Evangeliums selbst, bestritten hatten. Aber selbst diejenigen Orthodoxen, die bereit waren, die Offenbarung mit ihrer mittlerweile unmodernen Eschatologie abzulehnen, waren sich einig, dass Gaius' Angriff auf das vierte Evangelium zu radikal war. Die kleine Gruppe, die sich noch einige Generationen lang gegen die Aufnahme jeglicher johanneischer Schriften in den Kanon wehrte, blieb ohne Einfluss und geriet schließlich in Vergessenheit. Die „katholische" [6] Kirche hatte die Häresie zurückgewiesen, den Glauben standardisiert und seinen anerkannten historischen Ausdruck auf einen „Kanon" der neutestamentlichen Schriften beschränkt.

KAPITEL II

DIE REAKTION AUF KRITIK

Die gefestigte „katholische" Kirche des dritten Jahrhunderts könnte, soweit es ihre Lehre von der Heiligen Schrift betraf, den Eindruck erweckt haben, sie sei zu einem Standpunkt zurückgekehrt, der völlig dem der Synagoge entsprach. Das Paradoxon bestand jedoch immer noch darin, dass gerade die kanonisierten Schriften besonders geeignet waren, einen Geist des Widerstands gegen den Despotismus eines Priesters oder eines Schreibers hervorzurufen. Die protestantische Reformation war eine Revolte gegen die erstere, und es ist bemerkenswert, welche große Rolle die neutestamentliche Lehre vom „Geist" in diesem Kampf der spirituellen Demokratie gegen die hierokratische Tyrannei spielte. Der Brief des Paulus an die Galater wurde zum Palladium Luthers.

Doch die nachreformatorischen Dogmatiker fürchteten sich vor ihrer eigenen Freiheit. Die Vorhersage der Romanisten, dass die Ablehnung der traditionellen Autorität in ihrer kirchlichen Verkörperung zu interner Spaltung und Konflikten führen würde, schien kurz vor der Verwirklichung zu stehen. Die theologischen Systemmacher sahen wie ihre Vorgänger im nachapostolischen Zeitalter keinen Ausweg, als ihr ganzes Gewicht auf eine frühere Inspiration zu werfen, von der sie annahmen, dass sie fehlerfrei sei. Die kanonischen Bücher galten als unfehlbare Richtschnur für Glauben und Praxis.

Aus dem aufrichtigen Wunsch heraus, den Anforderungen dieser Theorie gerecht zu werden, entstand die Wissenschaft der Kritik. Über das, was man „Textkritik" nennt, wagte sie sich früher meist nicht hinaus. Denn eine Lehre von der Irrtumslosigkeit ist offensichtlich unbrauchbar, bis Übertragungsfehler beseitigt sind. Die Textkritik stellte sich dieser Aufgabe und stellte die Frage: Was ist zwischen den verschiedenen Lesarten in den verschiedenen Manuskripten des Neuen Testaments original? Um die logische Anforderung zu erfüllen, muss der Kritiker leider selbst unfehlbar sein, wenn er nicht wie die römischen Kritiker durch eine päpstliche Garantie gestützt wird. Das unvermeidliche Ergebnis dieses im aufrichtigen Geist der Apologetik begonnenen Versuchs war der Beweis, dass ein unfehlbarer Text hoffnungslos unerreichbar ist. Textkritik ist unverzichtbar; aber als Diener der Apologetik ist sie zum Scheitern verurteilt.

Die Variation der Manuskripte war nicht das einzige Hindernis für die Unfehlbarkeit der Bibel. Ganz zu schweigen von den Interpretationsunterschieden gab es auch die Frage des Kanons. Entweder muss die Entscheidung der „katholischen" Kirche als unfehlbar akzeptiert werden, oder die Wissenschaft muss eine „Kanonkritik" betreiben, um die aktuelle Liste „inspirierter" Bücher zu verteidigen. Eine „höhere" Kritik wurde notwendig, und sei es nur, um die Wahl der Kirche aus historischen Gründen zu rechtfertigen. Katholiken wie Simon, dessen *Kritische Geschichte* der biblischen Bücher zwischen 1689 und 1695 erschien, konnten die Frage ungestraft erneut aufwerfen. Diejenigen, die ihre Autorität allein auf die Unfehlbarkeit der Heiligen Schrift stützten, konnten der Herausforderung nicht anders begegnen, als es Michælis in seiner *Einführung in die göttlichen Schriften des Neuen Testaments* (1750-1780) tat. Michælis unternahm eine historische Untersuchung der Entstehungsumstände jedes kanonischen Buches mit dem Ziel, zu beweisen, dass jedes in Wirklichkeit das war, was die Tradition erklärte. Die 27 allgemein akzeptierten sollten entweder von Aposteln geschrieben worden sein oder zumindest so sehr von ihnen beabsichtigt und garantiert worden sein, dass sie alle mit der Agide einer Unfehlbarkeit bedeckten, die dem nachapostolischen Zeitalter nicht zugestanden wurde . Die Wissenschaft im Rahmen der Apologetik fand ihre Aufgabe erneut undurchführbar. Michælis selbst gab zu, dass es „schwierig" sei, in Fällen wie dem des Judasbriefs die Echtheit nachzuweisen. Stellen Sie sich die Aufgabe als die wissenschaftliche Rechtfertigung eines Urteils vor, das Jahrhunderte zuvor auf unbekannter Grundlage gefällt wurde, jetzt aber der offiziellen Autorität entzogen ist, und sie wird unweigerlich hoffnungslos. Kann man erwarten, dass sich die Ärzte nicht über die Echtheit oder Pseudonymität des 2. Petrus einig sind, die in dieser und ähnlichen Fragen schon immer uneinig waren und gerade zugegeben haben, dass sie sich in der Textfrage nicht einig waren?

Ein halbes Jahrhundert lang schien die Kritik im Sumpf bloßer Kontroversen über den (vermeintlich) unfehlbaren Text und den (vermeintlich) unfehlbaren Kanon verloren zu sein. Apologeten kämpften lediglich in der Defensive und versuchten zu beweisen, dass Männer, deren Fehlbarkeit zugegeben wurde, dennoch ein unfehlbares Urteil über die schwierigsten Themen literarischer und historischer Forschung gefällt hatten. Kritiker hatten eine leichte Aufgabe, zu zeigen, dass die Inspirations- und Kanonizitätstheorie der Kirche falsch war; machte jedoch keine Fortschritte in Richtung einer konstruktiven Erklärung der religiösen oder sogar der historischen Bedeutung der Literatur. Wirkliche Fortschritte wurden erst erzielt, als die Kritik den Versuch aufgab, einen „übernommenen" Text oder einen „autorisierten" Kanon zu etablieren oder zu widerrufen, und einfach zu einem Instrument in der Hand des Historikers wurde, der versuchte, die Ursprünge dieser Texte aufzuspüren Ideen, die die Kirche in ihrer Literatur verankerte, weil sie der Meinung war, dass sie sich positiv auf ihr Wachstum auswirkten.

Für den großen Aufbruch, in dem sich die neutestamentliche Kritik als echter und unverzichtbarer Zweig der Religionsgeschichte „sich befand", verdanken wir in hohem Maße dem bedeutenden Kirchenhistoriker Ferdinand Christian Baur (geb. 1860). Baur sammelte die fragmentarischen Ergebnisse einer Generation bloßer Negation, eines Unabhängigkeitskrieges gegen die Tyrannei der dogmatischen Tradition, und versuchte, die neutestamentlichen Schriften in ihren wahren Kontext der ursprünglichen Kirchengeschichte einzuordnen. Seine besonderen Ansichten wurden ersetzt. Nachfolgende Studien haben viele seiner Schlussfolgerungen widerlegt und von Freunden und Feinden zu weitreichenden Modifikationen seiner allgemeinen Theorie geführt. Aber bewusst oder unbewusst arbeitete Baur, indem er die Kritik zur Magd der Geschichte machte, im Interesse jener konstruktiven, christlichen Lehre der inspirierten Heiligen Schrift, die ein alter und namenloser Lehrer der Kirche als „Zeuge" der Heiligen Schrift beschrieben hatte Das Leben, „das ewige Leben, das beim Vater war", ist im Menschen und hat sich im Ursprung und in der historischen Entwicklung unserer Religion manifestiert.

Die Reformation war eine Revolte gegen den Despotismus des Priesters gewesen; Dies war eine Revolte gegen den Despotismus des Schreibers.

Baur berücksichtigte die frühe Tradition kaum – zu wenig –, was seine Ergebnisse übermäßig negativ machte. Keines der neutestamentlichen Bücher ist datiert; Nur wenige außer den Paulusbriefen verkörpern auch nur den Namen eines Autors; und diese wenigen, 1. und 2. Petrus, Jakobus, Judas und Offenbarung, waren (mit Ausnahme des 1. Petrus allein) genau diejenigen, die selbst die Kanoniker als zweifelhaft oder unecht eingestuft hatten. Nicht einmal ein Calvin würde die Echtheit des 2. Petrusbriefes unterstützen, ein Luther hatte den Wert von Jakobus und der Offenbarung geleugnet. Für die „Kritik des Kanons" war es eine leichte Aufgabe zu zeigen, dass diejenigen, die seinen Inhalt bestimmten, nicht von rein wissenschaftlichen Erwägungen geleitet waren. Zulassung erlangten jene Bücher, die als alt und vertrauenswürdig galten und deren Orthodoxie den damaligen Maßstäben entsprach. Es wurden diejenigen umstritten oder abgelehnt, die weniger aktuell oder unorthodox waren oder keinen direkten Bezug zu einem Apostel herstellen konnten. Es war für den Kritiker angemessen, nachdem sein Ziel nicht mehr apologetisch, sondern historisch geworden war, die Frage ein für alle Mal fallenzulassen, ob die Auswahl der Kanoniker – die nicht aus wissenschaftlichen, sondern aus religiösen Gründen getroffen wurde – gut, schlecht oder gleichgültig ist. Es war für ihn an der Zeit, die verfügbaren Beweise auf seine eigene wissenschaftliche Frage anzuwenden: Welchen Zusammenhang haben diese verschiedenen Schriften mit der Entwicklung des Christentums? Es blieb abzuwarten, ob er konstruktive Beweise liefern konnte, die überzeugender waren als die Tradition.

Das späteste Datum, dem ein undatiertes oder umstrittenes Werk zugeordnet werden kann, ist das Datum, an dem die Spuren seiner Verwendung durch andere oder des Einflusses auf sie nicht mehr zu leugnen sind. Dies wird als „externer" Beweis bezeichnet. Das früheste Datum hingegen ist dasjenige, auf das wir durch Verweise im Buch selbst auf frühere und aktuelle Ereignisse und Schriften oder durch unbestreitbare Anzeichen ihres Einflusses zurückgeführt werden. Dies wird als „interner" Beweis bezeichnet. Die moderne wissenschaftliche Kritik rechnet die Tradition als Teil der äußeren Evidenz mit ein und ist in der Lage, innerhalb weniger Jahrzehnte den Ursprung aller neutestamentlichen Schriften festzulegen, ohne dass selbst der Apologet auf Widerstand stößt. Kein Gelehrter träumt heute davon, eine andere Beweismethode anzuwenden, ganz gleich, welche doktrinären Neigungen er auch hat. Die überwältigende Mehrheit ist sich darin einig, dass der abgedeckte Zeitraum, von den frühesten Paulusbriefen bis zu den jüngsten kurzen Aufständen gegen den gnostischen Doketismus und die Leugnung von „Auferstehung und Gericht", im Jahrhundert von 50 bis 150 n. Chr. enthalten IST .

Baurs Konzeption des Verlaufs der Ereignisse in diesem bedeutsamen Jahrhundert wurde als Theorie des historischen Fortschritts durch die Verschmelzung von Gegensätzen zu einer höheren Einheit beschrieben. Das Hegelsche Schema von These, Antithese und Synthese hatte tatsächlich eine gewisse Berechtigung in den anerkannten Phänomenen der Entwicklung des Christentums. Es war aus dem Judentum hervorgegangen und hatte den Partikularismus dieses immer noch nationalistischen Glaubens durch das Bewusstsein seiner Mission für die ganze Welt überwunden. Der in allen Quellen anerkannte und am deutlichsten in den großen Briefen des Paulus an die Galater, Korinther und Römer zum Ausdruck kommende Konflikt ist ein Konflikt zwischen jenen, die das Christentum als eine universelle Religion betrachteten, und jenen, die es nur als eine reformierte, vergeistigte und vergeistigte Religion ansahen Das vollendete Judentum war das charakteristische Phänomen des ersten oder apostolischen Zeitalters. Es war der Kampf des Säuglingsglaubens gegen seine Windeln. Der kritische Historiker ist gezwungen, alle späteren, anonymen Berichte über diese Entwicklung im Lichte der zugegebenermaßen früheren und zweifellos authentischen Aufzeichnungen, der vier großen Paulusbriefe, zu bewerten; denn diese spiegeln lediglich die tatsächlichen Verhältnisse wider und werden durch die spätere Absicht, die Geschichte zu idealisieren, nicht berührt. These und Antithese waren also zu Beginn tatsächlich vorhanden.

Auch hinsichtlich des Endes des betreffenden Zeitraums herrschte Einstimmigkeit. In DEN JAHREN 150 bis 200 n. Chr. festigte sich das

Christentum zur „katholischen" Kirche, lehnte auf beiden Seiten extreme Lehren ab, formulierte seine „Glaubensregel", bestimmte seinen Kanon und zentralisierte die Verwaltungskontrolle. Es hatte den extremen Linken Marcion und die Gnostiker als ketzerisch abgetan , die entweder die jüdischen Schriften insgesamt ablehnten oder sie mit mehr als paulinischer Freiheit interpretierten. Auf der extremen Rechten hatte sie sich von den unprogressiven Ebioniten Palästinas distanziert, die noch immer nicht mit Paulus versöhnt waren und auf der Unterwerfung unter das Gesetz für Juden und Nichtjuden als Bedingung für einen „Anteil an der künftigen Welt" bestanden. Wie könnte man sich den Verlauf der Ereignisse in dem dazwischenliegenden Jahrhundert der Dunkelheit vorstellen? Muß es nicht zu einer fortschreitenden Divergenz der extremen Paulinisten und Judaisten gekommen sein, gleichzeitig mit einer Annäherung der Gemäßigten auf der Seite Petrus bzw. Paulus? Baurs Entwurf schien somit den Hauptverlauf der Ereignisse angemessen zu beschreiben. Er stützte sich auf interne Beweise, um die Daten der umstrittenen Schriften und deren Bezug dazu zu bestimmen. Aber die „Kritik des Kanons" in Baurs eigener Generation und in der Generation davor umfasste zu den Schriften mit zweifelhaftem Datum und zweifelhafter Authentizität nicht nur die in der Antike umstrittenen und die anonymen Erzählbücher, sondern auch den 1. Petrusbrief und die kleineren Briefe von Paul. Außer den vier großen Paulusbriefen blieb nichts streng Apostolisches übrig.

Die Theorie von Baur und der Tübinger Schule (so wurden seine Anhänger genannt) war breit angelegt und wurde geschickt vertreten. In zwei entscheidenden Aspekten hatte es dauerhaften Einfluss. (1) Kritik ist, wie bereits erwähnt, keine bloße Debatte über Text und Kanon mehr, sondern beschäftigt sich heute hauptsächlich mit der Geschichte christlicher Ideen, wie sie in ihrer ursprünglichen Literatur zum Ausdruck kommt. Ihr Problem besteht darin, die neutestamentlichen Schriften zusammen mit allem anderen verwandten Material mit der Geschichte der sich entwickelnden Religion in Beziehung zu setzen, von ihrer frühesten nachvollziehbaren Form in den größeren Paulusbriefen bis zu ihrem Erscheinen am Ende des zweiten Jahrhundert. (2) Auch hier bedurfte Baurs Darstellung des Prozesses, durch den der entstehende Glaube sein volles Selbstbewusstsein als Weltreligion erlangte, eher einer Korrektur als einer Widerlegung. Es war ein schwerer Fehler, Petrus, Jakobus und Johannes mit denen gleichzusetzen, die Paulus bitter als judaisierende „falsche Brüder", „Super-Extra-Apostel" und „Diener Satans" anprangert. Es war eine Perversion interner Beweise, die Briefe der späteren Zeit wie den Philipper- und den Kolosserbrief als nachpaulinisch abzulehnen, mit der Begründung, dass Paulus selbst nicht mehr an der zweiten Krise, der Verteidigung seiner Lehre gegen die Perversion, teilnahm Seite der mystischen, hellenistischen Theosophie. Die großen Briefe, die unter dem Namen Paulus aus der Zeit seiner

Gefangenschaft verfasst wurden, haben keinerlei Bezug zu den entwickelten gnostischen Systemen des zweiten Jahrhunderts. Sie wirken nur einer beginnenden Tendenz in dieser Richtung entgegen.

Aber während der Übergang von 50 bis 150 n. Chr. sowohl tiefgreifender als auch komplexer war, als Baur es sich vorgestellt hatte, ist die Übertragung des Evangeliums in diesem Jahrhundert von jüdischem auf nichtjüdischen Boden tatsächlich die große herausragende Tatsache, vor deren Hintergrund die Literatur gelesen werden muss; und die Anfangsphase des Prozesses ist durch die Kontroverse zwischen Paulus und den galiläischen Aposteln gekennzeichnet. Was wir im Unterschied zum Paulinismus als „apostolisches" Christentum bezeichnen müssen, ist in der Apostelgeschichte gut vertreten. Die Schriften des Paulus zeigen, dass er sich und seine Kirchen als Vertreter eines unabhängigen Typs des Christentums empfand, der dem „Apostolischen" in jeder Hinsicht gleichwertig war, wobei das Problem in der Vereinigung beider lag. Nun ist es selbstverständlich, dass der Forscher vom relativ Bekannten und Bestimmbaren zum Unbekannten und Anfechtbaren übergehen muss. Dementsprechend muss er in Wirklichkeit von der Briefliteratur der Kirche, insbesondere den größeren Paulusbriefen, ausgehen. Als Quelle für unser Verständnis der Entwicklung des kirchlichen Lebens hat die Literatur des Apostels, der direkt an den Konflikten und Fragen der Zeit beteiligt war, auch wenn in seinen späteren Elementen zweifelhafte oder pseudonyme Urheberschaft, in seiner Gesamtheit Vorrang die Literatur des Katecheten mit ihrer späteren und mehr oder weniger idealisierten Erzählung, beispielhaft dargestellt in der Apostelgeschichte.

Die moderne Kritik erkennt also an, dass sie der Tübinger Schule eine klarere Definition ihrer Aufgabe und Methode zu verdanken hat, indem sie ihre Aufmerksamkeit auf den Kontrast zwischen der petrinischen und der paulinischen Konzeption des „Evangeliums" konzentriert. Dennoch muss man zugeben, dass die meisten der ursprünglich gezogenen Schlussfolgerungen inzwischen widerlegt wurden. In ihrem chronologischen Schema der neutestamentlichen Schriften unterschätzten die Tübinger Kritiker die Kraft der äußeren Beweise (einschließlich der frühen Überlieferung) und interpretierten die inneren Beweise falsch. Neue Entdeckungen und eine sorgfältigere Untersuchung literarischer Beziehungen haben Baurs Ansichten hinsichtlich der Daten der johanneischen Schriften auf den Kopf gestellt. Vier davon (das Evangelium und drei Briefe) sind anonym. Baurs Datum für diese wurde um nicht weniger als ein halbes Jahrhundert nach hinten verschoben. Die fünfte Offenbarung (Offenbarung) trägt den Namen Johannes, war aber im zweiten Jahrhundert wegen ihres Pseudonyms umstritten und wurde selbst von ihren Anhängern so spät datiert, als „das Ende der Herrschaft Domitians" (95).

Die Tübinger Schule platzierte die Offenbarung dreißig Jahre früher und schrieb sie dem Apostel zu. Die moderne Kritik greift nachdrücklich auf das antike Datum zurück und betrachtet das Buch als pseudonym oder als von „einem anderen John" geschrieben.

Auch hier wurden die relativen Daten der synoptischen Schriften (Matthäus, Markus, Lukas-Apostelgeschichte) von den Tübinger Kritikern umgekehrt, vor allem durch falsche Anwendung ihrer Theorie der Lehrentwicklung; sekundär und infolgedessen durch Fehlinterpretation der komplizierten literarischen Zusammenhänge. Die heutige Kritik hält es für erwiesen, dass Markus der Älteste der drei ist und jeweils von den beiden anderen übernommen wird. Es besteht fast die gleiche Einigkeit hinsichtlich des Diskursmaterials, das Matthäus und Lukas gemeinsam haben und von beiden auf verschiedene Weise mit Markus kombiniert werden, wie es von ihnen unabhängig aus dem Buch der „Gebote des Herrn" entnommen wurde, von dem Papias berichtet, dass es von Matthäus zusammengestellt wurde. in der hebräischen (*d . h.* aramäischen) Sprache." Damit wird die Tübinger Evangelienkritik fast vollständig zugunsten der sogenannten „Zwei-Dokumenten-Theorie" zurückgestellt .

So auch bei den Paulusbriefen der zweiten Periode. Der Epheserbrief schwebt noch immer im Zweifel. Einige hatten es schon vor der Zeit Baurs als pseudo-paulinisch behandelt; aber Baurs eigene Anhänger entfernten sich bald von seiner extremen Anwendung seiner Theorie auf die internen Beweise des Philipperbriefs, des Kolosserbriefs und des Philemons. Es wurde deutlich, dass das „Evangelium" des Paulus mehr beinhaltete als den bloßen Gegensatz von Gesetz und Gnade. Er hatte andere Gegner als die Judenmacher und musste seine Lehre sowohl gegen die Perversion griechischer Mystiker als auch gegen den Widerstand pharisäischer Legalisten verteidigen.

Zwei Generationen von Forschung und Kontroversen haben die Sache der konstruktiven Kritik erheblich vorangebracht. Hand in Hand mit einer genaueren Datierung der Literatur, die durch eine unparteiischere Beurteilung sowohl der externen als auch der internen Beweise gesichert wurde, ging eine Rekonstruktion unserer Vorstellung vom Lauf der Dinge einher. In der frühen Kirche gab es nicht nur zwei, sondern vier Tendenzen; was vielleicht denen entspricht, die von Paulus in Korinth zurechtgewiesen wurden und sich jeweils Petrus, Paulus, Apollos und Christus nannten. Aufgrund der Bitterkeit, mit der im 2. Kor. X. 7 Paulus verurteilt den Mann, der sagt: „Ich bin von Christus", dass dieser Parteiausruf in dem Sinne verwendet wurde, dass er dem Beispiel Jesu in Bezug auf den Gehorsam gegenüber dem Gesetz folgte (denn sogar Paulus erkannte an, dass Christus „zum Diener gemacht" worden war). der Beschneidung für die Wahrheit Gottes"). Wenn ja, kann die korinthische „Christuspartei" mit jenen

„Dienern der Beschneidung" identifiziert werden, die sowohl das Apostelamt als auch das Evangelium des Paulus leugneten. Jedenfalls waren die „von Kephas" relativ harmlos. Sie können mit den sogenannten „Schwachen" der Römer identifiziert werden, für deren Skrupel hinsichtlich der „Verunreinigung durch Götzen" Paulus sowohl in Korinth als auch in Rom eine solche Berücksichtigung fordert. Seine eigenen Anhänger sowohl in Korinth (die „Paulus") als auch in Rom (die „Starken") sollten seinem Beispiel folgen und nicht nur anerkennen: „Kein Götzen ist irgendetwas auf der Welt", dass „es nichts Unreines gibt". sich selbst" und dass „alle Dinge rechtmäßig sind". Dies ist auch bei der Anerkennung der Grenzen dieser Freiheit zu beachten. Grenzen werden unter anderem durch die Skrupel anderer gesetzt, so dass Paulus selbst unter den Juden „wie unter dem Gesetz" wird, während er unter den Heiden „wie ohne das Gesetz" wird. Den „Schwachen" ist nur dann Widerstand zu leisten, wenn das Eingeständnis ihrer selbst oder ihrer Ansprüche zu „zweifelhaften Auseinandersetzungen" oder zum Wiederaufbau von Trennmauern führen würde, die durch den Glauben an Christus niedergerissen wurden. Der Galaterbrief ertönt den Schlachtruf der gefährdeten Freiheit. Der Korintherbrief (und in noch höherem Maße der Römerbrief) zeigt die Großmut des Siegers.

Ob es möglich ist, die „von Apollos" in Korinth mit den Anfängen dieser hellenistischen Perversion des Paulinischen Evangeliums in eine mystische Theosophie zu identifizieren, die später in den Gnostizismus überging, mag eine offene Frage bleiben. Zumindest haben wir erkannt, dass die Bedingungen für das Wachstum der Kirche weitaus komplexer waren, als Baur es sich vorgestellt hatte. Insbesondere ist es notwendig, vier verschiedene Haltungen zu der einzigen Frage der Verpflichtung des Gesetzes zu unterscheiden. Es gab (1) Judenmacher, die auf der vollständigen Unterwerfung unter das Gesetz als Voraussetzung für die Erlösung bestanden, sowohl für Juden als auch für Nichtjuden; (2) Nachahmer von Kephas, die glaubten, dass Gläubige jüdischer Abstammung „unter dem Gesetz" stünden, von den Nichtjuden aber nur die Rücksichtnahme verlangten, die die besonderen Bedingungen zu erfordern schienen; (3) Paulinisten , die der Meinung waren, dass weder Juden noch Heiden unter dem Gesetz stehen, waren jedoch der Meinung, dass Rücksicht auf die Skrupellosen genommen werden sollte, wenn sie nicht aus Rechtsgründen, sondern aus Nächstenliebe gefragt werden; (4) Radikale, die keine Grenzen ihrer Freiheit außer dem einen neuen Gebot erkannten.

Aber während der Konflikt zunächst über die bloße konkrete Frage der Freiheit der Heiden ausbrach, war der tatsächliche Unterschied zwischen dem Evangelium des Paulus und dem der älteren Apostel viel tiefer. Die Frage, wie Tübinger Kritiker sie auffassten, betraf in erster Linie den *Umfang* der Evangeliumsbotschaft : Wie weit wurde sie verbreitet? Die moderne Kritik gelangte zu der Auffassung, dass der Unterschied in höherem Maße ein Qualitätsunterschied *sei* . Die gesamte Botschaft des Paulus von der Erlösung durch das Kreuz und die Auferstehung ging von anderen Prämissen als denen der galiläischen Apostel aus und wurde in anderen Begriffen konzipiert. Aus diesem Grund führt es zu einer neuen Christologie. Kurz gesagt, der Übergang des Christentums von seiner jüdischen zu seiner nichtjüdischen Form ist keine bloße Erweiterung seines Bereichs durch die Abschaffung partikularistischer Barrieren. Der Hintergrund, den wir untersuchen müssen, um ihn zu verstehen, ist nicht so sehr die bloße Zeitgeschichte, sondern vielmehr die zeitgenössische Geschichte *der Religion* . Die Entwicklung vom Petrinischen Evangelium, das im Großen und Ganzen charakteristisch für die synoptischen Schriften ist, über die Paulusbriefe zu der der johanneischen Schriften, ist ein Übergang von hebräischen zu hellenistischen Vorstellungen davon, was Erlösung ist und wie sie bewirkt wird . Die moderne Kritik drückt den Gegensatz in der Unterscheidung des Evangeliums *von* Jesus vom Evangelium *über* Jesus aus.

Sowohl bei Paulus als auch bei seinen Vorgängern im Glauben gibt es einen gemeinsamen Ausgangspunkt. Es war die Lehre, dass Gott Jesus von den Toten auferweckt und ihn als Christus und Herrn auf den Thron der Herrlichkeit erhöht hatte. Seine Beweise waren die ekstatischen Erscheinungen des Geistes, diese seltsamen Manifestationen von „Prophezeiung", „Zungen" und dergleichen in der christlichen Gemeinde. Die Schlussfolgerung aus diesem Auferstehungsglauben für einen Apostel der galiläischen Gruppe war, dass er „alle Menschen überall lehren musste, alles zu befolgen, was auch immer Jesus geboten hatte". Jesus war in Israel als Prophet wie Moses erzogen worden; Sein Apostel muss das erinnerte Wort des Gebots und das Wort der Verheißung wiederholen. Er wird eine Autorität haben, die sich aus den Manifestationen von Zeichen und Wundern ergibt. Diese begleiteten Jesu eigene Laufbahn und nun werden sie durch die Gnade, die er seinen Jüngern mit dem Heiligen Geist verliehen hat, von ihren Händen wiederholt. Das „apostolische" Evangelium ist also in erster Linie historisch. Das paulinische Evangelium stellt den anderen Pol der religiösen Überzeugung in den Mittelpunkt. Es ist in erster Linie psychologischer Natur. Für Paulus ist die unmittelbare Wirkung der Offenbarung des Sohnes Gottes „in" ihm ein unwiderstehlicher Impuls, die Erfahrung seiner eigenen Seele zu erzählen. Das Evangelium, das er predigt, ist nicht so sehr das, was Jesus auf Erden tat oder sagte, sondern vielmehr das, was Gott durch den „lebensspendenden Geist", der vom auferstandenen Herrn ausgeht, getan hat und immer noch tut. Zeichen und Wunder sind Zeichen des Geistes, aber von geringerem Wert und müssen vor den „beständigen" ethischen Gaben verschwinden. Sowohl das paulinische als auch das petrinische Evangelium gehen von dem gemeinsamen Bekenntnis „Jesus als Herrn" aus; aber die

Christologie der synoptischen Literatur ist eine Apotheoselehre, die auf den historischen Jesus zurückgreift. Die Lehre der Briefe ist eine Inkarnationslehre, die sich auf die ewige Manifestation Gottes im Menschen bezieht. Für den ersteren war Jesus „ein Prophet, mächtig in Tat und Wort", der von Gott gemäß der Verheißung des Deuteronomiums erweckt wurde. xviii. 18, um Israel zur Reue zu bewegen. Nachdem Jesus diese Mission in Ablehnung und Märtyrertod erfüllt hatte, wurde er zur „rechten Hand" Gottes erhöht und „sowohl zum Herrn als auch zum Christus gemacht". Dort wartet er auf die Unterwerfung aller seiner Feinde. Im paulinischen Evangelium ist die Geschichte Jesu ein Drama der überirdischen Regionen, in dem seine irdische Karriere als Prophet, Führer und Lehrer auf die Ebene einer bloßen Episode herabsinkt. Als präexistenter Geist war Jesus von Beginn der Schöpfung an „in der Gestalt Gottes". Als die Zeit seiner Vollendung näher rückte, nahm er menschliche Gestalt an, stieg durch Leiden und Tod in die tiefsten Tiefen der Unterwelt hinab und war durch göttliche Macht wieder über alle Himmel mit ihren Reihen engelhafter Hierarchien aufgestiegen. Ob Paulus es selbst so aufgefasst hat oder nicht, die heidnische Welt hatte keine anderen Denkformen , um eine solche Christologie zu formulieren, als die aktuellen Mythen der Erlösergötter. Der Wert der individuellen *Seele* war endlich entdeckt worden, und die Menschen griffen auf die alten Personifikationen der Naturkräfte zurück, um diese neu entdeckte *Seele* von ihrer Schwäche und Sterblichkeit zu befreien. Die einflussreichen Religionen der Zeit waren die der persönlichen Erlösung durch mystische Vereinigung mit einem sterbenden und auferstandenen „ Erlösergott ", einem Osiris, einem Adonis, einem Attis, einem Mithra. Religionen dieser Art verdrängten überall die alten Nationalglauben. Die Heiden konnten sich „den Christus" nicht in erster Linie als einen Sohn Davids vorstellen, der das Königreich Israel wiederherstellt, die Heiden wie ein Töpfergefäß zerschmettert und sie mit eiserner Rute regiert. Wenn er diese alttestamentliche Sprache überhaupt benutzte, hatte sie für ihn einen rein symbolischen Sinn. Die gesamte Konzeption wurde vergeistigt. Die besiegten „Feinde" waren die geistigen Feinde der Menschheit, Sünde und Tod; „Erlösung" war nicht die Befreiung Israels aus der Hand aller seiner Feinde, damit sie (zusammen mit allen in der Ferne, die den Namen dieses barmherzigen Gottes anrufen) „ihm in Heiligkeit und Gerechtigkeit dienen ihr Leben lang". Es war die Rettung der Söhne Adams aus der Knechtschaft böser Mächte, die ihnen durch die Erbschaft von Adams sündigem Fleisch entstanden war. Dies war bereits die Tendenz der jüdischen Apokalypse. Der Ausgangspunkt der eigenen Vorstellungen des Paulus war nicht die Knechtschaft Israels in Ägypten, sondern eine Vorstellung, die, wie das späte Buch der jüdischen Philosophie namens „Die Weisheit Salomos", bereits mit der stoischen Vorstellung von „Fleisch" als Gefängnis des „Geistes" gefärbt war. ' bereits entzündet, wie die zeitgenössischen jüdischen Apokalypsen von

Esdras und Baruch, mit grellen Visionen eines Universums, das durch übermenschliche Kräfte aus der Knechtschaft dämonischer Herrschaft gerettet wird. Die Predigt des Paulus wurde durch seine eigene Erfahrung Wirklichkeit. Denn wenn es jemals einen Evangelisten gab, dessen Botschaft seine eigene Erfahrung war, dann war es Paulus. Und die Erfahrung des Paulus war weniger die eines palästinensischen Juden als vielmehr die eines Hellenisten, dessen gesamte Idee der „Erlösung" durch den Kontakt mit griechischem und hellenistischem Denken unbewusst universalisiert, individualisiert und vergeistigt wurde. Paulus und die galiläischen Apostel lagen in ihren Zukunftserwartungen nicht weit auseinander. Beide standen da und blickten in den Himmel. Aber um seine Autorität zu erlangen, schaute Paulus unweigerlich nach innen, die galiläischen Apostel schauten nach hinten.

Im gegenwärtigen Stadium der Kenntnis der Religionsgeschichte, insbesondere der Verbreitung der verschiedenen „Mysterien" und Religionen der persönlichen Erlösung im frühen Kaiserreich, ist es hoffnungslos, diesen Gegensatz zwischen dem Paulus-Evangelium und dem Evangelium der „Apostel" zu leugnen und Älteste in Jerusalem." Es ist kurzsichtig, seine Bedeutung für den Übergang des Glaubens zu übersehen. Während das jüdisch-christliche Christentum als Haupthintergrund die nationale Geschichte hatte, die mehr oder weniger in den Formen der Apokalypse transzendentalisiert wurde, hatte das Paulusevangelium als Haupthintergrund die spekulative Mythologie der hellenistischen Welt, die mehr oder weniger an die Formen des Judentums angepasst war. Nur die Unkenntnis der Funktion der Mythologie, insbesondere ihrer Verwendung als Ausdruck des Strebens der Seele nach Reinheit, Leben und Gemeinschaft mit Gott, kann dazu führen, dass diese mythologisch formulierten religiösen Ideen als ungeeignetes Mittel erscheinen, um Paulus' Sinn für die Bedeutung der Botschaft Jesu zu vermitteln und das Leben des „Sohnschiffes". Sie waren zumindest der beste Ausdruck, den sich die damalige Zeit und die Umgebung des größeren Reiches leisten konnte, das Gott in der Auferstehung Christi verkündet hatte und das er durch die Ausgießung seines Geistes zustande brachte.

Die moderne Kritik muss daher anerkennen, dass die Anfänge unserer Religion nicht eine bloße Erweiterung des Judentums durch die Abschaffung der Schranken des Gesetzes waren, sondern eine Verschmelzung der beiden großen Strömungen religiösen Denkens, die die jüdische und die hellenistische Welt kennzeichnen, in einer höheren Einheit . Alexanders erhoffte „Hochzeit Europas und Asiens" vollzog sich schließlich auch auf dem Gebiet der Religion selbst. Das entnationalisierte Judentum trug das soziale Ideal bei: die messianische Hoffnung auf ein weltweites Reich Gottes. Es ist der würdige Beitrag einer hochethischen Nationalreligion. Der

Hellenismus trug das individuelle Ideal bei: persönliche Erlösung in mystischer Vereinigung mit dem Leben Gottes. Es ist ein Konzept, das aus dem neu erwachten Bewusstsein der Griechen über eine Persönlichkeit abgeleitet ist, die nach Befreiung aus der Knechtschaft des Materiellen und Vergänglichen strebt, die ihrem eigentlichen Leben fremd und entwürdigend ist. Der Kritiker, der zum Ideenhistoriker geworden ist, wird hier feststellen, dass sein Studium der Literatur des apostolischen und nachapostolischen Zeitalters zu einer Perspektive von ungeahnter Größe und Bedeutung führt. Als die beiden großen Bereiche seines Themas wird er (1) das Evangelium Jesu sehen, *das*, wie uns gesagt wird, in den ersten Anfängen der literarischen Entwicklung durch eine aramäische Zusammenstellung der Gebote des Herrn des Apostels Matthäus repräsentiert wurde, die im Umlauf war möglicherweise sogar vor den großen Paulusbriefen unter den palästinensischen Kirchen; (2) das Evangelium *über* Jesus, dargestellt in den Paulusbriefen, und diese basieren auf der persönlichen Erfahrung ihres Autors. Es ist ein Evangelium von Gottes Handeln „in Christus, der die Welt versöhnt". Es interpretiert die Persönlichkeit Jesu und seine Erfahrung von Kreuz und Auferstehung als Manifestationen der göttlichen Idee. Die Interpretation erfolgt hellenistisch farbige Denkformen und ist gezwungen, sich zunächst gegen die Unterwerfung unter den Legalismus, dann gegen die Perversion in eine unethische, abergläubische Theosophie zu verteidigen. Aber sicherlich gehört die Lehre *von* Jesus, die die Bedeutung seiner Person und seines Werkes als Höhepunkt der Erlösung durch die Einwohnung Gottes in den Menschen und unter den Menschen interpretiert, ebenso zum Wesen des Christentums wie das von Jesus verkündete Evangelium der Liebe und des *Glaubens*.

Neben diesen beiden Haupttypen des Evangeliums und ihren untergeordneten Kombinationen könnte der kritische Historiker letztendlich eine Art „spirituelles" Evangelium entstehen sehen, das auf nichtjüdischem Boden wächst und tatsächlich seinen ersten literarischen Ausdruck in den frühen Jahren des zweiten Jahrhunderts erhält Hauptquartier des paulinischen Missionsfeldes. Dieser dritte Typ soll die beiden anderen umfassend umfassen. Es handelt sich im Wesentlichen um ein Evangelium über Jesus, auch wenn es als hauptsächlicher literarischer Ausdruck die Form eines von Jesus gepredigten Evangeliums annimmt. Der vierte Evangelist ist der wahre Nachfolger von Paulus, obwohl ihn die Bedingungen der Zeit dazu zwingen, über die literarische Form des Briefes hinauszugehen und ein Evangelium zu verfassen, in dem beide Faktoren der heiligen Tradition erscheinen sollen, die Worte und Werke, die Gebote und der rettende Dienst Jesu. Aber es ist keineswegs mechanisch oder sklavisch, dass sich der vierte Evangelist auf diese höchste Autorität beruft. Er hebt die gesamte Botschaft über das Niveau bloß getauften Legalismus, auch wenn er sie vor der ungezügelten Zügellosigkeit der gnostischen Theosophie schützt, indem er zu diesem Zweck seine Lehre vom fleischgewordenen Logos anwendet. Seine Grundlage ist sowohl Psychologie als auch Geschichte. Es ist das Leben, das das Licht der Menschen ist, das Leben, dessen Quelle Gott ist und das seine Schöpfung durchdringt und erlöst; sogar „das ewige Leben, das beim Vater war und uns offenbart wurde".

In der kritischen Gruppierung unserer neutestamentlichen Schriften können das Evangelium und die Johannesbriefe daher keinen geringeren Platz einnehmen als den Schlussstein des Bogens.

Zusammenfassend lässt sich sagen: Die Literatur des Apostels verdankte ihre frühe Entwicklung und ihren langen Fortbestand in den paulinischen Kirchen Kleinasiens und Griechenlands dem Anstoß und dem Beispiel der apostolischen Autorität des Paulus. Die Literatur des Lehrers und Propheten, die rund um Jerusalem und seine Tochterkirchen in Antiochia und Rom entstand, übertraf langsam an Einfluss das „Gebot der Apostel", da die Kirche in Bezug auf die „Lehre" immer ausschließlicher von ihr abhängig wurde des Herrn." Es war die Aufgabe des großen „Theologen" von Ephesus (wie er schon früh genannt wurde), die Autorität beider zu vereinen und die grundlegende Grundlage für den katholischen Glauben zu schaffen.

TEIL II

Die Literatur des Apostels

KAPITEL III

PAULUS ALS MISSIONAR UND VERTEIDIGER DES EVANGELIUMS DER GNADE

Die wichtigste aller Passagen für die historische Würdigung der großen Zeit der Missiontätigkeit des Paulus und seiner Literatur ist der Rückblick auf seine Karriere als Apostel der Heiden und Verteidiger eines Evangeliums „ohne das Joch des Gesetzes" in Gal. ich .-ii. Besonders hervorzuheben ist der Kontrast zwischen diesem und dem sehr unterschiedlichen Bericht in Apostelgeschichte ix.-xvi.

Der Galaterbrief zielt darauf ab, den Übergriffen bestimmter judaisierender Eindringlinge auf das Feld des Paulus entgegenzuwirken, und scheint aus Korinth geschrieben worden zu sein, kurz nach seiner Ankunft dort (ca. 50) *auf* der zweiten Missionsreise (Apostelgeschichte xv. 36–xviii. 22). Unter den „Kirchen von Galatien" verstehen wir diejenigen, die Paulus in Begleitung von Barnabas auf der ersten Missionsreise gründete (Apostelgeschichte XIII.-XIV.) und die mit Silas nach einer Teilung des kürzlich evangelisierten Territoriums, dem Zypern überlassen worden war, wieder aufgegriffen wurden Barnabas und Markus (Apostelgeschichte xv. 36–xvi. 5; *vgl.* Gal. iv. 13).

Der Rückblick besteht aus zwei Teilen: (1) ein Beweis für den göttlichen Ursprung des Apostelamts und des Evangeliums des Paulus durch die Unabhängigkeit seiner Bekehrung und Missionarslaufbahn; (2) ein Bericht über seine Verteidigung seines „Evangeliums der Unbeschnittenheit" bei den beiden Gelegenheiten, als es bedroht wurde. Als er Jerusalem etwa fünfzehn Jahre nach seiner Bekehrung zum zweiten Mal besuchte [7] , sicherte er sich von seinen „Säulen" Jakobus, Petrus und Johannes eine uneingeschränkte, wenn auch „private" Bestätigung. Anschließend überwand er in Antiochia den erneuten Widerstand, indem er öffentlich die Inkonsistenz des Petrus aufdeckte, der von den Reaktionären überzeugt worden war.

Die Apostelgeschichte kehrt den Standpunkt des Paulus um und macht seine Karriere in der Zeit der ungehinderten Evangelisierung zu einer Arbeit ausschließlich für Juden, in völliger Abhängigkeit von den Zwölf. Es schließt die Zeit der Opposition praktisch aus, indem der Status der Nichtjuden in einem „Apostolischen Konzil" festgelegt wird. Es wird dargestellt, dass Paulus dieser Entscheidung einfach zustimmte.

Wie Paulus beschreibt, war der gesamte frühere Zeitraum von fünfzehn Jahren mit Missionsbemühungen für *Nichtjuden beschäftigt gewesen* , zunächst in Damaskus, dann „in den Gebieten Syriens und Kilikiens". Sie wurde nur durch eine Reise „nach Arabien" und später, drei Jahre nach seiner Bekehrung, durch einen zweiwöchigen Privatbesuch bei Petrus in Jerusalem unterbrochen. In diese Zeit fallen die meisten Reisen und Abenteuer des 2. Kor. xi. 23-33. Es gab praktisch keinen Kontakt zu Judäa . Sein „Evangelium" war das, was Gott allein ihm durch eine innere Manifestation des auferstandenen Jesus gelehrt hatte.

Wie von Lukas [8] beschrieben , wurde die gesamte Zeit der Evangelisierung der griechischsprachigen *Juden gewidmet* , hauptsächlich in Jerusalem. Dies war das von Paulus gewählte Fachgebiet, in dem er unter der Leitung der „Apostel" arbeitete. Nur gegen seinen Willen [9] wurde er zur Zuflucht nach Tarsus getrieben, von wo Barnabas, der ihn zuerst den Aposteln vorgestellt hatte, ihn nach Antiochia brachte. Es gab keine Heidenmission, bis Barnabas und er von dieser Kirche zu ihren „Aposteln" ernannt wurden. Diese Mission erfolgte auf ausdrückliche Weisung „des Geistes" (Apostelgeschichte ix. 19-30; xi. 25 *f.;* xiii. 1-3; *vgl.* xxii. 10-21). Paulus' Apostelamt für die Heiden beginnt dann, laut Lukas, mit der ersten Missionsreise, als er in Begleitung (und zunächst in Unterordnung) von Barnabas Zypern und Südgalatien evangelisiert. Die beiden sind Agenten Antiochias, mit „Empfehlungsschreiben" von „den Aposteln und Ältesten in Jerusalem" (Apostelgeschichte XV. 23-26). Paulus ist kein Apostel Christi im gleichen Sinne wie die Zwölf (*vgl.* Apg. I , 21 *f.*). Er ist ein von der Vorsehung vorgesehenes „Gefäß des Geistes", das „von Menschen und durch Menschen" eingesetzt wurde. Sein Evangelium ist das unveränderte des Petrus (*vgl.* Apostelgeschichte 26, 16–23).

Noch größere Unterschiede gibt es hinsichtlich des Zeitraums der Opposition. Lukas verschiebt seinen Beginn ein wenig und geht seiner Unterdrückung sehr weit voraus. Darüber hinaus bringt er Paulus dazu, eine Lösung zu akzeptieren, die in seinen Briefen entschieden abgelehnt wird.

Der Apostelgeschichte zufolge gab es vor der ersten Missionsreise keinen Widerstand, und zwar aus dem guten Grund, dass es keine nichtjüdische Propaganda gegeben hatte. [10] Es gab keinen Widerstand, nachdem das Konzil dazu aufgerufen hatte (Apostelgeschichte XV), aus dem schlüssigen Grund, dass „die Apostel und Ältesten" nichts übrig ließen, worüber man streiten könnte. Sobald die Einwände erhoben wurden, legte die Kirche in Antiochia die Frage diesen Behörden vor und schickte Paulus und Barnabas als Zeugen. Aufgrund ihres Zeugnisses der Gnade Gottes unter den Heiden schlägt Petrus (der dieses besondere Apostelamt ausdrücklich für sich (!) beansprucht, Apostelgeschichte XV. 7) die bedingungslose Anerkennung der Freiheit der Heiden vor und bezieht sich dabei auf den Präzedenzfall von Kornelius. Hierin herrschte allgemeine Zustimmung. Tatsächlich war die Angelegenheit schon vorher entschieden worden (Apostelgeschichte 11 , 1-18). Der einzige völlig neue Punkt war der, den Jakobus im Namen „der

Juden unter den Heiden" ansprach (Apostelgeschichte xv. 21; *vgl* . xxi. 21).
Um ihretwillen wird es als „notwendig" erachtet, die Freiheit der Nichtjuden
in vier Punkten einzuschränken. Sie müssen auf drei verbotene Fleischsorten
und auf Unzucht verzichten, denn diese vermitteln die „Verunreinigung
durch Götzen". Die „Notwendigkeit" liegt darin, dass *den Juden keine Freiheit
vom Gesetz zugestanden wird* . Sie werden (unfreiwillig) verunreinigt, wenn sie
ungeschützt mit ihren nichtjüdischen Brüdern essen. „Unzucht" wird
hinzugefügt, weil sie (in den Worten eines alten jüdischen Christen) „sich
von allen anderen Sünden dadurch unterscheidet, dass sie nicht nur den
Sünder verunreinigt, sondern auch diejenigen, die mit ihm essen oder
Umgang haben ". Paulus und Barnabas nahmen laut Lukas diese „Dekrete"
gerne an und Paulus verteilte sie „zur Aufbewahrung" unter seinen
Konvertiten in Galatien (!). *Petrus* ist der Apostel der Heiden. Antiochia und
Jerusalem entscheiden über die Frage ihres Status. Die Bedingungen der
Gemeinschaft entsprechen denen von *Jakobus* und Petrus.

Paulus erwähnt weder das Konzil noch „Dekrete". Seine
Stipendienbedingungen schließen beides ausdrücklich aus. Er greift auf die
Privatkonferenz zurück und legt die Geschichte eines qualvollen Kampfes
offen, um die Anerkennung der Gleichheit und Unabhängigkeit des
Heidenchristentums wirksam werden zu lassen. Der Kampf ist das Ergebnis
seines Widerstands gegen Abgesandte „von Jakobus" in Antiochia, die das
gesamte jüdische Element in dieser gemischten Kirche, einschließlich Petrus
und „sogar Barnabas", zu Bedingungen einer Gemeinschaft gebracht hatten,
die für die Säulen akzeptabel waren. Nach der Kollision in Antiochia verlässt
Paulus die „Regionen Syrien und Kilikien" und verlegt den Schauplatz seiner
Missionsbemühungen in die griechische Welt zwischen dem Taurus-Gebirge
und der Adria. In den nächsten zehn Jahren sehen wir ihn einerseits eine
unabhängige Mission durchführen und die Lehre vom Kreuz als den Beginn
einer neuen Ära verkünden, in der das Gesetz abgeschafft wurde und Juden
und Heiden „in einem Geist Zugang zum Vater" haben. " Andererseits
verteidigt er dieses Evangelium der „Gnade" gegen skrupellose jüdisch-
christliche Verräter und bemüht sich , die Differenzen zwischen seinen
eigenen Anhängern und denen der „Beschneidung" auszugleichen, die nicht
aktiv feindselig sind, sondern nur „Anstoß" genommen haben. Während
dieser Zeit, bis zu seiner Verhaftung in Jerusalem, die seine Karriere als
Evangelist beendete, stand Paulus allein als Verfechter der
uneingeschränkten Freiheit und Gleichheit der Heiden da. Er kann keine
Bedingungen der Gemeinschaft zulassen, die eine Fortdauer der gesetzlichen
Dispens implizieren. Judenchristen können die Beschneidung und die
Bräuche beibehalten, wenn sie dies wünschen; Sie dürfen sie aber nicht als
den geringsten Vorteil in Gottes Augen betrachten oder empfehlen. Er wird
die Lehre von der Erlösung durch Glauben *mit* Werken des Gesetzes nicht
zulassen. Sowohl Juden als auch Nichtjuden müssen „dem Gesetz

gestorben" sein. Es gibt keine „Rechtfertigung" außer „durch den Glauben, *unabhängig* von Werken des Gesetzes". [11]

Sofern wir den tiefen Unterschied zwischen dem „apostolischen" Christentum, wie Lukas es nennt, und dem „Evangelium" nicht deutlich begreifen, der durch diese Frage nach dem (bekehrten) Juden unter den Heiden und seiner Verpflichtung, mit seinem nichtjüdischen Bruder zu essen, fast beiläufig zum Ausdruck kommt, ist der Unterschied zwischen dem „apostolischen" Christentum, wie Lukas es nennt, und dem „Evangelium". Paulus können wir die großen Briefe, die in dieser Zeit des Konflikts verfasst wurden, nicht angemessen würdigen. Die Grundlage für Lukas' erfreuliches Bild von Frieden und Eintracht ist eine grundlegend andere Auffassung vom Verhältnis von Gesetz und Gnade. Sowohl Paulus als auch Lukas vertreten die Auffassung, dass die mosaischen Gebote für *Nichtjuden nicht bindend seien* . Der Punkt der Differenz – und Paulus' eigener Bericht über seine Konferenz mit den Säulen zeigt, dass die Idee von Lukas auch ihre ist; Warum sollte es sonst eine Aufteilung der „Einflusssphären " geben? – Ist die Lehre des Paulus, dass sowohl der gläubige Jude *als auch der Nichtjude* „dem Gesetz gestorben" sind? Und diese Doktrin wurde südlich des Taurus-Gebirges nie akzeptiert.

des Elements der Beschnittenen aus der Kirche nach 70 n. Chr . UND die zunehmende Erkenntnis in „Syrien und Kilikien", dass der Jerusalem-Antiochia-Plan, die Nichtjuden dazu zu verpflichten, nicht durchführbar sei Machen Sie ihre Tische für den Legalisten unschädlich. Wenn nur die Beteiligung von Paulus und Barnabas aus der Geschichte der Apostelgeschichte XV ausgeschlossen wäre. (oder besser gesagt, nach Apostelgeschichte 11, 30 wieder in die richtige Reihenfolge gebracht) haben wir allen Grund, Lukas' Bericht über ein Apostolisches Konzil in Jerusalem zu akzeptieren, das nicht lange nach „Petrus kam nach Antiochia" stattfand, um zwischen den Kirchen Nord- und Südsyriens zu regeln knifflige Frage, ob der christliche Jude mit Nichtjuden isst oder nicht. Es ist fast sicher, dass Syrien diesen Modus vivendi für „die Brüder aus den Heiden *in Antiochia, Syrien und Kilikien* " übernommen hat (Apostelgeschichte XV. 23); denn wir können dort seine allmähliche Veralterung verfolgen. In der Offenbarung (ein Buch palästinensischen Ursprungs, das *um* 95 in Ephesus neu veröffentlicht wurde; *vgl.* Offb. ii. 14, 20, 24), in der *Lehre der Zwölf* (125) und im „westlichen" Text der Apostelgeschichte xv. (150?) Es gibt eine fortschreitende Verringerung der „Last". Von den Nichtjuden wird schließlich verlangt, fast nicht mehr zu tun, als Paulus aus moralischen Gründen gefordert hatte, ohne die Gültigkeit der „Fleischunterschiede" anzuerkennen. Im JAHR 120 n. Chr. lautet die „Bürde": „Was das Fleisch betrifft, so behalte, was du kannst; aber halte dich auf jeden Fall von Dingen fern, die Götzen geopfert werden, denn es ist die Speise toter Götter."

Betrachten wir aber Lukas' Bericht darüber, wie der Frieden wiederhergestellt wurde, mit seiner Implikation, dass das paulinische Evangelium, wie es sich im griechischen Christentum zwischen dem Taurus-Gebirge und der Adria entwickelte, nichts weiter als ein Zweig aus dem Stammstamm der „apostolischen" Kirche in „Syrien und ..." war Kilikien" wäre so, als würde man die Geschichte der Vereinigten Staaten aus der Sicht eines britischen Imperialisten aus der Zeit der angelsächsischen Wiedervereinigung im Jahr 2000 BETRACHTEN , der den amerikanischen Unabhängigkeitskrieg völlig außer Acht lassen sollte und meint, dass Washington und Franklin Zeugenaussagen gemacht hätten bevor das Parlament einen von einer liberalen Regierung ausgearbeiteten Siedlungsplan für die Kolonien akzeptierte, der die widerwärtigen Forderungen der Tories auf ein Minimum reduzierte.

Die Geschichte dieser Periode der Entwicklung des unabhängigen „Evangeliums" des Paulus und seiner unabhängigen Kirchen ist so wichtig und von Generationen wohlmeinender „Harmonisierer" so verwirrt, dass wir uns die Zeit nehmen müssen, die Theorie des Lukas noch einmal gegenüberzustellen der Prozess der Wiedervereinigung mit Paul.

In der Apostelgeschichte vertritt Paulus genau die Ansicht von Petrus und Jakobus. Er selbst steht „unter dem Gesetz". Er missachtet es *nicht* einmal unter Heiden. Im Gegenteil, er gibt den Juden unter den Heiden ein Beispiel für gewissenhafte Legalität, indem er selbst „ordnungsgemäß wandelt und das Gesetz hält". Die Aussage, dass er „sie lehrt, Mose zu verlassen, indem er ihnen sagt, sie sollen ihre Kinder nicht beschneiden und den Bräuchen nicht gehorchen", ist eine Verleumdung (!), die er öffentlich zum Anlass nimmt, zu widerlegen (Apostelgeschichte XXI, 20-26). Vor dem Sanhedrin erklärt er sich ausdrücklich als konsequenter Pharisäer (Apostelgeschichte 23, 1, 6); vor Felix und Festus, tadellos nach dem Maßstab des Gesetzes und der Propheten (xxiv. 14-16; xxv. 8); vor Agrippa, einem in seinem bisherigen Verhalten strengen Pharisäer (xxvi. 5, 22 *f.*). Titus, dessen Beschneidung sich Paulus energisch widersetzte, wird in der Apostelgeschichte nie erwähnt. Umgekehrt „nahm und beschnitt" Paulus Timotheus (ein Jude nur mütterlicherseits) unmittelbar nach dem Jerusalemer Konzil „wegen der Juden, die in diesen Teilen waren" (Galatien!). Sein Besuch mit Barnabas in Jerusalem ist nicht auf den Widerstand gegen die Missionen der Heiden zurückzuführen, obwohl er zwischen Barnabas' Mission aus Jerusalem, die alarmierenden Berichte über Bekehrungen der Heiden in Antiochia zu untersuchen, und der ersten Missionsreise, auf die die beiden Markus mitnehmen, angesiedelt ist hatte sie von Jerusalem aus begleitet. NEIN; Laut Lukas gab es noch keine Heidenmissionen [12] (!). Dieser Besuch (der der Konferenz, Gal. ii. 1-10) diente lediglich dazu, der Kirche in Jerusalem ein Geschenk der Antiochia-Kirche wegen der Hungersnot „um diese Zeit" zu überbringen (sie ereignete sich in den Jahren 46-47). Umgekehrt ist das große „Opfer der Heiden", das Paulus unter Einsatz seines Lebens in Gesellschaft von Delegierten aus allen Provinzen seines Fachgebiets als Friedensangebot darbrachte, das Unterfangen, das in seinen Bemühungen und seinen Briefen dieser Zeit einen so großen Platz einnimmt (1. Kor. xvi. 1-6; 2. Kor. 8-9; Röm. xv. 15, 16, 25-32) hat in der Apostelgeschichte keinen Bezug zur Kontroverse – denn die Demonstration des vorbildlichen Legalismus des Paulus im Tempel ist es rein zufällig. Das Geschenk, das Paulus brachte, war „Almosen für mein Volk" (!) (Apostelgeschichte xxiv. 17). Der Leser fragt vergeblich, was diese gefährliche Reise nötig macht. Die einzigen angegebenen Motive sind ein in Kenchreæ abgelegtes Gelübde der Nazarener (xviii. 18; xxi. 24) und die Achtung der jüdischen Feste (xx. 16).

Der historische Hintergrund, vor dem der moderne Leser die großen Paulusbriefe der ersten Periode sehen muss, ist offensichtlich etwas ganz anderes als die bloße ungefilterte Geschichte der Apostelgeschichte. Ihr eigentlicher Ursprung liegt in einem tiefgreifenden Unterschied in der Vorstellung des Paulus vom „Evangelium" und der Notwendigkeit, die Unabhängigkeit dieses und der darauf gegründeten Heidenkirchen zu verteidigen. Der Unterschied hat seinen Ursprung in der eigenen religiösen Erfahrung des Paulus. Sie fand ihren ersten Ausdruck in seiner Antithese von Gesetz und Gnade, seiner Lehre, dass das Kreuz die Abschaffung der Ökonomie des Gesetzes markiert.

Sowohl im Galaterbrief als auch überall sonst behandelt Paulus die Vertreter des „Apostolats der Beschneidung" auf Augenhöhe. Er denunziert Petrus und „den Rest der Juden", darunter „sogar Barnabas", in Antiochia, nachdem sie sich aus der Gemeinschaft der Heiden zurückgezogen hatten, um ihre gesetzliche „Reinheit" zu bewahren, und der Sinn der Denunziation besteht darin, dass dies im Widerspruch steht *ihre* (stillschweigende) Abkehr vom Gesetz als Mittel zur Erlösung, als sie „durch den Glauben an Christus gerechtfertigt werden wollten". Das macht ihr Verhalten nicht nur inkonsequent, sondern auch feige und „heuchlerisch".

Hier geht es um etwas, das viel tiefer geht als nur eine Frage der Politik. Die Haltung des Paulus zeigt, dass er von Anfang an tatsächlich „ein anderes Evangelium" gepredigt hat. Ein Evangelium *über* Christus, in dem die zentrale Tatsache das Kreuz als Zeichen der Abschaffung einer Rechtsordnung ist, in der Juden und Nichtjuden gleichermaßen in einer unterwürfigen Beziehung zu Gott standen, unter engelhaften (oder dämonischen) „Verwaltern und Statthaltern" und dem Einleitung einer Gnadenzeit, in der alle, die „Glauben" haben und in der Taufe die Gabe des „Geistes" empfangen, dadurch als Söhne Gottes adoptiert werden. Neben diesem kosmischen Drama des Kreuzes und der Auferstehung, in dem Gott seinen erlösenden Plan für die Welt offenbart, ist die bloße Einführung des sanften Jochs Jesu als neues Gesetz, das das alte vereinfacht und ergänzt, indem die Lehre der Vergebung für den reuigen Gläubigen wiederhergestellt wird (*vgl* . Matthäus xxviii. 20; Apostelgeschichte x. 42 *f.* ; xiii. 39; xxvi. 22 *f.*) scheint nur ein halbes Evangelium zu sein.

Paulus kann niemals die Unabhängigkeit seiner von Gott gegebenen Botschaft aufgeben, noch die Freiheit, mit der Christus alle Gläubigen frei gemacht hat, indem er die Ökonomie des Gesetzes abgeschafft und sie durch den Heiligen Geist zu „Söhnen" gemacht hat. Und doch ist er noch entschlossener, Frieden und Wiedervereinigung zu erreichen als die Apostel „der Beschneidung"; nur hat er einen anderen Plan. Paulus und seine Kirchen greifen auf die Jerusalemer Konferenz zurück, nicht auf das „Apostolische Konzil". Die Konferenz ist ihre Magna Carta. Die Anerkennung des unabhängigen Evangeliums und Apostelamtes des Paulus als nicht weniger göttlich als das des Petrus ist ihre Garantie für Freiheit und Gleichheit; Ihre Bitte um brüderliche Hilfe ist ihr Versprechen der Brüderlichkeit.

Es kam zu Annäherungsversuchen von beiden Seiten. Es ist wahr, dass der unüberlegte Versuch der Judaisten, die Einheit durch eine Erneuerung ihrer Propaganda des Gesetzes zu sichern und die griechischen Kirchen von ihrer Loyalität gegenüber Paulus und seinem Evangelium zu verführen, bei ihm nur solche Blitze hervorrief wie der Galaterbrief mit seiner Verteidigung des Gesetzes „die Freiheit, womit Christus uns frei gemacht hat" oder 2. Kor. X. 1 bis xiii. 10, mit seiner Verurteilung der „Diener Satans". Frieden durch Hingabe war nicht Pauls Meinung. Aber der aufrichtige Versuch der Anhänger Petri, einen *Modus vivendi zu finden* , stellte fest, dass Paulus bereit war, mehr als die Hälfte des Weges zu gehen, auch wenn sie es nicht wagten, die Befreiung vom Gesetz für sich einzufordern. Seine Briefe sind nicht bemerkenswerter wegen ihrer energischen Verteidigung der Freiheit des Sohnes als vielmehr wegen ihres Beharrens auf der Verpflichtung zur brüderlichen Liebe. Seine Kirchen müssen nicht nur um ihrer selbst willen moralisch rein sein, sondern auch die Gewissenhafteren nicht beleidigen. Sogar das, was die christliche Freiheit zulässt, muss den Skrupeln der „Schwachen" geopfert werden, wenn es nur nicht „zweifelhaften Auseinandersetzungen" oder von Rechts wegen gefordert wird. Vom 1. Thessalonicherbrief (Korinth, 50 N. CHR .), wo Paulus in Ermangelung jeglichen judaisierenden Widerstands lediglich sein einfaches Evangelium der Auferstehung und des kommenden Gerichts darlegt, unbeeinflusst von Fragen des Gesetzes und der Gnade, bis hin zum Galaterbrief mit seiner erhabenen Polemik für die Freiheit der Söhne, bis hin zur korinthischen Korrespondenz mit ihrem Beharren auf der Pflicht zur Rücksichtnahme und Nachsicht, ihrem stärkeren Ton der Liebe, ihrer Offenbarung der weitreichenden, energischen Bemühungen des Paulus, sein großes „Opfer" zu fördern, bis hin zum Römerbrief, wo die Das „Opfer der Heiden" steht bereit (Röm. (1. 15-17) gibt es stetige Fortschritte in Richtung des „Friedens" und der „Annahme", die er in Jerusalem zu finden hofft. Die späteren Briefe mit ihren unterschiedlichen Konfliktphasen und die Haltung des „apostolischen" Christentums gegenüber Paulus, wie sie in der Apostelgeschichte zum Ausdruck kommt, machen es unglaubwürdig, dass die substanzielle Einheit tatsächlich nicht gesichert war. [13] Wir können die Darstellung von Lukas, dass Paulus das Nazarener-Zeremonial im Tempel durchführt, tatsächlich nicht akzeptieren, um zu beweisen, *dass er nicht lehrt, dass das Gesetz für Juden nicht bindend sei*. Daraus folgt jedoch nicht, dass Paulus nicht auch dies getan hätte, um zu beweisen, dass sein Prinzip der Anpassung an die Schwachen (1. Kor. ix, 19-22) reichlich Raum für die Gemeinschaft mit dem Judenchristen ließ – außer wenn (wie bei Petrus und Petrus). Barnabas in Antiochien) wurden die unnötigen Skrupel des Legalisten zum Vorwand gemacht, „die Heiden zu zwingen, so zu leben wie die Juden".

Wäre die Einheit durch den einfachen Prozess erreicht worden, den Lukas sich vorgestellt hatte, und durch die gehorsame Zustimmung von Paulus und den Heiden zum göttlich inspirierten Urteil „der Apostel und Ältesten in Jerusalem", wäre das Christentum eine unermesslich ärmere Sache gewesen, als es geworden ist. Tatsächlich ist es fraglich, ob ein Evangelium der bloßen Vereinfachung, Erweiterung und Ergänzung des Gesetzes jemals die nichtjüdische Welt dauerhaft erobert hätte. Das liegt daran, dass Paulus sich in dieser Frage des „Fleischs" für die Gleichberechtigung seines unabhängigen Evangeliums einsetzte und die Unterwerfung verweigerte, bis sein großes zehnjähriges Werk der Evangelisierung durch Zunge und Feder das Heidenchristentum zu einem Faktor von mindestens gleicher Bedeutung gemacht hatte Jüdisch, dass unsere Religion durch ihren hellenistischen Einfluss bereichert wurde. Die tiefere Einsicht in die wahre Bedeutung des Wirkens und Schicksals Jesu, die sich aus der besonderen Erfahrung des Paulus und seinem hellenistischen Verständnis des Evangeliums ergab, fand in den Anfängen einer neutestamentlichen Literatur ihren Niederschlag. Die Schriften dieser Zeit müssen dementsprechend vor dem Hintergrund einer kritischen Geschichte betrachtet werden. Der Bericht des Lukas, der im Interesse der „apostolischen" Autorität verfasst wurde, muss die Änderungen erfahren, die die zeitgenössischen Dokumente erfordern.

Wenn wir die Geschichte am Punkt der Meinungsverschiedenheit aufgreifen, sehen wir, wie Paulus und Barnabas nach der Konferenz mit den Säulen nach Antiochia zurückkehren, froh im Herzen und in der Erwartung, nun die Arbeit für die Heiden ohne Hindernisse wieder aufzunehmen. Neben Titus begleitete sie auch Johannes Markus von Jerusalem, ein Neffe von Barnabas. Es folgt die Missionsreise nach Zypern und (südliches) Galatien, wobei Markus jedoch nach seiner Abreise aus Zypern nach Jerusalem zurückkehrt.

Wahrscheinlich während der Abwesenheit der Missionare kam „Petrus nach Antiochia" und folgte zunächst der paulinischen Praxis, „Fleischunterschiede" außer Acht zu lassen. Später, als einige „von Jakobus" eintrafen, „zog er sich zurück und trennte sich, aus Angst vor denen der Beschneidung". Während sich die Dinge in diesem Stadium befanden, erschienen Paulus und Barnabas wieder auf der Bildfläche. Paulus hielt es für notwendig, Petrus „offen vor allen" zu tadeln. Barnabas, ehemaliges Oberhaupt der Antiochia-Kirche, ergriff Partei für Petrus und „den Rest der Juden" und bestimmte damit zweifellos die Haltung der Kirche; denn Paulus sagt nichts davon, sie durch sein Argument zu überzeugen, sondern richtet es lediglich direkt auf die Galater selbst. Darüber hinaus nimmt Barnabas nun Zypern als sein Missionsgebiet ein, mit Markus als seinem Helfer, während Paulus mit einem neuen Gefährten, Silvanus (in der Apostelgeschichte „Silas", ein Überbringer der „Dekrete" aus Jerusalem), die nördliche Hälfte des Neulandes einnimmt evangelisiertes Gebiet und gelangte unter vielen Schwierigkeiten und Widerständen an die Küsten der Ägäis .

Dieser zweite Besuch in den Kirchen Galatiens (Apg . denn Paulus hatte Grund zu der Annahme, dass die „falschen Brüder" Schwierigkeiten bereiten würden. Glaubt man der Apostelgeschichte, so war sie auch durch einen außergewöhnlichen Beweis für die Bereitschaft des Paulus gekennzeichnet , im Interesse der Versöhnung „allen alles zu werden". Er soll einen galatischen Halbjuden namens Timotheus beschnitten haben. Wenn ja, dann sicherlich nicht, um seine Achtung vor den gesetzlichen Anforderungen zu beweisen, sondern vielmehr um deren Gleichgültigkeit. „Beschneidung ist nichts und Unbeschnittenheit nichts; nur Glaube wirkt durch Liebe." Aber diese großzügigen „Entgegenkommen" von Paulus führten eher zu einer falschen Darstellung als zu einer Versöhnung. Er hatte später Grund, seine Großzügigkeit zu bereuen (Gal. i . 10; V. 11 *f.; vgl* . 1. Kor. vii. 18) .

Ein ungeklärtes Hindernis (Apostelgeschichte xvi. 6) verhinderte zu dieser Zeit den Einzug des Paulus in die Provinz Asien. Ephesus, sein wahrscheinliches Ziel, war möglicherweise bereits besetzt (xviii. 24-28). Er wandte sich nach Norden durch Phrygien-Galatien, in der Hoffnung, in Bithynien ein Feld zu finden, wurde aber erneut enttäuscht. In Troas, am äußersten Ende Asiens, kam es zu einem Wendepunkt im Schicksal der Missionare. Ermutigt durch eine Vision reisten sie nach Mazedonien und fanden weiße Felder für die Ernte vor.

Die Briefe an Thessalonich richten sich an eine dieser mazedonischen Kirchen aus Korinth, wohin die Missionare vertrieben wurden. Timotheus war aus Athen zurückgeschickt worden, als die wiederholten Versuche des Paulus, zurückzukehren, scheiterten, und ist gerade mit der guten Nachricht angekommen, dass die Kirche trotz einer von den Juden angezettelten

Verfolgung durchgehalten hat. Offenbar gegen diese und nicht gegen jüdisch-christliche Kritiker verteidigt Paulus seinen Charakter und seine Botschaft (1. Thess. ii, 1-13). Es gibt auch eine dringende Warnung vor Unzucht (IV. 1-8) und eine Ermahnung, reich an Liebe zu sein (IV. 9-12), wobei die natürliche griechische Tendenz korrigiert wird, die jüdische Eschatologie und Auferstehungslehre falsch zu verstehen (IV. 13 – V. 1-11; *vgl.* 1. Kor. xv.). Die abschließenden Ermahnungen beziehen sich auf die Leitung der Kirchenversammlungen und die Disziplin.

Der 2. Thessalonicherbrief korrigiert und ergänzt die Eschatologie des 1. Thessalonicherbriefs, indem er eine Lehre vom Antichristen hinzufügt, die auf jeden Fall durch und durch jüdisch ist und aus der Zeit vor 70 stammt, als der Tempel zerstört wurde, in dem die Offenbarung des „Menschen der Sünde" erwartet wird. Es ist der einzige Brief dieser Zeit, dessen Authentizität von der kritischen Wissenschaft ernsthaft in Frage gestellt wird. Wie wenig dies die Frage nach dem „Evangelium" des Paulus berührt, lässt sich daran erkennen, dass der gesamte Inhalt weniger als 3 Prozent ausmacht. der früheren Briefe, während das Thema nur ein Detail ist.

Viel bedeutsamer ist es, die enge Übereinstimmung zwischen der missionarischen Verkündigung des Paulus, wie sie hier von ihm selbst beschrieben wird (1. Thess. 1, 9 f .), und der allgemeinen apostolischen Botschaft (*kerygma*), wie sie von Lukas beschrieben wird (Apostelgeschichte x, 42 *f.), zu beobachten.* ; xiv. 15-17; xvii. 24-31). Wo es keine Judenmacher gibt, gibt es keinen Hinweis auf die Evangeliumszeit von Gesetz und Gnade und deren Abschaffung am Kreuz. Die Lehre ist das allgemeine Evangelium der Auferstehung, in dem Jesus als der Messias manifestiert wurde. Der Glaube an ihn sichert dem Reumütigen Vergebung; alle anderen sind dazu verdammt, in dem bevorstehenden Gericht, das seine „Offenbarung" zeigt, zugrunde zu gehen (*vgl* . 1. Kor. xv. 11; Röm. i . 3-5).

Der Galaterbrief wurde nur kurz vor (oder nach?) den Briefen an Thessalonich geschrieben. Sein einziges Thema (nach dem Rückblick) ist die Adoption des Sohnes durch den Geist. Gegen den Einwand des Judenmachers, dass man, um am Erbe teilzuhaben, in die Familie Abrahams adoptiert werden muss (vorzugsweise durch Beschneidung) oder auf jeden Fall das mosaische Gesetz respektieren muss, behauptet Paulus die einzige Tatsache der Adoption des Geistes. „Weil ihr Söhne seid, sandte Gott den Geist seines Sohnes in unsere Herzen und rief (in den ekstatischen Äußerungen der ‚Zungen') Abba, das heißt Vater" (Gal. 4, 6). Zu den gesetzlichen Vorschriften zurückzukehren bedeutet, von der Erlösung zur Knechtschaft zurückzukehren. Alle Christen sind zwar Söhne Abrahams, aber nur als Teilhaber seines Vertrauens auf Gott. Abraham wurde wegen seines Glaubens zum „Erben der Welt" ernannt (Röm. 4, 13). Danach kamen die Beschneidung und das Gesetz. Es handelte sich nicht um überlagerte

Bestimmungen und Bedingungen der Verheißung. Im Gegenteil handelte es sich um vorübergehende pädagogische Maßnahmen, die darauf abzielten, das Bewusstsein der Sünde und des (moralischen) Todes zu wecken, damit die Menschen bei der Ankunft des Erben bereit sein sollten, sich der Gnade Gottes zu unterwerfen, die sich in seinem stellvertretenden Tod zeigte. [14] Somit ist die messianische Erlösung eine Erlösung von einem System, das in Sünde und Tod endet. Am Kreuz nahm sogar der sündenlose Christus den Fluch auf sich, damit die so erlösten Gläubigen den Segen der abrahamitischen Verheißung erhalten konnten (Gal. 3, 1–4, 7).

Aber dieser Übergang von der Knechtschaft zur Freiheit, vom rechtlichen zum kindlichen Verhältnis, „macht Christus nicht zu einem Diener der Sünde". Im Gegenteil, wenn das befreiende Schiff des Geistes des Sohnes überhaupt empfangen wurde, kontrolliert es das Leben im Hinblick auf Reinheit und Liebe. Man kann kein Sohn sein und gleichzeitig unkindlich oder unbrüderlich sein. Die Einheit der erlösten Welt in Christus ist die Einheit des liebevollen Dienstes, nicht der Unterwerfung unter ein vergangenes Regelsystem (IV. 8 – VI. 18). Damit begegnet der Galaterbrief dem heimtückischen Vorwand der Judaisten und ihren Anschuldigungen gegen die paulinische Freiheit.

Die von Paulus in Korinth gegründete Kirche (Apostelgeschichte XVIII. 1-17) basierte von Anfang an auf dieser Kreuzeslehre. Paulus beschränkte sich absichtlich darauf (1. Kor. 1 , 17-25; ii, 1-5). Er hatte tatsächlich eine Weltanschauung, von der wir in den Briefen der Gefangenschaft mehr erfahren, eine Philosophie, die vom Geist als „Geheimnis Gottes" offenbart wurde. Diejenigen, die sich später in Korinth als Anhänger „des Apollos" bezeichneten, konnten ihm diesbezüglich nichts beibringen. Aber die Betrachtung dieser griechischen Tendenz, die allzu oft in einer bloßen „Philosophie und eitler Täuschung nach den Elementen der Welt und nicht nach Christus" (Kol. II, 8) mündet, muss zugunsten von Fragen verschoben werden, die unmittelbar dringlicher wurden . Denn nachdem Paulus Korinth verlassen hatte, um über Ephesus einen kurzen Besuch in Cäsarea und Antiochia zu machen, und über die nun befriedeten galatischen Kirchen zurückgekehrt war, um Ephesus zu seinem ständigen Hauptquartier zu machen (Apostelgeschichte xviii. 18-23), erhielt er beunruhigende Nachrichten über die Zustände in Korinth . Unter Apollos (jetzt in Ephesus bei Paulus), einem Konvertiten aus Alexandria, der gründlich mit dem Evangelium des Paulus indoktriniert worden war (Apostelgeschichte XVIII. 24-28), blühte die Kirche auf, aber es kam später zu Diskussionen, die dazu führten, dass Paulus in einem Brief um Rat zu umstrittenen Punkten gebeten wurde. Darüber hinaus gab es moralische Makel. Erstens der parteiische Streit selbst, von dem Paulus von Neuankömmlingen aus Korinth erfahren hat; zweitens ein Fall von ungestraftem Inzest. In einem früheren Brief von

Paulus (heute verloren oder nur teilweise im 2. Kor. VI. 14–Vii. 1 erhalten) wurde von der Kirche verlangt, „keine Gemeinschaft mit Hurern zu haben". Die Kirche hatte den Antrag allgemein formuliert und die Undurchführbarkeit eines „Austritts aus der Welt" geltend gemacht. Paulus erklärt nun: „Wenn jemand , *der Bruder genannt wird,* ein Hurer ist ... mit einem solchen darf man nicht essen." Nach weiteren Zurechtweisungen wegen Streitsucht und einem Mangel an moralischem Ton, insbesondere in der Frage der „Unzucht" (Kap. VI), geht Paulus der Reihe nach auf „die Dinge ein, worüber ihr geschrieben habt." Uns interessiert vor allem der lange Abschnitt (Viii. 1–Xi. 1) über „Dinge, die Götzen geopfert wurden", in dem Paulus diejenigen belehrt, die seine Freiheit nachahmen wollten, aber vergessen, dass er sich immer geweigert hat, seine Rechte geltend zu machen, wenn sie dabei waren die „Schwachen" wurden gestolpert. Darüber hinaus gehört Unzucht niemals zu den erlaubten Dingen, noch nicht einmal das Essen von Fleisch, das Götzen *beim heidnischen Bankett selbst geopfert wurde* . Solche Lebensmittel sind nur dann unbedenklich, wenn sie auf dem Markt verkauft wurden und ohne „Beleidigung" gegessen werden können.

Die anderen Fragen betrafen kirchliche Zusammenkünfte zum „Abendmahl" und die Ausübung „geistlicher Gaben". Sie bieten Gelegenheit zur Entwicklung der edlen Lehre des Paulus von der Einheit durch liebevollen Dienst (xi. 2 – xiv. 40). Der Lehrteil des 1. Korintherbriefs endet mit einer vollständigen Darlegung der Lehre des Paulus vom Auferstehungsleib (die durch griechische Einwände gegen den jüdischen hervorgerufen wurde). Aus den abschließenden Geschäftsthemen erfahren wir, dass die „Sammlung für die Heiligen" bereits seit einiger Zeit „in Galatien" im Gange ist und dass Paulus hofft, sich nach seiner Reise durch Mazedonien der Delegation anzuschließen, die das Geld tragen soll nach Jerusalem (xvi. 1-6).

Wie sich herausstellte, folgte Paulus tatsächlich dem im 1. Kor. beschriebenen Reiseplan. xvi. 1-6, aber erst nach belastenden Erlebnissen. Timotheus, der (über Mazedonien, Apostelgeschichte 19, 22) als Stellvertreter des Paulus gesandt wurde (IV. *17* ; Der Widerstand gegen die apostolische Autorität des Paulus, der in ix fast verächtlich behandelt wird. 1-14, wuchs auf alarmierende Ausmaße. Paulus wurde so direkt und persönlich beleidigt (entweder bei einem überstürzten persönlichen Besuch aus Ephesus oder in der Person von Timotheus), dass er ein zwingendes Ultimatum stellte , dessen Wirkung er sehnsüchtig erwartet, wenn der 2. Korintherbrief mit der Vertreibung von Paulus beginnt aus Ephesus, ein Flüchtling in Mazedonien (*ca.* 55). Es ist sehr wahrscheinlich, dass der getrennte Abschnitt zwischen 2. Kor. ix. 15 und der Abschied sind diesem „schweren" Brief entnommen, der „aus großer Bedrängnis und Herzensangst unter vielen Tränen" geschrieben wurde (2. Kor. ii. 1-4; vii. 8-

16); denn es handelte sich nicht nur um eine gebieterische Aufforderung zur Bestrafung des Täters, sondern auch um einen Brief der erzwungenen Selbstlobung. Paulus kann nicht mehr als einmal in Selbstbeweihräucherung geschrieben haben, und er verspricht, dies in III nicht zu wiederholen. 1 *ff.* Wir nehmen vielleicht den 2. Kor. x.-xiii. also als Darstellung des „schweren" Buchstabens. Der Widerstand geht von Judaisten aus, die sagen, sie seien „von Christus" und könnten daher mit denen des 1. Kor. identisch sein. ich . 12. Aber es hat Ausmaße angenommen, die Paulus eine Zeit lang an der Loyalität der Kirche verzweifeln ließen. Titus' Ankunft in Mazedonien mit der Nachricht von ihrem wiederhergestellten Gehorsam war eine unaussprechliche Erleichterung gewesen (II. 5-17; VII. 8-16). Es bleibt nur noch, seinen „Dienst des neuen Bundes" noch einmal in Gegensatz zum mosaischen „Dienst der Verdammnis und des Todes" zu stellen, einschließlich einer weiteren Erläuterung der Lehre vom Auferstehungsleib (iii. 1–vi. 10) und zu drängen Großzügigkeit in Bezug auf die Sammlung (Kap . VIII.-IX.).

Das etwas ungeordnete, aber unverkennbar authentische Material des 2. Korintherbriefs wurde wahrscheinlich lange nach der Verbreitung unseres 1. Korintherbriefs als eine Art Überbleibsel des paulinischen Materials herausgegeben, vielleicht als erneute Unruhen die Kirche in Rom veranlasst hatten, durch Clemens einzugreifen (95).), der den 1. Korintherbrief zitiert, aber keine Kenntnis des 2. Korintherbriefes erkennen lässt. Der Briefwechsel ist für die Kirche nicht nur von unschätzbarem Wert wegen ihres Lobgesangs auf die Liebe als der unbesiegbaren, bleibenden Gabe des Geistes (1. Kor zum Historiker. Fast jeder Aspekt der Arbeit des Paulus als Missionar, Verteidiger seines eigenen unabhängigen Apostelamtes und Evangeliums, Führer und Lehrer bei der Entwicklung heidenchristlichen Denkens und leidenschaftlicher Beauftragter für den Frieden mit der apostolischen Gemeinschaft in Syrien wird hier dargelegt. Die beste Darstellung der Geschichte ist das dokumentarische Material selbst und umgekehrt.

Der Römerbrief wurde während des friedlichen Winters in Korinth (55-56) geschrieben, der auf diese Wochen quälender Angst in Mazedonien folgte (Apostelgeschichte xx, 1-3). Paulus hat das Gefühl, dass er das Evangelium bis an die Küsten der Adria getragen hat (xv. 19). Er ist im Begriff, mit seiner großen „Opfergabe an die Heiden" nach Jerusalem zu gehen, und hat sein Auge bereits auf Rom und „Spanien" gerichtet! So wie er vor der ersten Missionsreise dem Widerstand zuvorkam, indem er sein Evangelium offen vor die Säulen legte, so legt er es jetzt der Kirche in Rom vor, aber äußerst behutsam und taktvoll, nicht so, als ob er sich anmaßen würde, Christen zu ermahnen, die bereits „voller Erkenntnis und Erkenntnis" seien fähig, einander zu ermahnen" (xv. 14), sondern „damit ich mit euch in euch getröstet werde, jeder von uns durch den Glauben des anderen" (i. 12) .

Somit ist der Brief ein Eirenicon. Denn Rom war noch mehr als Ephesus, ein besetztes Gebiet, obwohl es eine Metropole des Missionsgebietes des Paulus war. Die meisten Mitglieder der Kirche sind Sympathisanten des Paulus, aber es gibt viele der „Schwachen", die leicht „beleidigt" sein könnten. Der Brief wiederholt und erweitert das Argument des Galaterbriefs für das Evangelium der Gnade und führt die Verheißung an Abraham auf den Fall Adams zurück, bei dem die gesamte Menschheit unter der Herrschaft von Sünde und Tod gestanden hatte. Die Funktion des Gesetzes wird erneut deutlich gemacht: Es besteht darin, den Menschen diese Knechtschaft bewusst zu machen, bis sie durch (mystischen) Tod und Auferstehung mit Christus beseitigt wird. Durch die vom Geist bewirkte Adoption wird sogar die gesamte Schöpfung, die seit Adams Zeit unter „Eitelkeit" seufzt, in der Manifestation der Söhne Gottes befreit. Jesus, verherrlicht zur Rechten Gottes, ist der Erstling der kosmischen Erlösung (Röm. i. -viii.). Das ist Paulus' Theorie der „Evolution". Es folgt eine Rechtfertigung Gottes in der Geschichte. Rom. ix.-xi. zeigt die Beziehung zwischen Juden und Nichtjuden im Prozess der Erlösung. Israel hat sich vorerst verhärtet, damit die Heiden eingeführt werden können. Letztlich wird gerade ihre Eifersucht über dieses Ergebnis sie auch zum reuigen Glauben bringen.

Auf die erhabene Darlegung seiner Sicht der kosmischen und historischen Erlösung durch Paulus folgt (wie in allen Briefen) eine praktische Ermahnung (Kapitel xii.-xiv.), deren Grundgedanke Einheit durch gegenseitige Nachsicht und liebevollen Dienst ist. Es wiederholt die korinthische Darstellung der Glieder im Körper und die galatische Definition des „Gesetzes Christi". Besondere Beachtung gilt dem Fall der Gewissenhaften, die zwischen Tagen und Fleisch unterscheiden. Hier jedoch (xiv. 1–xv. 13) besteht keine Notwendigkeit mehr, einem drohenden Joch zu widerstehen. Für den allzu gewissenhaften „Bruder in Christus" werden nur Zärtlichkeit und Rücksichtnahme gefordert. In diesem Geist zogen Paulus und seine große Gruppe von Abgesandten aus den Kirchen der Heiden nach Jerusalem (Apostelgeschichte xx, 4–xxi, 17).

KAPITEL IV

PAULUS ALS GEFANGENER UND KIRCHENVATER

Nach einer mehrjährigen Pause beginnt die zweite Periode von Pauls literarischer Karriere. Dieser Zeitraum wird zwar, soweit es die großen Ereignisse in der persönlichen Geschichte des Apostels betrifft, durch die letzten neun Kapitel der Apostelgeschichte abgedeckt, ist jedoch äußerst dunkel, was die Geschicke seines Missionsgebiets und den Anlass für die folgende Gruppe von Briefen betrifft zu uns nach seinem Ende. Es ist kaum möglich, dass ein oder zwei Fragmente aus den sogenannten Hirtenbriefen (1. Timotheus, 2. Timotheus, Titus), die offenbar erst lange nach dem Tod des Paulus auf der Grundlage einiger Überreste seiner Korrespondenz zusammengestellt wurden, kurz zuvor geschrieben wurden nach der Festnahme in Jerusalem und der „ersten Verteidigung ". Im 2. Tim. iv. 11-18 wird von einer Reise von Troas über Ephesus gesprochen, die in vielerlei Hinsicht mit der der Apostelgeschichte xx übereinstimmt. Wenn das Fragment aus seiner gegenwärtigen Umgebung herausgenommen werden könnte, wäre es vielleicht möglich, die beiden zu identifizieren; denn es geht klar aus der Vorhersage der Apostelgeschichte xx hervor. 25, 38, dass Paulus diese Region nie wieder besuchte. Der Griff Roms um seinen lästigen Gefangenen wurde erst nach seinem Märtyrertod gelockert, wahrscheinlich einige Zeit vor der „großen Menge", die Nero nach der Feuersbrunst von 64 verurteilte. Bis die Analyse jedoch die wahren Elemente des Pastoral mit größerer Bestimmtheit herausarbeiten kann Briefe können nicht dazu verwendet werden, Licht auf die spätere Phase der Karriere des Paulus zu werfen. Tatsächlich wurde ein historischer Hintergrund geschaffen, um ihren Anforderungen gerecht zu werden – eine Freilassung von Paulus, die Wiederaufnahme der Missionstätigkeit an den Küsten der Ägäis , eine erneute Inhaftierung in Rom und schließlich das Märtyrertum. Aber dies hat außerhalb der Pastorale selbst absolut keine Berechtigung und ist sowohl im Widerspruch zur Apostelgeschichte als auch grundsätzlich kritikwürdig. Die so entstandene Geschichte einer Freilassung, *eines zweiten* Besuchs in den griechischen Kirchen und *einer zweiten* Inhaftierung muss daher als fiktiv angesehen werden und die Hirtenbriefe in ihrer gegenwärtigen Form als Produkte der nachpaulinischen Zeit.

Unsere Aufgabe ist es, die Entwicklung des als „Offenbarung Gottes in Christus" verstandenen Christentums in den griechischen Kirchen neben seiner Entwicklung in der „apostolischen" Kirche bis zur Zeit der „katholischen" Einheit und dem vollendeten Kanon zu verfolgen. Die Geschichte des persönlichen Schicksals des Paulus in der Apostelgeschichte gibt über diese Entwicklung nur wenig Aufschluss. Wir sehen lediglich, dass sein großer Friedensbesuch in Jerusalem plötzlich durch seine Verhaftung im Tempel unterbrochen wurde, während er einer gottesdienstlichen Handlung nachging, die zweifellos von ihm beabsichtigt war, um seine Bereitschaft im Interesse der Einheit zu demonstrieren, „wie unter dem Gesetz zu werden". diejenigen, die unter dem Gesetz stehen." Danach muss sich seine große Delegation aus den Heidenkirchen in ihre Häuser zerstreut haben. Paulus blieb zwei Jahre lang in Cäsarea gefangen und verbrachte nach einer abenteuerlichen Reise, die den folgenden Herbst und Winter (59–60) umfasste , zwei weitere Jahre in weniger strenger Haft in Rom. Wir brauchen keinen Hinweis auf seine Bitte im 2. Tim. iv. 13 für „Bücher und Pergamente", um daraus zu schließen, dass die Jahre der erzwungenen Abgeschiedenheit in Cæsarea von Studium und Meditation geprägt waren; aber Erzählung und Schlussfolgerung zusammen vermitteln nur wenig von dem, was wir hauptsächlich wissen wollen: den Verlauf der religiösen Entwicklung in den paulinischen Kirchen als Hintergrund für die Literatur.

Andererseits haben neuere Forschungen zu den religiösen Bedingungen im frühen Kaiserreich die wichtigsten Einwände gegen die Echtheit des Philipper-, Philemon-, Kolosser- und sogar Epheserbriefs ausgeräumt . Wir sind keineswegs gezwungen, auf die Zeit der großen gnostischen Systeme des zweiten Jahrhunderts zurückzugehen, um eine angemessene historische Situation für diese Gruppe von Briefen zu finden, die angeblich von Paulus aus seiner Gefangenschaft geschrieben wurden. Tatsächlich weisen sie in jeder Theorie ihres Ursprungs eine charakteristische und legitime Weiterentwicklung des paulinischen Evangeliums von der Sohnschaft durch den Geist der Adoption auf, der die Dispensation des Gesetzes abschafft. Es ist eine fast unvermeidliche Entwicklung in einer Konzeption des „Evangeliums", die auf griechischen Erlösungsvorstellungen basiert, wenn wir ihr eine bestimmte niedere Art des abergläubischen Mischlingsjudentums entgegenstellen, das in den Briefen selbst offenbart wird und auf das in der Apostelgeschichte wiederholt Bezug genommen wird. und uns jetzt durch eine Menge fremden Dokumentationsmaterials bekannt.

Die in den Gefangenschaftsbriefen offenbarten neuen Störer des Kirchenfriedens sind immer noch jüdischer Herkunft und Tendenz; aber zumindest in der Region von Kolossäen (im Lykos-Tal, angrenzend an Südgalatien) geht es nicht mehr um die Frage zwischen Gesetz und Gnade, sondern um die Art und das Ausmaß der Erlösung. Das Problem entsteht immer noch durch eine abergläubische Überhöhung der mosaischen Offenbarung; Aber diejenigen, die Paulus hier ablehnt, „gebrauchen das Gesetz nicht rechtmäßig" und bestehen offen auf seiner dauerhaften Verpflichtung als dem Willen Gottes für alle Söhne, die vom Kreuz unberührt bleiben. Es wird nun anerkannt, dass es sich um eine „Verordnung der Engel" handelt; aber ihre Einhaltung wird eingeschärft, weil die Erlösung des Menschen nur durch die Versöhnung dieser höheren Wesen erfolgen kann. Durch seine Bräuche soll die mystische Vereinigung mit übermenschlichen Mächten gefördert werden. Dieser Aberglaube ist weder rein jüdisch noch rein griechisch. Es ist zusammengesetzt – hellenistisch. Das Judentum wird in der abergläubischen Ehrfurcht vor dem Gesetz nachgeahmt; aber die Konzeption der Erlösung lässt jeden Gedanken an nationalen Partikularismus hinter sich und ist offen individualistisch. Die angestrebte Erlösung ist die der individuellen Seele von den Beschränkungen der Menschheit, und zweifellos spielte der Name Jesu eine wichtige Rolle bei der Emanzipation, wie bei den Exorzismen der Söhne Scevas (Apostelgeschichte XIX, 13 *f.*); nur stand es nicht „über jedem Namen".

Aber selbst jüdische Apokalypsen wie *Henoch* und *Baruch* mit all ihrer abergläubischen Angelologie und Dämonologie schaffen es irgendwie, am alten jüdischen Glauben an den Vorrang des Menschen festzuhalten, und Paulus verteidigt in gleicher Weise gegen die Theosophen die Lehre vom Sohn des Gläubigen als Sohn und Sohn des Gläubigen. Erbe mit Christus. Tatsächlich sind die Adoption, die Erlösung und das Erbe, die durch die Gabe des Geistes gewährt werden, für ihn so große und erhabene Gaben, dass es eine „unentgeltliche Selbsterniedrigung" ist, „Engeln" in mosaischen oder anderen Zeremonien zu huldigen . „Fürstentümer" oder „Mächte". In Christus haben wir bereits einen Halt in den himmlischen Regionen. Wir wurden in seiner Person als „Erben" „vor Grundlegung der Welt" vorherordiniert. Seine Auferstehung und Himmelfahrt „zur Rechten Gottes", an der wir durch „den Geist" teilnahmen, war ein „Triumph" über die „Elemente" und „Herrscher". Sie sollten gefühlsmäßig unter den Füßen des Christen liegen, so wie sie es bald auch in der Realität sein werden.

Diese erhabene Lehre von der Sohnschaft Christi im Vergleich zur bloß vorübergehenden Autorität von „Engeln, Fürstentümern und Mächten" sichert den Briefen der Gefangenschaft ihren wohlverdienten Titel „christologisch"; denn sie legen den Grundstein für alle späteren Lehren des Logos oder Wortes. Es ist jedoch gut zu erkennen, dass die Lehre ihrem Ursprung und ihrer Bedeutung nach lediglich eine Bestätigung der göttlichen Würde der Menschheit ist.

Eine Vorstellung von den äußeren Verhältnissen zum Zeitpunkt des Schreibens kann aus den beiden Briefen der Gruppe gewonnen werden, die am allgemeinsten als authentisch gelten: Philemon und Philipper. Beide wurden aus der Gefangenschaft geschrieben, mit ziemlicher Sicherheit in Rom, denn der Autor erwartet, im Falle seiner Freilassung die ägäischen Küsten erneut zu besuchen, was Paulus in Cæsarea nicht erwartet hatte . Es besteht jedoch ein großer Unterschied zwischen beiden, was die vorausgesetzten Umstände betrifft. Der Ton von Philemon ist hoffnungsvoll, lebhaft, sogar scherzhaft. Paulus ist in Begleitung einer

Gruppe von „Mitarbeitern", zu denen maßgeblich „Markus" sowie zwei Gefährten der Reise nach Rom, „Aristarchus" von Thessaloniki und „Lukas" (Apostelgeschichte xxvii, 2), gehören. Epaphras, sein „Mitgefangener", erscheint im Kolosserbrief als Gründer dieser Kirche und Lehrer in den angrenzenden Städten Hierapolis und Laodizea. Er hat Paulus entweder aus eigenem Wissen oder durch Berichte anderer beunruhigende Nachrichten über das Vordringen der Häresie überbracht. Onesimus, dessen Fall Anlass zum Brief an Philemon gibt, ist ein entflohener Sklave dieses Freundes und Bekehrten des Paulus. Der Apostel schickt den Sklaven mit der Bitte um Vergebung und Freilassung zurück. Die gegenseitige Beziehung der in Philemon und Kolosser erwähnten Personen zeigt, dass der Anlass derselbe ist. Tychicus (*vgl.* Apostelgeschichte xx. 3), der Überbringer des Kolosserbriefes (Kol. iv. 7), begleitet Onesimus. Epheser (sofern authentisch) gehört zur gleichen Gruppe und wird auch von Tychicus getragen (Eph. VI. 21). Es war sicherlich *nicht* für Ephesus gedacht, sondern für eine oder mehrere Kirchen, die Paulus nicht direkt kannte (i . 15; iii. 2). Es hat im Wesentlichen die gleiche Beziehung zum Kolosserbrief wie der Römerbrief zum Galaterbrief. Trotz zahlreicher Beweise für seine Verwendung, die sogar bis zu Clemens von Rom (95) zurückreichen, wird die Echtheit des Epheserbriefs ernsthafter in Frage gestellt als die jedes anderen paulinischen Briefes außer den Pastoralen. Nach Einschätzung des Autors ist dieser Verdacht unbegründet, die Frage nach Paulinismus, Halbpaulinismus oder Deutero -Paulinismus ist für die allgemeine Entwicklung jedoch unerheblich.

Der Philipperbrief ist später als Philemon und seine Gefährten. Paul befand sich in einer Situation großer körperlicher Not und tröstet seine Korrespondenten im Hinblick auf die unmittelbar bevorstehende Entscheidung seines Falles (ii. 23). Es wird um Leben oder Tod gehen, und Paulus hat keine irdischen (sondern nur überirdische) Gründe zu hoffen, dass das Urteil nicht negativ ausfallen wird. Er erwartet immer noch, im Falle seiner Freilassung die ägäische Küste erneut zu besuchen (ii. 24); aber er lächelt nur unter Tränen, als er den Philippern sagt, dass sie ihn so sehr brauchen, dass er zuversichtlich ist, dass er ihnen verschont bleiben wird (Phil. 1, 12-30). Da wir wissen, dass diese Reise nie stattgefunden hat, können wir nur daraus schließen, dass das Schicksal, das Phil so nahe bevorstand, nahe liegt. ii. 17 kam tatsächlich zustande. Das Blut des Paulus wurde „als Trankopfer vergossen", wie die Überlieferung der extremen Antike glaubwürdig berichtet, und das kann nach einer Freilassung, Rückkehr nach Griechenland und einer zweiten Verhaftung kaum der Fall gewesen sein. Die Passage im 2. Tim IV. 5-8, in dem die Figur des Trankopfers (Phil. II, 17) wiederholt wird und es nicht mehr als zweifelhaft, sondern als tragische Gewissheit behandelt wird, wird (sofern authentisch) höchstens einige Wochen nach dem Philipperbrief und unmittelbar davor verfasst worden sein das Ende. Wenn der Philemon-, Kolosser- und Epheserbrief auf das Jahr 62 datiert werden kann, könnte der Philipperbrief mit den möglichen Fragmenten im 2. Timotheusbrief einige Monate später datiert werden.

Die Verhältnisse in Philippi erscheinen in diesem neuesten authentischen Brief nur in einem günstigen Licht. Paulus kann Gott für jede Erinnerung an diese treuen und liberalen mazedonischen Freunde danken. In Rom ist er jedoch immer noch von judaisierendem Widerstand betroffen, obwohl seine Einstellung dazu (zumindest in Rom) den signifikanten Unterschied zum Galaterbrief zeigt, dass er jetzt dankbar sein kann, dass Christus auch auf diese Weise gepredigt wird (Phil. 1, 15-18) .). Darüber hinaus gibt es einen Unterschied in der Art des vertretenen Legalismus; Denn während Paulus sich in seiner Warnung an die Philipper vor dem möglichen Kommen der Ketzer dazu bewegt, sich an seinen eigenen Verzicht auf die gesetzliche Gerechtigkeit zu erinnern, implizieren die auf die Störer angewandten Begriffe der Schmach eine Unmoral und eine Angleichung an das Heidentum (Phil. III, 2, 19; *vgl*. Röm.

Die doktrinären Elemente des Philipperbriefs bestehen aus zwei Passagen: (1) der Verurteilung der „Konzision" (ein Begriff, der auf den heidnisierten abtrünnigen Juden angewendet wird), der mit einer Erinnerung an die hohe Inthronisierung unseres geistlichen Erlösers endet (iii. 1-21); (2) die Definition des „Geistes" oder der „Disposition" Christi, die sich in seiner selbstverleugnenden Inkarnation, seinem gehorsamen Leiden und seiner höchsten Erhöhung zeigt (ii. 5-11). Beide Passagen sind charakteristisch für das Paulus-Evangelium im Allgemeinen, das im Gegensatz zu dem der Judaisten immer das Evangelium eines Dramas oder Spektakels ist, dessen Zeuge er ist; kein Evangelium der Lehren gehört. Es handelt sich um ein Evangelium *über Jesus, nicht um von Jesus* eingeprägte Gebote , um ein Drama der Erlösung der gesamten Menschheit aus der Knechtschaft in die Sohnschaft, in der das Kreuz im Mittelpunkt steht. Beide Passagen sind, wie wir sehen werden, auch für die spätere Periode der literarischen Tätigkeit des Paulus charakteristisch; Denn auch im Philipperbrief ist das vorherrschende Lehrmotiv die von Paulus erwartete Erlösung, und diese wird nun noch stärker als in den früheren Briefen im Sinne einer persönlichen Religion begriffen. Er geht davon aus, dass er „aufbricht, um bei Christus zu sein" (i . 23), anstatt Ihn auf der Erde zu erwarten (1. Thess. iv. 17). Das „Ziel", auf das der Christ „anstrebt", ist die persönliche Unsterblichkeit durch mystische Vereinigung mit Christus im Leben Gottes (iii. 10-14). Auch dies ist eine echte Lehre vom Reich Gottes; Aber ihr Ausgangspunkt ist der Triumph der Menschheit über ihre Feinde „Sünde" und „Tod", nicht der Triumph Israels über seine Unterdrücker. Noch deutlicher wird in der Kolossergruppe, dass das „ferne, göttliche Ereignis" eine Einheit der Menschheit durch den Geist

ist, die der stoischen Gestalt der Glieder und des Leibes entspricht, und nicht dem „Königreich Davids".

Wieder die Gegner in Phil. iii. 2, 18 *f.* sind keine bloßen pharisäischen Legalisten, die nicht erkennen können, dass Gesetz und Gnade sich gegenseitig ausschließende Systeme sind, und die die Bedeutung des Kreuzes zunichte machen, indem sie das System aufrechterhalten, das es abschaffen sollte. Wenn wir den Unterschied durch den Kolosserbrief erklären dürfen, handelt es sich um Juden mit heidnischen Tendenzen, angebliche Anhänger des Evangeliums, die dessen Bedeutung zunichte machen, indem sie die Achtung vor dem Gesetz beibehalten; nur die Unterwürfigkeit, die beklagt wird, ist nicht die Unterwürfigkeit gegenüber Gott, sondern gegenüber „Engeln" (Kol. 2, 18).

Um die Erweiterung des Christentums über seine bloße „apostolische" Form durch die unabhängige Entwicklung der griechischen Kirchen in dieser zweiten Periode zu würdigen, müssen wir erkennen, dass sich das „Evangelium der Unbeschnittenheit" des Paulus sowohl hinsichtlich der Verheißung als auch des Gesetzes unterschied. Das kommende Königreich, das er predigte, war mehr als „das Königreich unseres Vaters David", das sich von Jerusalem aus erstreckte. Was es wirklich war, wird erst in den „Christologischen Briefen" vollständig deutlich. Aber wir müssen den Widerstand studieren, um zu verstehen, wie unterschiedlich sich die Idee der Erlösung auf griechischem Boden entwickelt hatte.

Der Aspekt des Judentums, der zur Zeit des Paulus für den Außenstehenden am auffälligsten war, war nicht der Legalismus der Schriftgelehrten und der palästinensischen Synagoge, der ständig im Talmud und im orthodoxen Rabbinismus von heute verankert ist. Es waren der Aberglaube und die Magie, die die Verachtung von Satirikern wie Horaz, Juvenal und Martial hervorriefen und Beschreibungen wie die des Briefes Hadrians an Servianus hervorriefen , in dem die in Ägypten lebenden Samariter, Juden *und Christen* als „allesamt Astrologen, Haruspices" charakterisiert wurden und Quacksalber. Es ist diese Art von Juden, die in der heutigen hellenistischen Welt am bekanntesten ist; deren in alttestamentarischer Sprache verfasste Zaubersprüche und Beschwörungsformeln in den bleiernen Beschwörungsrollen und magischen Papyri der Berliner Sammlung verewigt sind; dessen Porträt im Simon Magus der Apostelgeschichte VIII gemalt ist. 14-24, der Elymas , der Zauberer der Apostelgeschichte xiii. 6-12, die „umherziehenden Juden, Exorzisten" und die „sieben Söhne Scevas " aus Apostelgeschichte 19. 13-20. Ein christlicher Schriftsteller zu Beginn des zweiten Jahrhunderts ist von diesem Merkmal des zeitgenössischen Judentums so beeindruckt, dass er neben Götzendienst und Christentum sogar die Juden als dritte Art von Religion auszeichnet: „Die Juden, die sich einbilden, dass sie allein Gott kennen, es aber nicht tun, indem sie ihn anbeten. " Engel und Erzengel, der Mond und der Monat" und versucht seinen Standpunkt durch die Berufung auf das alttestamentliche Festsystem zu beweisen. Tatsächlich ist diese Vorstellung vom Judentum die vorherrschende unter den Apologeten des zweiten Jahrhunderts. Der jüdische „Aberglaube" ist eine berüchtigte Tatsache dieser Zeit. Die Transzendentalisierung der jüdischen Theologie nach der persischen Zeit hatte unweigerlich zu einer ausgefeilten Angelologie und Dämonologie geführt. Wenn im Rahmen dieses Prozesses dem Gesetz ein immer übernatürlicherer Charakter zugeschrieben wurde, konnte dies nur eine zweifache Wirkung haben. Die Gelehrten und Orthodoxen würden es nüchtern als eine Offenbarung des göttlichen Willens behandeln. Dies ist die legalistische Entwicklung, die wir im Talmud und in der palästinensischen Synagoge sehen. Die Unwissenden und Abergläubischen, insbesondere im griechischen Sprachraum, nutzten es als Buch der Magie. Dies sehen wir bei vielen jüdischen Sekten, insbesondere in Samaria, Ägypten und bei den griechischsprachigen Juden. Diese Tendenz war sogar in Galiläa deutlich zu erkennen. Jesus selbst stigmatisiert das krankhafte Verlangen seiner Landsleute nach Wundern als Zeichen einer „ehebrecherischen" Generation, weil die beschworene Macht nicht göttlich, sondern immer engelhaft oder sogar dämonisch war. Paulus spielt auf dasselbe Merkmal an (1. Kor. 1 , 22). Aber obwohl sowohl in den paulinischen als auch in den johanneischen Schriften auffallend jeder Hinweis auf den Exorzismus, das typische Wunder der synoptischen Geschichte, fehlt, wurde zu Recht bemerkt, dass kein Element des Paulus-Gedankens von dem Gedanken Jesu so wenig beeinflusst wurde wie sein eigenes Angelologie und Dämonologie. Die Weltanschauung des Paulus ist wie die der Apokalypsen seiner Zeit eine perfekte Phantasmagorie von Engeln und Dämonen, „vielen Göttern und vielen Herren". Seine Vorstellung vom Erlösungskonflikt ist kein Ringen gegen Fleisch und Blut, sondern gegen „Weltbeherrscher dieser (unteren Region der) Dunkelheit", gegen „Erzengel", „Elemente", „Fürstentümer", „Mächte". Das Einzige, was dieser Leichtgläubigkeit jeglichen schädlichen Einfluss nimmt (wenn wir ein unfaires modernes Urteil auf einen antiken Schriftsteller anwenden müssen), ist seine Lehre von der Sohnschaft und Herrschaft Jesu, mit dem die Erlösten „Miterben" sind gesamte Schöpfung und somit den Engeln überlegen. In dieser Hinsicht hat Paulus die Gesinnung Christi übernommen. Das Heilmittel Jesu gegen den Aberglauben ist nicht wissenschaftlich, sondern religiös. Es leugnet nicht die allgemein angenommene Beziehung zu „Geistern", gut oder böse, sondern bekräftigt eine direkte Beziehung zum Unendlichen Geist, der alle Engel und Dämonen bis auf ihre Rolle als „Diener" bedeutungslos macht. Die Weltanschauung des Paulus beginnt mit der Erschaffung des Menschen als Herr und Erbe der Welt (Gal. IV. 1; 1. Kor. III. 22; vgl. Gen. *I.* 28) . Der „Vorsatz Gottes, den er sich in Christus Jesus vor der Schöpfung für eine

Evangeliumszeit von der Fülle der Zeitalter vorgenommen hat", ist „zu unserer Ehre". Es wäre frustrierend, wenn der „Zweite Adam" nicht der Erbe würde, in dem die erlöste Schöpfung das Ziel ihrer langen Erwartung finden würde. Paulus hat eine Kosmologie ebenso wie „Henoch". Er konnte kein würdiger Nachfolger Jesu sein – er konnte nicht einmal ein treuer „Sohn des Gesetzes" sein, ohne an der anerkannten Lehre vom Erbe festzuhalten, das für den Messias und sein gehorsames Volk bestimmt war. Es minderte seine Überzeugung nicht, als er als Christ an Jesus als den Messias dachte und an Juden und Heiden, die in seinem Königreich vereint waren. Nur ist der Ausgangspunkt nicht die Unterwerfung der Söhne Abrahams unter die Heiden, sondern die Unterwerfung der Söhne Adams unter „Weltbeherrscher dieser Finsternis". Wenn er Ps kombiniert. viii. und Ps. cx. in seiner Darstellung der Herrschaft Christi im 1. Kor. xv. 24-27, es ist ein sicherer Hinweis auf seinen Umfang, wie Paulus ihn verstand. Er schloss die Herrschaft über die Schöpfung und die Unterwerfung aller „Feinde", auf die der erhöhte Christus „zur Rechten Gottes" wartet, auch die Unterwerfung von „Engeln und Fürstentümern und Mächten und jedem Namen, der genannt wird, ob" ein von Wesen im Himmel oder auf der Erde oder unter der Erde. Paulus verfolgt also die Methode der apokalyptischen Autoren, indem er seine Lehre von der Erlösung und dem Königreich transzendental macht. Indem er es kosmisch macht, untergräbt er seinen jüdischen Partikularismus. Er vermeidet den Aberglauben, indem er fest an Jesu Lehre von der Sohnschaft durch *moralische* Affinität zu Gott festhält.

In den christologischen Briefen wird dementsprechend deutlich, dass die paulinischen Kirchen lernen, das kommende Königreich ganz anders als „apostolisch" zu betrachten. Die griechische Lehre von der mystischen Vereinigung und nicht die rabbinische Lehre von einem „Anteil an der künftigen Welt" ist die Grundlage. Zu gegebener Zeit werden wir sehen, wie schwierig der Prozess der Versöhnung zwischen griechischem und semitischem Denken auch auf diesem Gebiet wurde. Vorerst können wir nur feststellen, wie in dem großen Thema der Einheit des Geistes in Eph. iv. 1— vi. 9 Es dominiert nicht das „apostolische" Ideal einer Wiederherstellung des Königreichs für Israel gemäß dem Abraham geschworenen Eid (Lukas 1,68- 75 ; *vgl.* Apostelgeschichte 1,6), sondern eine Erweiterung der Gestalt des Körper und Mitglieder, eine von stoischen Schriftstellern häufig verwendete Zahl, um sie auf die Einheit der Kirche im Korinther- und Römerbrief anzuwenden. In den Briefen der Gefangenschaft ist die Lehre vom Königreich ein sozialer Organismus, der vom Dienstgeist Christi durchdrungen und belebt wird. Persönliche Unsterblichkeit ist die Vereinigung mit dem Leben Gottes.

Angesichts der Berühmtheit von Ephesus als Zentrum des magischen Handels (so sehr, dass Zaubersprüche und Beschwörungsformeln technisch als „Epheser-Buchstaben" bekannt waren) und angesichts dessen, was uns die Apostelgeschichte über die enorme Zerstörung von „Büchern der Magie" berichtet. Beeinflusst durch die Predigt des Paulus ist es nicht verwunderlich, dass Asien und Phrygien wenige Jahre nach dem Weggang des Paulus als Brutstätte einer „Philosophie und eitlem Betrug, nach der Überlieferung der Menschen, nach den ‚Elementen' der Welt, und …" erscheinen sollten nicht nach Christus." Akte xx. 29 lässt Paulus die Häresie vorhersagen.

Colossæ der Fall , einer kleinen Stadt, die lange Zeit für ihren Aberglauben berüchtigt war, wo Epaphras, der heutige Mitgefangene des Paulus, die Kirche gegründet hatte. Epaphras selbst war zur Zeit, als Paulus schrieb, in großer Sorge sowohl um diese Kirche als auch um die angrenzenden Kirchen in Hierapolis und Laodizea. Der Kolosserbrief wurde geschrieben, um dieser Gefahr zu begegnen, und wurde von denselben Überbringern gesandt wie der Brief an Philemon. Nachdem er in Kolossä gelesen worden war, sollte er gegen einen anderen Brief ausgetauscht werden, der gleichzeitig nach Laodizea geschickt wurde. Ob es sich bei unserem Epheserbrief um diesen Begleitbrief oder nur um eine deutero -paulinische Produktion handelt, die auf der Grundlage eines echten Briefes aus diesem Anlass verfasst wurde, ist unter Kritikern umstritten. Im Kanon von Marcion wurde unser Epheserbrief „Laodizäer" genannt, und in unseren ältesten Textautoritäten findet sich kein Hinweis darauf. Wir können annehmen, dass es sich bei Epheser tatsächlich um den Begleitbrief handelt, dessen ursprüngliche Adresse aus irgendeinem Grund gelöscht wurde; [15] oder dass es nur teilweise von Paulus eigener Hand stammt. Keine der beiden Ansichten wird unsere Vorstellung von seiner Lehre oder deren spezielle Anwendung auf die Umstände der Kirchen im Lycus-Tal wesentlich verändern. Es ist wichtig zu beachten, dass die Anwendung im Kolosserbrief spezifisch ist, im Epheserbrief jedoch systematisch und allgemein. Der Kolosserbrief führt eine direkte Polemik gegen diejenigen, die Gläubige zur Beute bloßer „Elemente" machen, indem sie Unterscheidungen zwischen „Fleisch *und Getränken* " einführen (einen Schritt über den Mosaismus hinaus) und dabei „Festtage, Neumonde und Sabbate" einhalten. Im Epheserbrief finden wir, entweder vollständig aus erster Hand oder mehr oder weniger aus zweiter Hand, eine allgemeine, bejahende Darstellung der Lehre des Paulus von der Herrschaft in Christus. Es gibt nur eine beiläufige Anspielung darauf, dass man „mit leeren Worten getäuscht" wurde (V. 6), und eine Warnung, nicht „Kinder zu sein, die von jedem Wind der Lehre hin und her geworfen und umhergetrieben werden durch die List von Menschen, die hinterlistig sind". Tücken des Irrtums" (IV. 14).

Kolosser und Epheser entwickeln dementsprechend jene (kosmologische) Weisheit Gottes, die Paulus durch den Geist Christi in einem „Geheimnis" übermittelt wurde, das er im 1. Kor. nur angedeutet hatte. ii. 1-16. *Die Gnosis oder Einsicht* des Paulus betrifft die Absicht Gottes in der Schöpfung, die sogar den (engelhaften) „Weltherrschern" verborgen bleibt, die scheitern . Der Geist Christi, der als göttliche Weisheit der Schöpfer der Schöpfung war, wird den christlichen Aposteln und Propheten geschenkt. Durch die Enthüllung dieses „Geheimnisses" erhalten sie eine Philosophie sowohl der Schöpfung als auch der Erlösung, die bloße spekulative Überlegungen in den Schatten stellt. Das Erbe – die Dinge, die Gott für diejenigen vorbereitet hat, die ihn lieben – besteht (wie ein apokalyptischer Schriftsteller gesagt hatte) aus „Dingen, die kein Auge gesehen und kein Ohr gehört hat und die noch nicht in das Herz des Menschen eingedrungen sind, um sie sich vorzustellen." Paulus hatte es absichtlich unterlassen, diese offenbarte Kosmologie und Geschichtsphilosophie den Korinthern darzulegen, um gerade die Übel zu vermeiden, die die Lehren des Apollos offenbar zu der Zeit herbeigeführt hatten, als der 1. Korinther geschrieben wurde. Dennoch können wir aus diesem Brief (1. Kor. VIII, 6; XV, 24-28) eine teilweise Vorstellung seiner Lehre von Christus als dem Anfang und Ende der Schöpfung, der Weisheit Gottes, durch wen und für wen, gewinnen Erbe, alle Dinge wurden erschaffen. Aus Römer I. -VIII. und ix.-xi. Wir können leicht erkennen, dass der Messias als Zweiter Adam für Paulus der Schlüssel zur Entwicklung der Welt und zur Geschichte der Menschheit war; denn seit dem Triumph Satans in Eden hatte die ganze Schöpfung seufzend auf die Ankunft der Söhne gewartet. Der Galaterbrief macht nicht weniger deutlich, dass er das Kreuz als das epochale Ereignis betrachtete, das den Übergang von der Zeit der Herrschaft über die Welt durch sekundäre Kräfte zur Herrschaft des Sohnes markiert. Dieses „Geheimnis" wird jetzt in den Briefen der Gefangenschaft einfach herausgestellt und entwickelt. Die Anstrengung und das Gebet bestehen darin , dass die Leser „die Augen ihres Herzens erleuchtet" bekommen und etwas von Paulus' eigener Einsicht in die Reichtümer des Erbes, das sie mit Christus teilen sollen, etwas von Paulus' Erfahrung der Macht Gottes bei der Auferweckung Christi erhalten von den Toten und setzte ihn auf den Thron der Herrlichkeit. Wenn sie nur erkennen, was die Sohnschaft und Erbschaft mit Christus bedeutet – wenn sie nur die Tatsache begreifen, dass sie durch den Auferstehungsgeist in ihnen gewissermaßen bereits an dieser Erlösung und dieser Erhöhung teilhaben, werden sie gegen alle eitlen Täuschungen gewappnet sein der Theosophie. Tatsächlich ist es dieser Auferstehungsgeist, der die Einheit der Welt als einen einzigen Organismus herbeiführt. Es erstreckt sich von der obersten Höhe bis zum untersten Abgrund. Und weil es der Geist Jesu ist, erfüllt er alles, was er berührt, mit der Neigung zum liebevollen Dienen. Es bietet eine neue Ethik und eine neue Politik, deren Grundgedanke das Gesetz der Liebe in der Nachahmung Gottes und Christi ist. Alle gesellschaftlichen Beziehungen werden dadurch neu geschaffen, angefangen bei Familie und Kirche. Daher müssen wir uns unsere Erlösung wie die Erlösung Israels aus der Knechtschaft und Dunkelheit Ägyptens vorstellen. Die Fürstentümer und Mächte dieser Welt, spirituelle Heerscharen der Bosheit in den überirdischen Regionen, bemühen sich vergeblich, das Volk Gottes in „dieser Dunkelheit" zurückzuhalten. Wir müssen nur wie Israel beim Passah „mit gegürteten Lenden und beschuhten Füßen" warten. Der Befreier wird bald vom Himmel erscheinen, gekleidet in die Rüstung der Erlösung, wie in den alten Pessachliedern , die Dunkelheit mit seinem Lichtschwert spalten und die Gefangenen herausführen.

Bei diesen im Epheser- und Kolosserbrief unterschiedlich verwobenen Themen lässt sich schwer sagen, ob der Ton der Einheit oder der Ton der Freiheit vorherrscht. Sicherlich können wir denselben großen Apostel der Freiheit erkennen, der in den Briefen der früheren Zeit die Kraft und den Wert seiner religiösen Einsicht unter Beweis gestellt hatte, indem er die Lehre von der Sohnschaft als den wesentlichen Kern des Evangeliums aufgriff. Es ist derselbe bewusst von Gott gelehrte Geist, der für sein Evangelium der Gnade und der Sohnschaft, ein Evangelium, das durch die Offenbarung des Sohnes Gottes „in" ihm gegeben wurde, zu gleichen Bedingungen Anerkennung gefordert und erhalten hatte, der nun die Gabe des Heiligen Geistes verlangt Juden und Nichtjuden werden als diejenigen anerkannt, die eine Neugestaltung der Lehre vom kommenden Königreich fordern. „Er, der aufgestiegen ist, ist auch derselbe, der in die tiefsten Tiefen hinabgestiegen ist, um alle Dinge zu erfüllen." Und er schüttete die „Gaben" aus, damit sie einen einzigen Organismus der neuen Gesellschaftsordnung bilden könnten, eine neue Schöpfung, die durch den Geist des liebevollen Dienens Jesu belebt und belebt wurde.

Denn so wie in allen großen früheren Briefen der Ton der Sehnsucht nach Frieden und Einheit in der Liebe immer stärker und deutlicher über dem Streit erklingt, so hat der Ton des Triumphs in der Freiheit in den späteren Briefen einen tiefen Unterton der Danksagung für die Versöhnung erreicht. Der große Lobgesang der ehrfürchtigen Anbetung zur Ehre der Gnade Gottes in Eph. ich . 3-14 ist eine Danksagung für die Vereinigung von Juden und Heiden in einer gemeinsamen Erlösung. Der Rückblick auf das Werk Gottes in II. 11-21 ist die Verkündigung von „Frieden für den Fernen und Frieden für den Nahen." Es wird beschrieben als der Aufbau von Juden und Heiden zu einem lebendigen Tempel auf der Grundlage der Apostel und Propheten, wobei Christus Jesus selbst der wichtigste Eckstein ist. Die Ermahnung zur Einheit des Geistes in iv. 1—vi. 9 beruht auf einer überschwänglichen Anwendung der Figur des „einen neuen Menschen", in dessen Körper alle Glieder sind. Dies wäre undenkbar, wenn zum Zeitpunkt des Schreibens die Kirche, die die Gaben vom aufgefahrenen Herrn erhalten hatte, nicht tatsächlich ein Körper wäre. sondern zwei Körper, die in gegenseitigem Misstrauen und Eifersucht auseinanderstehen.

Tatsächlich können wir nicht nur vom Epheserbrief, sondern auch vom Kolosserbrief und in der Tat von der gesamten Gruppe sagen: Ihr Grundgedanke ist nicht so sehr die Eroberung aller Dinge durch Christus, sondern „die Versöhnung aller Dinge in Christus, sei es auf Erden." oder Dinge in den Himmeln" (Kol. 1 , 20). Es ist nicht unvernünftig, aus solchen Untertönen wie diesen zu schließen, dass das Gebet erhört wurde, in dem Paulus, als er von Korinth aufbrach, die römische Kirche durch unseren Herrn Jesus Christus und durch die Liebe des Geistes gebeten hatte, gemeinsam mit ihm zu kämpfen, dass seine Der Dienst, den er für Jerusalem hatte, möge den Heiligen gefallen, damit er durch den Willen Gottes zu ihnen nach Rom komme und in Freude sei und er zusammen mit ihnen Ruhe finde möge.

KAPITEL V

PSEUDO-APOSTOLISCHE BRIEFE

Wir können uns nicht wundern, dass eine Epoche der Kirchengeschichte, die in rascher Folge auf das Märtyrertum aller ihrer verbliebenen großen Führer folgte, zunächst arm an literarischen Produkten war. Jakobus, der Bruder des Herrn, wurde im Jahr 61–62 von einem Pöbel in Jerusalem zu Tode gesteinigt. Sein Namensvetter, der Bruder des Johannes, war Anfang des Jahres 44 von Herodes Agrippa I. enthauptet worden. Zu den „Anderen", die, wie Josephus uns mitteilt, im Jahr 61 zusammen mit Jakobus umkamen, können wir vielleicht Johannes zählen, der neben ihm steht Paulus' Liste der Säulen. Dieser Johannes, Sohn des Zebedäus, Bruder des anderen Jakobus, gilt im gleichen Sinne als Märtyrer wie sein Bruder in den frühesten Evangelien. Den Brüdern wird zugesichert, dass sie den gleichen Kelch des Leidens wie der Herr trinken werden, auch wenn sie im Gegenzug keine herausragenden Plätze in der Herrlichkeit beanspruchen dürfen (Markus x. 39 f.) . Johannes litt im Jahr 44 nicht mit seinem Bruder Jakobus, weil er bei der Konferenz im Jahr 46-7 anwesend ist (Gal. 2, 9); aber eine der von Papias berichteten Überlieferungen der Jerusalemer Ältesten besagte, dass er „von den Juden getötet" wurde, um die Vorhersage des Herrn zu erfüllen, und diese frühe Überlieferung muss trotz ihres Konflikts mit einer Überlieferung akzeptiert werden, die sie nach der Ankunft von Johannes allmählich verdrängte gilt als Autor der Offenbarung und des Vierten Evangeliums. Die Aussage, er sei „zusammen mit seinem Bruder Jakobus" getötet worden, dürfte lediglich auf die (nicht seltene) Verwechslung der beiden Jakobusmänner zurückzuführen sein .

Die Enthauptung des Paulus in Rom erfolgte nicht mehr als ein oder zwei Jahre später, und einer sehr alten und glaubwürdigen Überlieferung zufolge folgte dort im Jahr 64 das Martyrium des Petrus. Der Tod aller Hauptführer erklärt, warum die Jerusalemer Kirche, als sie sich nach dem Sturz der Stadt und des Tempels im Jahr 70 wieder zusammensetzte, keinen prominenteren Kandidaten für die Führung vorschlug als einen gewissen Symeon, Sohn des Klopas , einer aus der Gruppe der „Verwandte des Herrn", die „bis zur Zeit Trajans" nachweisbar sind, und ein gewisser unbekannter Thebuthis . Symeon war laut Eusebius, der seinen Bericht auf Hegesippus (165) bezieht, der Vertreter „der noch lebenden Apostel und Jünger des Herrn sowie der Verwandten des Herrn". Thebuthis soll einer der ketzerischen jüdischen Sekten entsprungen sein und infolge seiner Enttäuschung eine Spaltung organisiert haben. Wir können nur sicher sein, dass Jerusalem sich „bis zur Zeit Trajans" aufgrund seiner Nachfolge von Jüngern und Verwandten des Herrn weiterhin als Sitz der apostolischen Autorität und Schiedsrichter der

Orthodoxie betrachtete. Unter den letzteren waren zwei *Enkel* von Judas, dem Bruder des Herrn, die führenden, wenn nicht die einzigen Vertreter des Samens Davids, als in der Verfolgung unter Domitian (81–95) „nachgeforscht" wurde. Jude selbst lebte also nicht mehr. Lukas (*ca.* 100), Papias (145) und Hegesippus (165) zeigen nacheinander die wachsende Autorität der „überlieferten Tradition", insbesondere der „der Apostel und Ältesten in Jerusalem". Aber was Papias über die Traditionen dieser „Ältesten" aufzeichnet, geht nicht über das Niveau des jüdischen Midrasch hinaus, und die Briefe, die die Namen Jakobus und Judas tragen, haben wenig inneren Wert und genossen von Anfang an nur die dürftigste Akzeptanz. In Rom knüpft die Überlieferung an den Namen Petrus an, aber abgesehen von der bloßen Tatsache, dass er „zur gleichen Zeit mit Paulus" das Märtyrertum erlitt (64-5), hat er wenig Wert, etwas darüber zu erzählen. Wir können nicht sicher über die von Porphyrius berichtete Überlieferung hinausgehen, dass Petrus vor seinem Märtyrertod einige Monate lang die Lämmer (in Rom) fütterte, und über die von Papias berichtete Überlieferung, dass Markus, der Petrus' Assistent gewesen war, dort das Evangelium zusammengestellt hat, das seinen Namen trägt. basierend auf seinen Erinnerungen an die Predigt des Petrus. Von diesem lebenswichtigen Werk (*ca.* AD 75) müssen wir in einem anderen Zusammenhang sprechen. Wir beschäftigen uns derzeit mit Schriften, die die Entwicklung des christlichen Lebens und der christlichen Lehre in dieser subapostolischen Zeit, insbesondere im paulinischen Missionsbereich, direkt widerspiegeln.

Außer dem Erscheinen des Markusevangeliums in Rom (*ca.* 75) gibt es nichts mehr, was die Stille und Dunkelheit zwanzig Jahre nach dem Tod von Jakobus und Petrus und Paulus brechen könnte. Die schließlich erschienenen Schriften waren fast zwangsläufig anonym oder pseudepigraphisch, da die apostolische Autorität so hoch war, dass keine andere die Verbreitung gewährleisten konnte. Der Hebräerbrief (*ca.* 85) hat am Ende seiner „Ermahnung" einen Briefanhang, hatte aber entweder nie eine Anrede oder Überschrift oder wurde darauf verzichtet. Alle synoptischen Schriften sind anonym, obwohl die Lukas-Apostelgeschichte (*ca.* 100) einem literarischen Mäzen gewidmet ist. Die Offenbarung (*ca. 95) wird in den einleitenden Kapiteln und im Epilog (* i . 2, 4, 9; xxii. 8) kühn als das Werk des Apostels Johannes bezeichnet . Aber das Werk, obwohl palästinensischen Ursprungs, vertritt einen völlig anderen Standpunkt und beansprucht die Autorität eines Propheten, nicht die eines Apostels. In ähnlicher Weise erhielt das Vierte Evangelium bei seiner endgültigen Veröffentlichung einen Anhang (Kap. Xxi.), der vorsichtig auf den Apostel Johannes als seinen Autor hindeutet; aber die drei Briefe desselben Autors sind anonym. Die Predigt namens Jakobus (90-100) hat eine Überschrift, die sie oberflächlich mit der obersten Autorität in Jerusalem in Verbindung bringt, und der Brief des Judas stellt sich selbst den Namen voran, der in derselben Klasse am nächsten stand.

Aber schon in der Antike hatten sie einen prekären Stellenwert, und es gibt auch keinen echten Brief. Schließlich gibt es die Briefe an Timotheus und Titus, die angeblich von Paulus geschrieben wurden, und eine ganze Reihe jeglicher Art, Briefe, Evangelien, Apostelgeschichten und Apokalypsen, die im Namen Petrus geschrieben wurden, von denen nur zwei die endgültige Übernahme in die Kirche sicherten Kanon. Von all diesen haben nur der 1. Petrusbrief und die sogenannten Hirtenbriefe (1. und 2. Timotheus und Titus) Anspruch darauf, als echt zu gelten; denn der 1. Petrus stammt sicherlich aus der frühen Zeit (*ca.* 85) und war in der Antike unbestritten; während die Pastoralen, obwohl sie von Marcion abgelehnt wurden und insgesamt aus späterer Zeit (90–110) stammen, auf der Grundlage authentischen paulinischen Materials verfasst sind.

Die nachapostolischen Briefe können in zwei Klassen eingeteilt werden, da sie hauptsächlich (*a*) durch innere Gefahren der Häresie und moralischen Laxheit verursacht werden; oder (*b*) durch die äußere Gefahr der Verfolgung. Zu ersteren (*a*) sind zu zählen (1) die sogenannten Hirtenbriefe; (2) Judas; (3) 2. Petrus. Sie alle befassen sich offen mit einer Art falscher Lehre, die bestimmte mehr oder weniger eindeutige Merkmale aufweist und zu den gnostischen Häresien des zweiten Jahrhunderts tendiert, wenn auch noch nicht klar mit ihnen identifizierbar. Aber das inspirierte Genie des Paulus fehlt. Das Alter ist nicht kreativ, sondern konservativ. Seine Autoren sind Geistliche und Kirchenlehrer, keine Apostel und Propheten. Ihre besondere Note ist der Appell an die apostolische Autorität. Ob der Name, mit dem sie ihre eigene Bedeutungslosigkeit verbergen, „Paulus" oder „Judas, der Bruder (Sohn?) des Jakobus" oder „Petrus" ist, sie haben wenig oder keine unabhängige Botschaft. Sie verweisen auf das „Muster gesunder Worte", das „Hinterlegen", „den ein für alle Mal den Heiligen übergebenen Glauben", „die Worte, die zuvor von den heiligen Propheten gesprochen wurden, und die Gebote des Herrn und Erlösers durch Ihre Apostel " . „insbesondere die „Weisheit unseres geliebten Bruders Paulus", der (in den Hirtenbriefen) die Häresie vorhergesagt und „in allen seinen Briefen" von der Auferstehung und dem Gericht gesprochen hatte. Der zweite Petrusbrief, der sich in der gerade zitierten Passage (2. Pet. iii. 2, 15 *f.*) auf die Paulusbriefe neben „den anderen Schriften" bezieht, gehört einer sehr späten Zeit an (*ca.* 150). Tatsächlich handelt es sich bei diesem Brief, der mittlerweile fast allgemein als Pseudonym anerkannt ist, lediglich um eine Neubearbeitung des Judasbriefs mit einem Präfix (Kap. i .) und einen Anhang (Kapitel iii.), um seine Anschuldigungen speziell auf den Fall der falschen Lehrer anzuwenden, die „die (körperliche) Auferstehung und das Gericht leugnen". Weder Plagiate noch Pseudonymisierung waren damals anerkannte Straftaten; Damit wir keine Anklage gegen den Autor des 2. Petrusbriefes erheben, sei er der Apostel oder nicht. Dennoch wird unsere

Vorstellung vom galiläischen Fischer ohne dieses Beispiel der Kanzelrhetorik besser sein als mit ihm.

Über die Natur der in dieser Reihe von Schriften umstrittenen Häresien müssen wir später sprechen. Über die Herkunftsregion lässt sich bereits etwas sagen. Tatsächlich nicht aus dem 2. Petrusbrief, der zu spät ist, um noch von Nutzen zu sein. Es wird zwar angenommen, dass es sich bei den angesprochenen Lesern um dieselben wie im ersten Brief handelt, mit anderen Worten um das paulinische Missionsgebiet in Kleinasien (1. Pet. 1, 1) , und es gibt Grund zu der Annahme, dass „Asien" die Region war, die zuerst betroffen war . „Ephesus" und „Asien" sind tatsächlich die im 1. und 2. Timotheus betroffenen Gebiete (1. Tim. i . 3 *f.;* 2. Tim. i . 15). Darüber hinaus ist es genau dieser Bereich, in dem Polykarp (110-117) auf diejenigen verweist, die „die Worte des Herrn zu ihren eigenen Begierden verdrehen und die Auferstehung und das Gericht leugnen". Zu derselben Region und demselben Zeitraum gehören die Buchstaben „des Geistes" in Offb. i. -iii. (*ca.* 95) mit ihrer Verurteilung der Balaamiten- und Nikolaiten-Ketzer, und noch weiter 1.-3. Johannes und die Briefe des Ignatius, die ebenfalls Polemik gegen eine zur moralischen Laxheit neigende gnostische Häresie (Doketismus) sind. Es ist jedoch angesichts der allgemeinen Ansprache (2. Pet. i . 1) zweifelhaft, ob der Autor des 2. Petrus tatsächlich einen bestimmten Kreis im Sinn hat und nicht vielmehr in iii. Ich behandle den 1. Petrusbrief fälschlicherweise als einen allgemeinen Brief. Die Verleugnung der Auferstehung und des Gerichts war nicht auf einen Ort oder eine Periode beschränkt. Hegesippus betrachtet es als eine vorchristliche Häresie, die bereits von Jakobus bekämpft wurde. Ebenso prekär wäre die Annahme, dass Judas mit seiner ähnlichen allgemeinen Ansprache notwendigerweise für Kleinasien bestimmt war. Die falschen Lehrer ähneln denen, die wir dort kennen, und die Denunziation wird im 2. Petrusbrief übernommen, aber „Kainiter" und „ Balaamiter " waren nicht auf die Regionen des 1. Johannes und der Offenbarung beschränkt, und Judas könnte fast jedes Datum zwischen 90 und 120 haben . Das Beste, was gesagt werden kann, ist, dass der letzte Blick, den wir von seinem Missionsfeld vor dem Tod des Paulus erhalten, zeigt, dass es, insbesondere in der Region von Ephesus, einer wachsenden Flut von Aberglauben und falschen Lehren ausgesetzt war, während dies dokumentiert ist Mit einiger Sicherheit auf die Jahre 95–117 datierte Schriften wie die Offenbarung, die Johannes- und Ignatianischen Briefe sowie der Brief des Polykarp zeigen einen großen Fortschritt der ketzerischen Lehre in derselben Region. Die spätere Häresie entspricht in mehrfacher Hinsicht derjenigen, die in den Pastoralen Judas und 2. Petrus bekämpft wird, lässt sich aber schließlich deutlicher als Doketismus definieren , dessen abscheulichste Form die Leugnung der (körperlichen) Auferstehung und des Gerichts ist. Daher kann man davon ausgehen, dass die drei Hirtenbriefe Judas und 2. Petrus wahrscheinlich die wachsende innere Gefahr widerspiegeln, mit der die Kirchen Asiens (wenn nicht alle Kirchen) im subapostolischen Zeitalter konfrontiert waren.

Leider beeinträchtigen literarische Beziehungen manchmal die historische Klassifizierung, und wir sind daher gezwungen, die Behandlung des 1.-3. Johannesevangeliums und der Briefe des „Geistes" den Kirchen (Offb. 1, 3) zu überlassen, die wirklich zu unserer Gegenwart gehören Gruppe (*a*) von Schriften gegen die Häresien (prokonsularischen) Asiens. Ihre Beziehung zum Sonderkanon von Ephesus, dessen Schriften alle Johannes zugeschrieben werden, macht es zweckmäßig, sie in einem anderen Zusammenhang zu betrachten. Der Leser sollte jedoch bedenken, dass sich die Gruppe kontinuierlich bis zu den Briefen des Ignatius erstreckt und sich auf Ephesus konzentriert , wo laut Apostelgeschichte xx. 29 *f.* , die „grimmigen Wölfe" sollten nach dem Weggang des Paulus eindringen.

Ähnliche Überlegungen betreffen die Gruppierung des Jakobusbriefes, der fast eine eigene Klasse erfordert. Man könnte es als anti-ketzerisch bezeichnen, außer dass sein Charakter das Gegenteil von kontrovers ist und sein Autor keinen direkten Kontakt zu den falschen Lehrern zu haben scheint. Auf distanzierte und allgemeine Weise beklagt er die eitlen Reden und Diskussionen, die mit einer Lockerung der praktischen christlichen Tugenden einhergehen. Im Großen und Ganzen scheint es korrekter zu sein, Jakobus dem 1. Petrusbrief und dem Hebräerbrief zuzuordnen, insbesondere weil er eine direkte literarische Abhängigkeit vom ersteren, wenn nicht sogar von beiden, aufweist.

Unsere zweite Gruppe (*b*) besteht aus Schriften, die sich nicht in erster Linie mit Häresie befassen. Ihr erstes und bestes Beispiel ist der Name Petrus als Vertreter des „apostolischen" Christentums in Rom. Aber die Lehre und sogar die Ausdrucksweise und die Illustrationen des 1. Petrusbriefs sind weitgehend den größeren Briefen des Paulus entlehnt, insbesondere dem Römerbrief und dem Epheserbrief. Nichts lässt auch nur annähernd darauf schließen, dass ein Autor eine persönliche Beziehung zu Jesus hatte oder seine wunderbaren Worte und Taten erzählen konnte. Im Gegenteil, die Lehre ist das Evangelium des Paulus ohne den Stachel der Abschaffung des Gesetzes. Angesichts der bekannten inneren Zustände der Kirchen, an die sich der 1. Petrus in Pontus, Galatien, Kappadokien, *Asien* und Bithynien richtet, ist es bemerkenswert, wie völlig das Thema Häresie oder falsche Lehre ignoriert wird. Ihr Widersacher, der Teufel, nimmt derzeit nicht die Gestalt einer verführerischen Schlange an (2. Kor. xi, 3), sondern die eines „brüllenden Löwen", der offen zerstört und verschlingt (1. Pet. v. 8 f.) und die gleichen *Leiden* erleidet Die Asiaten müssen aushalten, werden ihren Brüdern auf der ganzen Welt zugefügt. Es findet eine systematische, universelle „feurige Verfolgung" statt, die fast überraschend kommt (IV. 12) und jeden Gläubigen dazu zwingen kann, nachdem er vor dem Richter „die

Hoffnung, die in ihm ist", „ verteidigt " hat „als Christ leiden" und „Gott in diesem Namen verherrlichen". Der Autor mahnt zu einwandfreiem Verhalten als Bürger sowie zu Freundlichkeit und guter Ordnung in der Bruderschaft. Wenn ein solches tadelloses Leben mit geduldigem Ertragen der ungerechten Strafe verbunden ist, werden Christen, die in ihren Herzen immer noch Christus (und nicht den Kaiser) als Herrn heiligen müssen, letztendlich unversehrt bleiben.

So überlegen diese edle Ermahnung zum geduldigen Ertragen des Leidens in der Sanftmut Christi der kontroversen Rhetorik des 2. Petrus ist, so unermesslich besser ihre Bezeugung in der Antike und Neuzeit ist, so sind selbst die konservativsten modernen Kritiker gezwungen, sie als mindestens zu betrachten halbpseudonym. Es könnte durchaus möglich sein, die zur Zeit Neros vorausgesetzten Verfolgungsbedingungen zurückzuholen. Aber wenn es sich um Petrus handelt, der nach den jüngsten Märtyrertoden von Jakobus und Paulus aus Rom schreibt, warum gibt es dann keine Anspielung darauf? Auch hier könnten wir möglicherweise (entgegen aller Wahrscheinlichkeit) das Leben von Petrus bis zum Beginn der Herrschaft von Domitian (81-95) verlängern. In diesem Fall wäre das Fehlen jeglicher Anspielung auf die großen Ereignisse der letzten Zeit in Palästina fast genauso schwer zu erklären. Darüber hinaus bleibt der wahre Autor bei jeder Datierung ein Literat, ein Paulinist , ein griechischer Jude, und der Anteil, der Petrus persönlich zuzuschreiben ist, bleibt am unklarsten. Die einfachere und (wie der Autor dieses Artikels angenommen hat) wahrscheinlichere Ansicht ist, dass der 1. Petrus, wie die späteren Schriften, die diesen Namen annahmen, vollständig pseudonym ist. Wenn es jedoch (wie wir überzeugt sind) etwa zwanzig Jahre nach dem Tod des Apostels auftauchte, unter denen, die sich der Tatsache vollkommen bewusst waren und keine andere Verschleierung annahmen, sondern offen mit der bestehenden Situation umgingen, dann ist dies eine Art Pseudonymität, die es geben sollte werden zu den literarischen Fiktionen und Konventionen gezählt, die harmlos sind, weil sie (damals) vollkommen transparent sind. Briefe, die unter fiktiven Namen geschrieben wurden, waren in der Tat ein weit verbreitetes literarisches Mittel dieser Zeit.

Auf jeden Fall erscheint der Apostel als alter Mann (V. 1), der aus „Babylon" schreibt – von den Vätern zu Recht als Kryptogramm für Rom angesehen. Der Gruß kommt von Markus, seinem „Sohn" (*vgl.* Philem. 1 , 10). Als Überbringer (Schriftsteller?) wird Silvanus dargestellt (wie Markus ebenfalls ein Gefährte des Paulus mit Beziehungen zu Jerusalem), und Silvanus wird als „vertrauenswürdiger" Jünger gelobt. Der Autor gibt an, dass es sein Ziel ist, „zu ermahnen und zu bezeugen, dass dies die wahre Gnade Gottes ist, in der ihr steht."

Obwohl wir den Namen des Autors nicht kennen, ist es für unser Studium der Zeit ein Glück, dass das Datum des 1. Petrusbriefs durch die Konvergenz externer und interner Beweise einigermaßen bestimmbar ist. Anklänge davon tauchen bereits bei Clemens von Rom (95) sowie bei Jakobus und Hermas auf . Wir müssen es also als eine Hand herzlicher Ermutigung betrachten, die ein Vertreter der Petro-Paulinen-Kirche in Rom kurz nach Ausbruch der Verfolgung von Domitian (ca. 90) den noch unabhängigen, aber leidenden *Kirchen* reichte Kleinasien. Wenn wir uns daran erinnern, dass es sich verpflichtet, die Lehre eines Drittels der zeitgenössischen Christenheit zu unterstützen, und Silvanus (im Wesentlichen) ein „Empfehlungsschreiben" überreicht, wird es offensichtlich sein, dass kein Name von geringerer Autorität als der von Petrus hätte dienen können. Wie Zahn treffend bemerkt hat: „Das Bedeutende ist, dass es Petrus ist, der angesehenste Apostel der Beschneidung (Gal. 2, 7), der die Echtheit ihres Gnadenstandes bezeugt."

Wir müssen neben dem 1. Petrusbrief einen weiteren Brief platzieren, in dem das Motiv der Ermahnung, die Verfolgung ohne Lockerung des moralischen Maßstabs zu ertragen, hervorsticht, wenn auch nicht ausschließlich, und einen zweiten, in dem es nur in einem schwachen Echo von „Prüfungen" erscheint: Im weiteren Verlauf stellt sich jedoch heraus, dass es sich beim Leser nur um „Versuchungen" handelt, während der eigentliche Anlass des Schreibens klar ist: moralische Entspannung ohne Häresie oder Verfolgung als Entschuldigung. Bei den beiden Schriften handelt es sich um die anonyme „Ermahnung", die unter dem Titel „An die Hebräer" überliefert ist, und um den sogenannten Brief (in Wirklichkeit eine Predigt) des Jakobus. Der Hebräerbrief beginnt mit einer Auslegung der beiden Psalmen, die Paulus in seiner Referenz im 1. Kor. zitiert hatte. xv. 24-28 zur Erhöhung Jesu (Pss . VIII und Cx.), was beweist, dass er der Sohn ist, der nach vorübergehender Unterordnung unter die Engel über sie zum Platz der höchsten Herrschaft erhöht wurde. Christus hat somit eine größere Erlösung bewirkt als Mose und Josua. Er ist laut Psalm auch ein „Hohepriester nach der Ordnung Melchisedeks". cx.; so dass das Aaronische Priestertum und die Zeremonien sowie die mosaische Gesetzgebung durch das Opfer von Golgatha und die Fürsprache des auferstandenen Erlösers übertroffen werden. Es ist kein Wunder, dass die Kanoniker dieser anonymen Predigt in der Zeit der Debatte gegen das Judentum einen Titel gaben, der sie in der Klasse der späteren kontroversen Broschüren „gegen die Juden" an die erste Stelle setzt. Kontroversen sind jedoch in der Absicht des Autors der Erbauung untergeordnet. Er ist sich der Gefahren dieser abergläubischen „Anbetung der Engel", gegen die sich die asiatischen Briefe des Paulus richteten, nicht unbewusst, aber seine Demonstration der Überlegenheit der Institutionen und Ziele des Christentums gegenüber denen des Judentums hat den praktischen Zweck, dies zu stärken Mut und „Glaube" seiner Leser unter dem Druck der Verfolgung. Seine Argumentation gipfelt in einer inspirierenden Liste biblischer Helden und Märtyrer, die als Höhepunkt zu „Jesus, dem Urheber und Vollender unseres Glaubens" führt. So wie Jesus ausharrte und über die Schande und das Leiden des Kreuzes hinaus auf die Freude seiner Belohnung blickte, so sollten die Leser „ihre Züchtigung ertragen". Dem Abfall wird im Gericht des Feuers ein furchtbares Schicksal widerfahren. Dieser Predigt (hebr. i. -xii.) ist ein Schlusskapitel beigefügt (wahrscheinlich vom Autor selbst), das sie in einen Brief umwandelt. Der Autor ist ein Kirchenlehrer der zweiten Generation, wie er offen bekennt (ii. 3); ein Schüler des Paulus, gemessen an der Verwendung der Lehre des Paulus und einiger seiner Briefe, insbesondere des Römerbriefs. Nach seinem rhetorischen Stil und seinen alexandrinischen Ideen und Denkweisen zu urteilen, ist er die Art von Lehrer, die Apollos gewesen sein wird. Gerade jetzt wird er von seiner Herde getrennt (xiii. 19). Wo sie sind, können wir nur aus xiii ableiten. 24, das Grüße von denen aus der Nachbarschaft des Schriftstellers übermittelt, die „aus Italien" sind. Er selbst gehört wahrscheinlich zu den paulinischen Kirchen, denn er sendet Nachrichten von Timotheus (XIII. 23) und hofft, bald in Begleitung mit ihm zu kommen. Ephesus, wo Apollos zuletzt berichtete, könnte möglicherweise der Ort der Niederschrift sein. Der Hebräerbrief scheint damals nach Rom geschrieben worden zu sein, lange nach dem ersten „großen Kampf der Bedrängnisse" (dem neronischen Ausbruch von 64) und als die Gefahr drohte, „unter der Züchtigung in Ohnmacht zu fallen" einer zweiten Verfolgung (die von Domitian um 90) . stand unmittelbar bevor. Solche geringfügigen Hinweise, die wir auf eine literarische Beziehung zwischen dem Hebräerbrief und dem 1. Petrusbrief haben, legen die Priorität des Hebräerbriefs nahe, aber Datum und Anlass müssen nahezu identisch sein.

„James" ist ebenfalls eine Predigt, die zu geduldigem Ausharren ermahnt, aber nichts deutet darauf hin, dass es jemals als Brief irgendwohin geschickt wurde, abgesehen von der kurzen Überschrift, die in Anlehnung an 1st Pet geschrieben wurde. ich . 1. „Jakobus ... an die zwölf Stämme der Zerstreuung." Stellen Sie sich die Art der Lieferung vor! Es wird auch nicht durch einen besonderen Notfall hervorgerufen. Es gibt eine Anspielung auf eine falsche Lehre. Es ist die Häresie (!) der „Rechtfertigung durch Glauben ohne Werke". Aber der Autor ist sich ebenso wenig bewusst, Paulus zu widersprechen, wie Lukas es tut, wenn er das Apostelamt und das Evangelium des Paulus beschreibt. Er verkörpert lediglich den „Bischof der Bischöfe", der sich an die gesamte Christenheit wendet, die Geschwätzigkeit der „vielen Lehrer" missbilligt und stattdessen die „Weisheit" eines „guten Lebens" lobt. Es gibt Protest gegen Unterdrückung. Aber es ist nur die Unterdrückung der Armen durch die Reichen in der christlichen Bruderschaft. Er kommt con amore auf dieses Thema zurück. Offensichtlich zeichnete sich die Kirche seiner Zeit sowohl im Denken als auch im Verhalten von Geistlichen und Laien durch Weltlichkeit aus. Aber jede Farbe der Region oder Zeit fehlt. Nehmen Sie den 1. Petrus, ersetzen Sie das Oberhaupt der römischen Nachfolge durch das Oberhaupt der Jerusalemer

Nachfolge, entfernen Sie die paulinische Lehre, die Spuren von Jesus und seinem Evangelium von seinem Sohn, entfernen Sie die besonderen Hinweise auf örtliche Bedingungen und besondere Notfälle und lassen Sie nur moralische Allgemeingültigkeiten übrig . und das Ergebnis wird dem Jakobusbrief nicht unähnlich sein. Der Autor hat etwas vom Paulinismus gehört, den Hebräerbrief gelesen (Jas. ii. 21-25; Vers 10) und den 1. Petrusbrief nachgeahmt (Jas. 1. 1, 18, 21; iv. 6 *f.;* Vers 20). . Es wurden sogar starke Argumente vorgebracht, um zu beweisen, dass er überhaupt kein Christ war. Wahrscheinlich war er es, allein aufgrund seiner literarischen Verbindung zu den oben genannten früheren Schriften und des Einflusses, den seine eigenen Schriften auf Hermas (Rom, 120-140) und vielleicht auf Clemens (Rom, 95) ausübten. Aber was die Verbindung mit dem historischen Jesus betrifft: „Elia" ist sein Beispiel für den Mann des Gebets (V. 13-18) und „Hiob" und „die Propheten" sein „Beispiel für Leiden und Geduld" (V. 10 f.) . .). Der Hebräerbrief kann mehr vom Einfluss Jesu zeigen (Heb. 7 *f.* , xii. 2-4). Wie Hermas (der jedoch nicht einmal den Namen Jesus erwähnt), denkt „Jakobus" an ihn einfach als „den Herrn der Herrlichkeit", ohne die Frage aufzuwerfen, wie er dazu kam.

Abgesehen von der Überschrift, deren Zweck lediglich darin besteht, die Predigt mit der Autorität eines Namens zu versehen, der in der gesamten „katholischen" Kirche verehrt wird, gibt es nichts, was Jakobus eher mit Syrien als mit einer anderen Region außerhalb des Missionsgebiets des Paulus in Verbindung bringen könnte. Sogar Palästina könnte sein Ursprungsort sein, wenn das Datum spät genug wäre, um den griechischen Stil zu erklären. Auf jeden Fall kommt es unserer Kenntnis zuerst in Rom. Es gibt Grund zu der Annahme, dass Clemens von Rom (95 N. CHR.), dessen Moralisierung von ähnlicher Art ist, direkt von Jakobus beeinflusst wurde. Wenn dem so ist, haben wir es mit Jakobus, Clemens und Hermas in einer Reihe zu tun, die den Niedergang des paulinischen Evangeliums der bewussten Offenbarung und Inspiration in Rom hin zu den eintönigen Ebenen bloßer „katholischer" Katechetik veranschaulicht.

Bei jeder Berücksichtigung der Differenzen zwischen Kritikern hinsichtlich Datum und Ursprung der unumstrittenen Briefe des subapostolischen Zeitalters ist es leicht zu erkennen, dass der unaufhaltsame Lauf der Ereignisse Paulus' Bemühungen und Gebete für die Einheit der Welt aufgreift und verwirklicht zwei Zweige der Kirche. Ein großes Ereignis dieser Zeit, das für uns mit verblüffender Lebhaftigkeit aus den Seiten der Geschichte hervorsticht, findet sich in dieser Literatur seltsamerweise ohne jede Spur oder Widerspiegelung. Wir durchsuchen das Neue Testament vergeblich nach der geringsten Anspielung (abgesehen von den Schriften, die direkt oder indirekt aus Palästina selbst stammen) auf den Fall Jerusalems im Jahr 70 n. Chr. und das daraus resultierende Ende des jüdischen

Nationallebens und der Tempelzeremonien. Die zeitliche und nationale Distanz der Schriftsteller, mit denen wir es zu tun haben, von den Angelegenheiten Jerusalems ist nicht der einzige Grund. Das Schicksal des Tempels hatte keine Auswirkung darauf, die Formen des Judentums zu schwächen, mit denen die Kirche des subapostolischen Zeitalters zu kämpfen hatte. Der pharisäische Legalismus der Synagoge wurde nur noch stärker, als die hohle sadduzäische Priesterschaft zusammenbrach und das Tempelzeremoniell einfach zu einem Zeremoniell auf dem Papier wurde, das nicht mehr die Angelegenheit von Priester und Levit, sondern von Schriftgelehrtem und Pharisäer war. Das gilt auch für das entnationalisierte Judentum der Zerstreuung, das für frühe Konvertiten aus dem Heidentum eine heimtückischere Gefahr darstellte als der strengere, legalistische Typ. Die Niederschlagung des nationalistischen Aufstands und die vorübergehende Unterdrückung der Kriegspartei, der Zeloten, stärkten und förderten nur das Pharisäertum , und die Zerstreuung wurde von den Verlusten des Krieges kaum beeinträchtigt. Als Jerusalem und der Tempel fielen, waren Tempel und Stadt für beide Seiten im großen Streit zwischen Kirche und Synagoge völlig überflüssige Faktoren geworden. Der Hebräerbrief kennt eine Art Judentum, das aufgrund der Anziehungskraft seiner Engelsverordnungen und seines priesterlichen Systems, das in einem Buch anerkannter göttlicher Autorität niedergeschrieben ist, beeindruckend ist. Aber der charakteristische Punkt ist, dass es im Hebräerbrief ebenso wie im Barnabas und im Justinus-Märtyrer nur um die Vorschrift und nicht um die Praxis geht. Aber dafür, dass das „ Neue Testament “ des Hebr. ix. 15 ist noch ungeschrieben, seine Kontroverse könnte man durchaus als einen Kampf der Bücher bezeichnen.

Andererseits zwingt der Druck der Verfolgung von außen, verbunden mit dem Verschwinden kreativer Führung im Inneren, die unabhängigen Provinzen der Christenheit sichtbar zu einer organischen Einheit unter dem Prinzip der apostolischen Autorität. Der erste Petrusbrief ist der erste und größte Beweis für diese durch äußeren Druck geförderte Tendenz zur Vereinigung. Hebräer und Jakobus folgen als Beispiele für die Notwendigkeit, die Standards sowohl der Lehre als auch der Moral auf höchstem Niveau aufrechtzuerhalten. Das Christentum darf nicht auf einer Ebene mit dem Judentum gesehen werden, es ist die endgültige und universelle Offenbarung. Es darf nicht halbherzig, mit „Zweideutigkeit“ praktiziert werden, noch darf vergebliches Philosophieren und Bekenntnisse durch Taten widerlegt werden. Es muss als neues und königliches Gesetz befolgt werden, als Spiegel göttlicher Vollkommenheit.

Wenn wir uns nun von diesen Zeugnissen der allgemeinen Verhältnisse in Kirche und Reich den inneren Gefahren zuwenden, die die Schriften gegen die Häresie aufzeigen, werden wir sehen, wie sich dieser störende Einfluss, der bereits in den späteren Schriften des Paulus deutlich erkannt wurde, immer stärker bemerkbar macht , und zwar in immer klarerer Form, mit Ephesus und den Kirchen Asiens als Hauptzuchtort.

Die Hirtenbriefe in ihrer jetzigen Form können nicht viel vor der Zeit datiert werden, als sie von Ignatius und Polykarp (110-117) verwendet wurden. Tatsächlich scheinen einige Formulierungen (vielleicht redaktionelle Ergänzungen) auf ein noch späteres Datum hinzuweisen, wie etwa im 1. Tim. vi. 20 wird Timotheus vor den „Gegensätzen der falsch genannten Gnosis" gewarnt, als ob er sich direkt auf Marcions System dieses Titels bezieht. Ihr erklärtes Ziel ist es, dem Vordringen der Häresie entgegenzuwirken, und das Mittel, das sie anwenden, ist kirchliche Autorität und Disziplin. Viel mehr von Paulus' inspiriertem Evangelium von der Sohnschaft und der Freiheit, viel mehr von seiner Vorstellung von der Erlösung in Christus als einem Triumph über die geistigen Weltherrscher dieser Finsternis findet sich im 1. Petrusbrief und im Hebräerbrief als hier. Von Paulus' weitem Horizont, seinem missionarischen Eroberungsgeist, seiner Hingabe an die Einheit von Juden und Heiden in ihrem gemeinsamen Zugang zum Vater in einem Geist ist nichts zu erkennen. Es gibt keine Spur von den großen paulinischen Lehren über den Konflikt zwischen Fleisch und Geist, die Aufhebung der Evangeliumszeit durch die Evangeliumszeit der Gnade, der Adoption, der Erlösung, des Erbes. Die Aufmerksamkeit richtet sich ausschließlich auf die örtlichen Gegebenheiten, die Aufrechterhaltung der überlieferten Lehre und Ordnung, den Widerstand gegen das Vordringen von „eitlem Gerede", „jüdischen Fabeln", „törichten Befragungen, Genealogien und Streitigkeiten über das Gesetz", die damit einhergehen moralische Laxheit. Kurz gesagt , die Einstellung und das Temperament entsprechen denen des Jakobusbriefes, während das Heilmittel das der Apostelgeschichte und der Briefe des Ignatius ist. Der Paulus, der hier spricht, ist nicht der Missionar und Mystiker, sondern der kluge Geistliche. Es gibt nur zu viele Beweise dafür, dass im paulinischen Missionsfeld das Mittel gegen die Zügellosigkeit im Denken und Handeln, die nach dem Aussterben der apostolischen Inspiration den Verfall und die Auflösung bedrohte, die Religion der Autorität, der Lehre und der Disziplin war, nicht die Religion Religion des Geistes. Geistliche Beauftragte treten an die Stelle von Lehrern und Verteidigern des Glaubens derjenigen, die die inspirierten Apostel und Propheten seiner Ausbreitung waren.

Und auf der anderen Seite stehen die falschen Lehrer. Sie sind in ihrer Lehre jüdischer Natur und streben danach, „Lehrer des Gesetzes" zu sein, obwohl sie dessen Bedeutung eigentlich nicht kennen. Die schlimmsten von ihnen sind echte Juden (Tit. 1 , 10), was bedeutet, dass einige keine Juden waren. Darüber hinaus ähnelt die Art der Lehre noch weniger dem Pharisäertum der Synagoge als vielmehr der „Philosophie und eitlen Betrug", die Paulus in

Kolossäen zurechtgewiesen hat . Es gibt eine ähnliche Unterscheidung bei Fleisch (in 2. Tim. 4, 1–5 als Doktrin der „Verführung von Geistern und Dämonen" behandelt) und einem Verbot von Wein und Ehe. Neben dieser asketischen Tendenz gibt es eine gleichermaßen ausgeprägte Neigung zum Libertinismus und zur Geldliebe (2. Tim. 3, 1-9). Beide Phasen erinnern uns an die „Prägnanz" der späteren Briefe des Paulus. Aber neben der größeren Entwicklung treten auch neue Merkmale hellenistischer und nicht jüdischer Art auf. Die neue Lehre von der Auferstehung als etwas „Schon Vergangenem" ist enger mit der paulinischen Mystik verbunden, der gegenwärtigen Vereinigung des Gläubigen mit dem „in Gott verborgenen" Leben Christi, als mit der jüdischen Idee der Rückkehr auf die Erde im wiederbelebten Fleisch . Der Paulinist der Pastoralen lässt bereits den großen Konflikt von Ignatius, Justin und Irenäus gegen diejenigen ahnen, die „die Auferstehung leugneten" und (wie die Väter behaupten) die Bedeutung von Paulus' Aussage verdrehen: „Fleisch und Blut können das Reich Gottes nicht erben". (*vgl.* 2. Pet. iii. 16). Und die Pastoralen tendieren zu der unpaulinischen Lehre, die bald in der „katholischen" Kirche formuliert wird: „Ich glaube an die Auferstehung des *Fleisches* ." Wiederum bekennt sich die falsche Lehre nun eindeutig zu einer Form der Gnosis. „Sie behaupten, Gott zu kennen, aber durch ihre Werke verleugnen sie ihn, sind abscheulich und ungehorsam und zu jedem guten Werk verwerflich." Und das Heilmittel unseres Paulinisten ist die traditionelle Lehre, das „Muster gesunder Worte", die „Hinterlegung" des Kirchenlehrers, insbesondere die ganzen Worte, „sogar die Worte unseres Herrn Jesus Christus, und die Lehre, die damit übereinstimmt. " zur Frömmigkeit." So werden selbst die Reichen, wenn sie Gutes tun und „reich an guten Werken" werden, „einen guten Grund für die kommende Zeit schaffen".

Wir müssen diese pseudo-paulinischen Schriften nur neben die Briefe des Johannes und des Ignatius stellen, um den Vormarsch der Häresie zu erkennen, die sich bald als gnostischer Doketismus erklärte , mit dem Juden Cerinthus in Ephesus als Hauptvertreter. Darüber hinaus zwingt diese stetig zunehmende innere Gefahr des paulinischen Missionsfeldes, eine Gefahr, die nicht nur sporadisch auftritt wie die Ausbrüche der Verfolgung, sondern ständig und zunehmend, die beiden großen Zweige der christlichen Bruderschaft auf der Grundlage der „Katholizität" und der „Katholizität" zusammen. apostolische Tradition. Zwischen den Kirchen der Ägäis und der Kirche Roms, wo beide Parteien auf neutralem Boden stehen, werden beim großen Ausbruch der Verfolgung im Jahr 85–90 großzügige und wohlwollende Zusicherungen der wesentlichen Einheit der Lehre ausgetauscht. Unter den paulinischen Kirchen selbst gibt es eine unwiderstehliche Reaktion gegen die Launen und die moralische Laxheit der ketzerischen Lehre gegenüber „apostolischer" Tradition und kirchlicher Autorität. In den Hirtenbriefen taucht es mit fast verblüffender

Eindringlichkeit auf und findet seine Antwort von außen, vielleicht aus Rom, vielleicht aus Syrien, in der als Enzyklika gekleideten Predigt namens Jakobusbrief. Es ist nicht schwer vorherzusagen, welche Art von christlicher Einheit entstehen wird. Dennoch sollte der schöpferische Geist und das Genie des Paulus in einem weiteren großartigen Produkt von Ephesus zum Ausdruck kommen, bevor die römische Einheit erreicht werden sollte. – Aber bevor wir uns mit den Schriften des großen „Theologen" von Ephesus befassen, müssen wir das Wachstum in verfolgen Syrien und in Rom der Literatur des Kirchenlehrers und Propheten.

TEIL III

Die Literatur des Katechisten und Propheten

KAPITEL VI

Die Matthäus-Tradition der Gebote Jesu

Wie wir in unserem Studium der späteren Literatur gesehen haben, die sich an das paulinische Missionsfeld richtete oder daraus hervorging, hatte der Kirchenlehrer und Geistliche, der dort nach dem Tod des Paulus die Feder übernahm, kaum eine andere Wahl, als dem literarischen Vorbild zu folgen des großen Begründers des Heidenchristentums. Das typische literarische Produkt dieser Region wurde zwangsläufig der apostolische Brief, der nach dem Vorbild des Paulus verfasst war, seine Phraseologie und Ideen entlehnte, wenn er nicht tatsächlich Fragmente aus seiner Feder verkörperte und sich mit seinem Namen bedeckte. Predigten werden in „Briefe" umgewandelt. Sogar „Prophezeiungen", um literarische Verbreitung zu finden, müssen Briefe des „Geistes" an die Kirchen vorangestellt haben; und wenn schließlich ein Evangelium verfasst wird, wird auch dieses, wie wir sehen werden, von drei aufeinanderfolgenden Schichten umschließender „Briefe" begleitet.

Am Sitz des „apostolischen" Christentums war es ebenso unvermeidlich, dass die literarischen Produkte einem anderen Modell folgten. Der Maßstab der Autorität war hier von Anfang an das Gebot Jesu. Apostelamt bedeutete die Fähigkeit, seine Lehren weiterzugeben, nicht die Ausstattung mit Einsicht in das Geheimnis des göttlichen Vorsatzes, der in seinem Kreuz und seiner Auferstehung offenbart wurde. „Das Evangelium" war das Evangelium *Jesu* . Die Briefe des Paulus hatten, wenn sie zu dieser frühen Zeit überhaupt in Syrien und Kilikien verbreitet wurden, vergleichsweise geringe Auswirkungen auf Schriftsteller wie Lukas und Jakobus. In Rom war der Fall etwas anders. Hier hatte sich paulinischer Einfluss wirkungsvoll einem ursprünglich jüdisch-christlichen Stamm überlagert. Das römische Markusevangelium weist dementsprechend genau die Merkmale auf, die wir von dieser petro-paulinischen Gemeinschaft erwarten sollten. Auch in Antiochien gab es immer ein starkes heidnisches Element, obwohl es sich bei der Auseinandersetzung über die Frage der Tischgemeinschaft auf die Seite von Jakobus, Petrus und Barnabas gegen Paulus stellte. Aber Jerusalem, die Kirche der Apostel und Ältesten, mit ihrem Kalifat in der Familie Jesu und ihrem Eifer für jüdische Institutionen und das Gesetz, war der herausragende Sitz traditioneller Autorität. Kein anderes Evangelium, weder mündlich noch schriftlich, könnte in seinen Augen auch nur einen Moment mit seiner eigenen geschätzten Schatzkammer der Gebote Jesu verglichen werden. Ihr Selbstverständnis als Bewahrer der Orthodoxie und Hüter der heiligen Hinterlegung, das sich anschaulich in den Seiten von Hegesipp widerspiegelt , wurde von den anderen Kirchen zunehmend akzeptiert.

„Jakobus" und „Judas" waren wahrscheinlich nicht die richtigen Namen der Verfasser dieser „allgemeinen" oder „katholischen" Briefe; Aber sie zeigen, in welche Richtung die Menschen schauten, als es darum ging, einer weit verbreiteten Tendenz zu moralischer Entspannung und eitlen Disputationen oder zu demoralisierender Häresie entgegenzuwirken.

Wir haben auch gesehen, wie unvermeidlich die Reaktion nach Paulus' Tod, selbst in seinen eigenen Kirchen, auf einen historischen Autoritätsstandard war. Noch ausgeprägter als die Bereitschaft, sich unter Verfolgung in brüderlicher Sympathie zusammenzuschließen, ist das Vertrauen, das die Hirtenbriefe auf „heilsame Worte, nämlich die Worte unseres Herrn Jesus Christus" (1. Tim. VI, 3) usw. zeigen eine gefestigte apostolische Nachfolge als Bollwerk gegen den zerfallenden Vormarsch der Häresie. Im (prokonsularischen) Asien herrschte zu Beginn des zweiten Jahrhunderts eine unverkennbare und weitreichende Neigung, „sich dem Wort zuzuwenden, das uns von Anfang an überliefert wurde" (*Ep. von Polyc.* , vii.), gegen diejenigen, die „die Worte von verdrehten". den Herrn zu ihren eigenen Begierden." Das alte „Wort der Prophezeiung" und die früheren Offenbarungen, die den apostolischen Sehern gewährt wurden, wurden auch von Männern wie Papias und dem Autor des 2. Petrusbriefs gegen diejenigen zur Rechenschaft gezogen, die „die Auferstehung und das Gericht leugneten".

Dieser Papias von Hierapolis, der Freund und Kollege des Polykarp, hatte es sich vorgenommen, im Gegensatz zu „den falschen Lehrern und denen, die so viel zu sagen haben", zu schreiben (wahrscheinlich nach der völligen Zerstörung der Gemeinschaft der Apostel, Ältesten, und Zeugen" in Jerusalem im Jahr 135), *eine Darstellung der Worte des Herrn* . Er stützte die Arbeit auf authentische Überlieferungen der Jerusalemer Zeugen, von denen zwei (Aristion und Johannes „der Ältere") zum Zeitpunkt seiner Nachforschungen noch lebten. Tatsächlich kann dieser viel diskutierte „Johannes der Ältere", den Papias klar von Johannes, dem „Jünger des Herrn", unterschied, unseres Erachtens mit dem Johannes identifiziert werden, den Eusebius und Epiphanius in der Mitte der „Ältesten"-Reihenfolge erwähnten. der Jerusalemer Kirche zwischen 62 und 135 n. Chr. Epiphanius datiert seinen Tod im Jahr 117. Papias gibt uns praktisch alle Informationen, die wir über die Anfänge der Evangelienliteratur haben. Möglicherweise kannte er alle vier unserer Evangelien. Er kannte die Offenbarung sicherlich und „bürgte für ihre Vertrauenswürdigkeit", zweifellos gegen die Leugner der Auferstehung und des Gerichts. Er „verwendete Zeugnisse" aus dem 1. Johannesevangelium und wahrscheinlich den Ausspruch Jesu von Johannes XIV. 2; aber er scheint seine *Darstellung nur auf zwei Evangelien* gestützt zu haben und gab an, was er über ihre Geschichte von Reisenden erfahren konnte, die ihm Zeugnisse der

„Ältesten" berichteten. Die beiden Evangelien von Papias waren unser Matthäusevangelium und unser Markusevangelium, deren Differenzen er durch die Berichte der Jerusalemer Ältesten über ihren Ursprung beilegte. Nach diesen Autoritäten (?) stellte Matthäus in seiner griechischen Form eine Sammlung der Gebote des Herrn dar, die zuvor im ursprünglichen Aramäisch gebräuchlich gewesen waren, so dass ihre Verbreitung natürlich auf Palästina beschränkt war. Der ursprüngliche Verfasser war der Apostel Matthäus. Verschiedene griechische Äquivalente dieser Zusammenstellung hatten ihren Platz eingenommen, wo Aramäisch nicht aktuell war. Also Papias, in ausdrücklicher Abhängigkeit von „dem Älteren", soweit es Markus betrifft, jedoch ohne besondere Bezeichnung seiner Autorität für die Aussage zu Matthäus. Es ist sogar möglich, dass seine Darstellung, dass der ursprüngliche Matthäus „in hebräischer Sprache" sei, auf Gerüchten beruht , deren eigentlicher Ausgangspunkt nichts anderes als das *Evangelium der Nazarener war*, ein Produkt aus *dem Jahr ca.* 110-140, was viele spätere Väter, insbesondere Hieronymus, in die Irre führte. Wir können es uns jedoch nicht leisten, die allgemeine Tragweite des Zeugnisses eines Menschen wie Papias über die Ursprünge der Evangelienabfassung und insbesondere über die beiden Zweige, in die sich die Tradition gliederte, geringzuschätzen. Denn Papias hatte sorgfältig Nachforschungen angestellt. Darüber hinaus steht sein Zeugnis nicht allein da, sondern wird durch noch ältere Referenzen (z. B. 1. Tim. VI. 3, Apostelgeschichte I. 1) und die internen Beweise der synoptischen Evangelien selbst gestützt. Das Motiv seiner Aussage ist entschuldigender Natur. Auf die Unterschiede zwischen den beiden Evangelien wurde sowohl hinsichtlich der Worte als auch der Ereignisse hingewiesen. Papias zeigt, dass die Evangeliumstradition nicht für die mündliche Übereinstimmung zwischen den beiden parallelen Berichten der Worte des Herrn verantwortlich gemacht werden kann. Die Unterschiede sind auf die Übersetzung zurückzuführen. Das gilt auch für Veranstaltungen. Eine genaue Übereinstimmung von Markus mit Matthäus (oder anderen Evangelien) ist nicht zu erwarten, insbesondere was die Reihenfolge betrifft; weil Markus selbst kein Jünger gewesen war und von Petrus, dessen Anekdoten er wiedergab, nicht die wahre Ordnung erfahren konnte; denn als Markus schrieb, lebte Petrus nicht mehr. Markus hat seine Erinnerungen an „die Dinge, die gesagt oder getan wurden", wie sie von Petrus erzählt wurden, getreu und genau wiedergegeben. Aber Petrus hatte nicht wie Matthäus die Absicht gehabt, eine systematische Zusammenstellung (*Syntagma*) der Aussprüche des Herrn zu erstellen, und hatte seine Anekdoten nur „nach Bedarf" erzählt. Wenn die Tradition bezüglich Matthäus ebenso wie die bezüglich Markus vom Älteren abgeleitet wurde, kannte auch er, ebenso wie Papias, den griechischen Matthäus; Da er es als eine „Übersetzung" der apostolischen *Logia betrachtet* , macht er natürlich

Matthäus zum Maßstab und erklärt wie oben die große Divergenz des Markusevangeliums hinsichtlich der Reihenfolge.

Der Jerusalemer Älteste, der auf diese Weise die beiden großen Zweige der Evangeliumstradition in Matthäen- Gebote und Petrus-Sprüche und Taten unterscheidet, ist wahrscheinlich „der ältere Johannes"; denn die „Überlieferungen" dieses Ältesten wurden von Papias so häufig zitiert, dass Irenäus und nach ihm Eusebius zu der ungerechtfertigten Schlussfolgerung eines persönlichen Kontakts führten. Irenäus identifizierte sogar den älteren Johannes mit dem Apostel und transportierte so nicht nur ihn, sondern die gesamte Gruppe der „Ältesten und Jünger" von Jerusalem nach Asien, ein bedeutsames Missverständnis, auf das wir später zurückkommen müssen. In der Zwischenzeit müssen wir feststellen, dass diese grundlegende Unterscheidung zwischen *Syntagmen* der Gebote und Erzählungen der Sprüche und Taten uns so weit zurückführt, wie es möglich ist, in die Geschichte der Evangelienkomposition einzudringen. Das ursprüngliche Werk des Apostels Matthäus wurde wahrscheinlich in und für Jerusalem und Umgebung verfasst – auf jeden Fall, wenn es auf Aramäisch verfasst wurde. Das Datum war, wenn man der frühen Überlieferung Glauben schenken darf, „als Petrus und Paulus predigten und die Kirche in Rom gründeten". Die mündliche Überlieferung muss diesen Prozess sogar noch früher eingeleitet haben. [16] Markus' Werk wurde in Rom durchgeführt, und zwar nach internen Beweisen nicht weniger als durch die einstimmige Stimme der frühen Überlieferung. Der alten Überlieferung zufolge stammt es aus der Zeit „nach dem Tod des Petrus" (64-5). Den internen Beweisen zufolge wurde es sicherlich nicht lange vor und wahrscheinlich einige Jahre nach dem Sturz Jerusalems und des Tempels geschrieben (70). Zur Zeit des Schreibens von Papias (*ca.* 145) waren wahrscheinlich alle vier Evangelien bekannt, obwohl nur Matthäus und Markus als maßgeblich angesehen wurden, weil sie (indirekt) apostolisch waren. Zum Zeitpunkt der Verfolgung seiner Ermittlungen war die Stimme der (palästinensischen) Tradition noch „lebendig und verharrend". Wenn damit Aristion und der ältere Johannes (*ob. 117?)* gemeint sind, wie Zeitformen und Phraseologie zu vermuten scheinen, ist es vernünftig, davon auszugehen, dass es sich über eine ganze Generation erstreckt. Das ursprüngliche Matthäusevangelium war schon damals (*ca.* 100) und in Palästina selbst ein überholtes Buch. Es hatte drei Nachfolger, wenn nicht mehr, zwei griechische und einen aramäischen, die alle weiterhin ihren Anspruch auf den Namen und die Autorität von Matthäus behielten [17] ; aber alles war in einen narrativen Rahmen neu gegossen worden, der zumindest im Fall unseres kanonischen ersten Evangeliums dem römischen Werk des Markus entlehnt war. Soweit uns die übrigen Fragmente seiner Rivalen ein Urteil ermöglichen, gilt das Gleiche auch für sie, wenn auch in geringerem Maße. Für Lukas, das Evangelium von Antiochien, trifft es ganz eindeutig zu, dass seine Erzählung dieselben

„Memorabilien des Petrus" darstellt; denn so wurde das Markusevangelium genannt. So scheint die Petrusgeschichte fast von Anfang an die unbestrittene Vorherrschaft erlangt zu haben. Aber Seite an Seite mit dieser bemerkenswerten Tatsache in Bezug auf die *Erzählung des Evangeliums* gibt es eine ebenso bemerkenswerte Bestätigung der anderen Aussagen „der Ältesten" bezüglich der Gebote. Denn alle moderne Kritik gibt zu, dass unser erster und dritter Evangelist neben dem Material des Markusevangeliums, das sowohl Matthäus als auch Lukas frei übernehmen und nur sehr wenig auslassen, große Abschnitte daraus verkörpert haben, in (normalerweise) derselben griechischen Übersetzung, aber in sehr unterschiedlicher Reihenfolge eine oder mehrere frühe Zusammenstellungen der Sprüche Jesu.

teilweise Darstellung der Heilsbotschaft hervorgebracht und dauerhaft als ihr „Evangelium" übernommen hat. Ihrer Meinung nach muss die Schrift, zumindest für die damalige Zeit, die Botschaft, die ganze Botschaft und nichts als die Botschaft verkörpert haben. Eine Änderung der Meinung über den wesentlichen Inhalt der Botschaft würde eine Ergänzung oder Änderung des verwendeten geschriebenen Evangeliums bedeuten. Keine Schrift dieser Art würde unter stillschweigender Bezugnahme auf eine andere für einen anderen Aspekt der Wahrheit erstellt.

Es war also nicht die bloße Beschränkung seiner Sprache, die dazu führte, dass die alten Matthæan- Sprüche (die sogenannte *Logia*) überholt wurden und verschwanden; Auch ist bloße „Übersetzung" nicht das richtige Wort, um das zu beschreiben, was an ihre Stelle trat. Das Wachstum des Christentums in der griechischsprachigen Welt forderte Jerusalem nicht nur dazu auf, seinen Schatz an evangelischer Tradition in der Sprache des Reiches auszuschütten, sondern weckte auch das Gefühl, dass es selbst einen wachsenden Bedarf habe. Das, was einst Augenzeugen liefern konnten, das Zeugnis der mächtigen Taten Jesu, seines Todes und seiner Auferstehung, verschwand nun schnell. Und gleichzeitig wuchs die Wertschätzung seiner Bedeutung. Es war unmöglich, blind gegenüber den Errungenschaften des Evangeliums *über* Jesu zu sein. Darin eingeschlossen fand das Evangelium *Jesu* als Teil seiner Substanz seine letzte Ruhestätte, so wie die Mutterkirche selbst später übernommen und in eine katholische Christenheit eingegliedert wurde. Es ist also so, dass die Kirche der „Apostel, Ältesten und Zeugen" zur Zeit des Ältesten mehr getan hat, als nur ihr aramäisches (?) *Syntagma* der Gebote durch „Übersetzungen" zu ersetzen. Sie hatten daneben die „Memorabilien des Petrus" von Markus aus Rom übernommen, was „Dinge betrifft, die der Herr gesagt oder getan hat". Aus der entschuldigenden Art und Weise, in der „der Älteste" von Markus' Grenzen spricht (Petrus kann nicht für die mangelnde Ordnung verantwortlich gemacht werden), können wir in der Tat erkennen, dass Markus' Autorität immer noch als ziemlich zweitrangig gegenüber der von Matthäus angesehen wird; Aber gerade die Tatsache, dass seinem Werk überhaupt Autorität zuerkannt wird, und noch mehr die Tatsache, dass es zum Rahmen geworden ist, in den das *Syntagma der alten Zeit* eingefügt wurde, markiert einen großen und grundlegenden Wandel in der Sichtweise darüber, was „das Evangelium" ausmacht ."

Ein bloßes *Syntagma* der Gebote Jesu ist uns nie überliefert, obwohl die Papyrusblätter der „Sprüche Jesu", die 1897 von Grenfell und Hunt in Behneseh in Ägypten entdeckt wurden, etwas von diesem Charakter hatten. [18] Es war unmöglich, dass eine Gemeinschaft außerhalb der primitivsten Gemeinschaft, in der persönliche „Zeugen des Herrn" noch „bis zu den Zeiten Trajans" überlebten, mit einem „Evangelium" zufrieden sein könnte, das nur die Gebote Jesu enthielt, ohne diese als Bericht über seine Kreuzigung und Auferstehung. Und so seltsam es auch erscheinen mag, der Beweis für Q (*d . h.* das übereinstimmende Material in Matthäus und Lukas, das nicht aus Markus stammt) ist nach Ansicht fast aller Kritiker, dass in der frühen Zusammenstellung keine Erzählung dieser Art enthalten war von Diskursen, aus denen dieses Element hauptsächlich abgeleitet wurde. Nachdem die apostolischen und anderen „Zeugen" zu verschwinden begannen, konnte ein bloßes *Syntagma* der Aussagen Jesu nicht mehr ausreichen. Es wurde unvermeidlich, dass die Grundsätze in der Geschichte verankert wurden. Und doch verfügen wir über mindestens zwei wichtige Tatsachen, die die Andeutungen der alten Tradition bestätigen, dass diese Verbindung lange aufgeschoben wurde. (18) Als es endlich umgesetzt wird, und sicherlich in den Regionen Südsyriens, [19] ist von authentischem *Erzählmaterial* praktisch nichts mehr übrig außer der Petrustradition, wie sie von Markus in Rom zusammengestellt wurde. Unser Matthäus, ein palästinensischer Jude, der einzige Verfasser des Neuen Testaments, der konsequent die hebräische Bibel verwendet, erstellt eine theoretische Rekonstruktion der Abfolge der Ereignisse im galiläischen Dienst, aber ansonsten bezieht er Markus im Wesentlichen so ein, wie er war. Was er an Erzählungen hinzufügt, ist von so geringem Umfang und so deutlich minderwertigem und apokryphem Charakter, dass es die extreme Armut seiner Ressourcen an mündlicher Überlieferung dieser Art beweist. Lukas hat etwas umfangreichere und (als *literarische* Produkte) bessere erzählerische Ergänzungen als Matthäus; aber der Betrag ist immer noch äußerst gering und *historisch oft* von geringem Wert. Einiges davon taucht in den erhaltenen Fragmenten der *Predigt des Petrus wieder auf*. Zusammenfassend lässt sich sagen, dass es außerhalb von Markus *keine* nennenswerte Menge an historischem Material, weder kanonisch noch unkanonisch, für die Geschichte Jesu gibt. Diese Tatsache wäre schwer zu erklären, wenn die erste Generation in den Regionen, in denen Zeugen überlebten, tatsächlich ein Interesse daran hätte, die Erzähltradition aufrechtzuerhalten. (2) Die *Reihenfolge* selbst solcher Ereignisse wie der gesicherten Ewigkeit war bereits hoffnungslos verloren, und zwar zu einer

Zeit, die weiter zurücklag als die Niederschrift unseres frühesten Evangeliums. Das gilt nicht nur für Markus, wie „der Ältere" offen zugibt, sondern auch für Matthäus, Lukas und alle anderen. So unchronologisch die Reihenfolge bei Markus oft ist (und die Überlieferung der „beiläufigen Anekdoten" stimmt mit den kritischen Phänomenen des Textes überein), so ist sie doch weitaus historischer als die Rekonstruktion bei Matthäus. Andererseits wagt Lukas , obwohl er sich ausdrücklich verpflichtet, in dieser besonderen Hinsicht seine Vorgänger zu verbessern, fast nie, von der Reihenfolge des Markus abzuweichen, und wenn er es tut, erhält er nie die Unterstützung von Matthäus und normalerweise nicht die der tatsächlichen Wahrscheinlichkeit. Kurz gesagt, so falsch sie auch wussten, dass die Reihenfolge des Markusevangeliums war, war sie das Beste, was man in den Tagen haben konnte, als Evangelisten begannen, über die bloßen *Syntagmen* hinauszugehen und „Evangelien" zu schreiben, wie wir sie verstehen, oder in ihrer eigene Sprache, „die Dinge, die Jesus *sowohl* zu tun *als auch* zu lehren begann" (Apostelgeschichte 1 , 1). Allein aus diesen beiden großen herausragenden Phänomenen der Evangelienkritik geht hervor, dass die von Papias und vielen späteren Autoren in der Überlieferung der Jerusalemer Ältesten nur vage wahrgenommene Unterscheidung keine Illusion, sondern eine wichtige und lebenswichtige Tatsache ist.

Eine dritte große, unerwartete Tatsache taucht auf, wenn wir die Umhänge der kritischen Analyse umrunden und von Matthäus und Lukas zunächst die jeweils eigenen Elemente abziehen und dann die Elemente, die sie jeweils aus Markus abgeleitet haben. Es handelt sich jedoch um eine Tatsache, die unterschiedlich interpretiert werden kann. Für manche beweist es nur entweder die Sinnlosigkeit der Kritik oder die Wertlosigkeit der alten Tradition. Für uns beweist es einfach, dass der Übergangsprozess in Palästina, der Heimat der evangelischen Tradition, vom primitiven *Syntagma* der Gebote, das auf dem Plan der talmudischen Abhandlung bekannt ist, die als *Pirke Aboth* oder „Sprüche der Väter" bekannt ist, zum Griechischen stattfindet Die Art des narrativen Evangeliums war länger und komplexer als allgemein angenommen. Eine oberflächliche Darstellung der Ergebnisse kritischer Bemühungen zur Reproduktion der sogenannten „zweiten Quelle" von Matthäus und Lukas (wobei Markus als die erste gilt) wird dazu dienen, die Tatsache hervorzuheben, auf die wir uns beziehen, und gleichzeitig auch uns selbst Hoffnung, Licht auf die Geschichte der Evangeliumsentwicklung zu werfen.

Der oben beschriebene bloße Prozess der Subtraktion, um das Element Q zu erhalten, bereitet keine ernsthaften Schwierigkeiten, und für diejenigen, die Wert auf die Tradition der „Ältesten" legen, ist es natürlich zu erwarten, dass der Rest Merkmale aufweisen wird, die der Beschreibung eines apostolischen Syntagmas *entsprechen* der aus dem Aramäischen übersetzten

Aussprüche des Herrn, kurz die begehrte *Logia* des Matthäus. Das tatsächliche Ergebnis ist angesichts einer solchen Erwartung enttäuschend. Die weithin, wenn auch vielleicht etwas gedankenlos akzeptierte Äquivalenz Q = die *Logia* ist einfach falsch. Q ist *nicht* die *Logia* . Es handelt sich nicht um ein *Syntagma* , noch nicht einmal um ein konsistentes Ganzes, und als es vor unserem ersten und dritten Evangelisten lag, war es (zumindest zu einem beträchtlichen Teil) nicht auf Aramäisch. Tatsächlich besteht Q *fast* ausschließlich aus Diskursmaterial, von dem ein großer Teil nur eine thematische Ordnung aufweist und ganz oder größtenteils keinen erzählerischen Zusammenhang aufweist. Außerdem finden wir hier und da Spuren einer Übersetzung aus dem Aramäischen, allerdings nicht mehr im Q-Element als bei Markus. Doch für diejenigen, die eine unmittelbare Bestätigung der Tradition suchten, war das Ergebnis insgesamt enttäuschend. Einige, insbesondere englische Kritiker, waren der Ansicht, dass dies einen Rückgriff auf die vagen Allgemeingültigkeiten der einst vorherrschenden Theorie der mündlichen Überlieferung rechtfertigte. In Wirklichkeit sind wir lediglich aufgefordert, den Prozess der Diskriminierung zu erneuern. Der größte Teil des Q-Materials hat den Charakter eines Sprichworts und ist mit dem Mangel an jeglicher außer thematischer Ordnung verbunden, den wir in einem *Syntagma* suchen . Aber Teile davon, wie die Heilung des Dieners des Hauptmanns (Mt. VIII. 5-10, 13 = Lukas VII. 1-10) oder die Predigt des Täufers und die Versuchungsgeschichte (Mt. iii. 7-10, 12; iv. 2-11 = Lukas iii. 7-9, 17; iv. 2-13) weigern sich hartnäckig, in diese Kategorie gebracht zu werden. Darüber hinaus hat der letzte Abschnitt das unverkennbare Motiv, Jesus *in seinem Charakter und seinem Dienst* als „Sohn Gottes" darzustellen , genau wie bei Markus. Es beginnt damit , dass Jesus auf der Bühne bei der Taufe des Johannes vorgestellt wird, nach dem antiken *Erzählentwurf* (*Apostelgeschichte* 1,22 ; unsere eigene Art von Evangelium. Andere bedeutende Abschnitte von Q, wie die Frage der Jünger des Johannes und die Rede Jesu über diejenigen, die über ihn „gestrauchelt" wurden (Mt 11, 2-11, 16-27; Lukas 18-35; 13-35). 22) teilen mit dem Abschnitt über Taufe und Versuchung nicht nur das doktrinäre Motiv, Jesus in seiner Person und seinem Dienst als den ersehnten Sohn Gottes zu loben, sondern auch eine Reihe von Merkmalen, die sie deutlich von der allgemeinen Masse an Geboten und Geboten unterscheiden Gleichnisse in Q. Wir können hier nur Folgendes erwähnen: (1) Die sprachliche Übereinstimmung zwischen Matthäus und Lukas ist in diesen Abschnitten von Q viel größer, oft sogar größer als in den von Markus übernommenen Abschnitten, was deutlich die Existenz einer Gemeinsamkeit zeigt Dokument, das nicht in Aramäisch, sondern in griechischer Sprache verfasst wurde. (2) Dieses Material diente im Gegensatz zum Großteil von Q in vielen Teilen von Markus als Quelle und Modell. (3) Es ist zum größten Teil nicht in den fünf großen Blöcken enthalten, in die Matthäus die Gebote mittels einer speziellen Schlussformel unterteilt hat (vii. 28; xi. 1; xiii. 53; xix. 1 und xxvi. 1), erscheint aber außerhalb in Form von Ergänzungen zur Markan- Erzählung (iii. 7–iv. 11; viii. 5–13, 18–22, xi. 2–27; xii. 38–45 usw.). Schließlich (4) scheint das Q-Material dieser Art von Lukas ausführlicher gegeben zu sein als von Matthäus, und zwar mit mehr als nur einer bloßen Vermutung über den historischen Anlass. Da es den Anschein hat, dass Markus zumindest dieses Element von Q kannte, gibt es tatsächlich keinen Grund, den Ausschluss von Material wie der Verklärungsgeschichte zu rechtfertigen, obwohl in diesem Fall der Beweis erforderlich wäre, dass Markus nicht die Quelle war . Ebenso wäre es vernünftig, sich die große Abweichung von Lukas von Markus in seiner Passionsgeschichte vorzustellen, die auf seine Vorliebe für aus dieser Quelle stammendes Material zurückzuführen ist. Da Matthäus es jedoch vorgezogen hat, Markus zu folgen, können wir nicht feststellen, woher Lukas sein neues und hier oft wertvolles Material tatsächlich bezieht.

Die Existenz eines Elements von Q, das überhaupt nicht dem entspricht, was wir im Matthæan sehen Dass es *Syntagma* gegeben hat, beweist keineswegs die Sinnlosigkeit der Kritik oder die Wertlosigkeit der alten Tradition. Es zeigt nur, dass unsere synoptischen Evangelisten nicht die ersten waren, die die Verbindung von Diskurs und Erzählung versuchten, sondern dass Lukas zumindest einen Vorgänger auf diesem Gebiet hatte, dem alle mehr oder weniger zu Dank verpflichtet sind. Kritik und Tradition zusammen zeigen, dass es zwei große Strömungen gibt, aus denen alles historisch vertrauenswürdige Material stammt. Bei der einen handelt es sich um die Evangelische Geschichte, die sich hauptsächlich aus dem Entwurf des Amtes des Markusevangeliums ableitet, der auf den Anekdoten des Petrus basiert, obwohl einige Elemente aus einer anderen Quelle stammen, die hauptsächlich von Lukas überliefert wurde und die wir in einem späteren Kapitel über das Wachstum Petrus diskutieren müssen Geschichte in Rom und Antiochia. Der andere Strom, „Worte des Herrn“, kommt aus Jerusalem und ist in all seinen Formen immer mit dem Namen Matthäus verbunden. Wir haben allen Grund, die Aussage zu akzeptieren, dass der Apostel Matthäus bereits bei der Gründung der Kirche in Rom (45-50) mit der Arbeit begonnen hatte, die Gebote Jesu in einer Form zusammenzustellen, die dem Ziel diente, „die Menschen zu lehren“. Beachtet alles, was er geboten hat.“ Unser vorliegendes Matthäusevangelium ist jedoch weder dieses Werk noch eine Übersetzung davon; denn die einzigen drei Dinge, die uns über das Werk des Apostels gesagt wurden, sind alle mit den Merkmalen unseres Matthäus unvereinbar. Die Zusammenstellung der „Worte des Herrn“ war (1) ein *Syntagma* und nicht, wie Markus, ein Überblick über den Dienst. Es wurde (2) auf Aramäisch geschrieben; wohingegen unser Matthäus eine originale griechische Komposition ist. Es stammte (3) von einem Apostel, der Jesus persönlich kannte; wohingegen unser erster Evangelist in höchstem Maße von der eingestandenen fehlerhaften Geschichte des Markus abhängig ist.

Wenn wir jedoch unser Matthäusevangelium als letztes Glied in der langen Entwicklungskette betrachten, die sich vielleicht über ein halbes Jahrhundert erstreckt und Nebenprodukte wie das Hebräerevangelium *und* das *Nazarenerevangelium einschließt* , können wir möglicherweise ein willkommenes Licht darauf erhalten das Umfeld, aus dem das Werk hervorgegangen ist, das ein fähiger Gelehrter zu Recht als „das wichtigste Buch, das jemals geschrieben wurde, das Matthäusevangelium" bezeichnete.

Allein die Sprache, in der es geschrieben wurde, reichte aus, um das griechische Matthäusevangelium vor jeder möglichen Konkurrenz aramäischer Rivalen in der größeren Welt zu platzieren. Aber seine Vollständigkeit und Katholizität trugen noch dazu bei, dass es bald das am weitesten verbreitete aller Evangelien wurde. Matthäus ist nicht nur in seiner Gesamtstruktur ein zusammengesetztes Evangelium, sondern zeigt auch in hohem Maße die katholisierende Tendenz der Zeit. So wie es die römisch-petrinische Erzählung des Markus mit der geringsten möglichen Modifikation offen übernimmt, legt es auch mit gleicher Offenheit den Vorrang in der apostolischen Sukzession in die Hand des Petrus. Fast die einzigen Ergänzungen zu Markus' Bericht über das öffentliche Wirken sind die Geschichte von Petrus' Spaziergang auf dem Meer (XIV. 28-33) und seine Zahlung des Tempeltributs für Christus und sich selbst mit der Münze aus dem Fischmaul (Xvii . 24-27). Die letztere Geschichte leitet das Kapitel über die Ausübung der Herrschaft in „der Kirche" ein (Kap. xviii.), beginnend mit der Frage der Jünger: „Wer ist *denn* der Größte im Reich?" Auch hier ist Petrus die herausragende Figur (xviii. 21). Eine ebenso wichtige Ergänzung im Zusammenhang mit xviii. 17 *f.* ist die berühmte Übergabe der Macht der Schlüssel an Petrus, wobei die Erklärung ihn für sein Bekenntnis zum „Felsen" der „Kirche" macht. Dieser Zusatz zu Markus' Geschichte von der Zurechtweisung Petrus in Cæsarea Philippi ist etwas, das dessen Tragweite deutlich verändert und sogar die Sprache von Gal zu übernehmen scheint. ich . 16 *f.* um das Apostelamt des Petrus zu verherrlichen. Tatsächlich vertauschen das römische Evangelium und das palästinensische Evangelium fast die Rollen, die wir jeweils von Petrus erwarten sollten. Matthäus allein macht Petrus zum „Ersten" (x. 2), während Markus sich offenbar besondere Mühe gibt, die Zurechtweisungen der Zwölf und der Brüder des Herrn aufzuzeichnen, und insbesondere die Zurechtweisungen, die Petrus oder Petrus und Johannes über sich selbst verhängt haben.

In Bezug auf die Vorrangstellung des Petrus können wir einen gewissen Unterschied sogar zwischen den palästinensischen Evangelien beobachten, die auf das primitive *Syntagma* von Matthäus folgten. Über das orthodoxe *Evangelium der Nazarener* ist tatsächlich wenig bekannt , abgesehen von seinem relativ späten und zusammengesetzten Charakter; denn es wurde abwechselnd von Matthäus, Markus und Lukas übernommen. Die Liste der

Apostel beginnt jedoch mit „Johannes und Jakobus, den Söhnen des Zebedäus", *dann* „Simon und Andreas" und endet mit: „Auch dich, Matthäus, habe ich berufen, als du am Sitz des Brauchtums saßst, und du bist mir gefolgt . Das antipaulinische *Evangelium nach dem Hebräerbrief* zeigt seine Auffassung vom Sitz der apostolischen Autorität, indem es „Jakobus dem Gerechten" den Platz von Petrus als Empfänger dieser ersten Offenbarung des auferstandenen Herrn einräumt, die den Grundstein für den Glauben legte. Warum legt das griechisch-palästinensische Evangelium dann im Gegensatz zu seinen Konkurrenten so besonderen Wert auf den Vorrang Petri?

Aus dem vorsichtigen und (sozusagen) abwertenden Ton des Anhangs zu Johannes (Johannes xxi.), in dem versucht wird, den „anderen Jünger, den Jesus liebte" als würdig zu loben, als „wahrer Zeuge" akzeptiert zu werden, ohne die anerkannte Autorität zu beeinträchtigen Von Petrus als oberstem Unterhirten der Herde können wir schließen, dass die Autorität Petrus nicht nur in Rom, sondern überall dort, wo es um „apostolische" Tradition ging, schnell in den Vordergrund rückte. Die Tendenz in Antiochia ist noch ausgeprägter als in Rom, wie aus der Apostelgeschichte hervorgeht. Wenn es also in einem Bereich, in dem wir erwarten sollten, dass die Autorität des Jakobus zur Geltung kommt, noch stärker zu sein scheint, muss dies nicht als spezifisch römisches Merkmal angesehen werden. Wir müssen uns des scharfen Gegensatzes bewusst sein, der in Palästina seit der Zeit des Apostolischen Konzils herrschte, zwischen (1) den konsequenten Legalisten, die bis zur Zeit Justins (153) und den *Clementinischen Predigten und Anerkennungen* (180-200) behaupteten, ihre erbitterte Feindseligkeit gegenüber Paulus und seinem Evangelium der Freiheit der Heiden vom Gesetz; und (2) die „katholischen" oder liberalen Judenchristen, die den Standpunkt der Säulen vertraten. Es ist nur eines von vielen Anzeichen seiner „katholischen" Tendenz, dass unser Matthäus die Betonung der apostolischen Autorität des Petrus bis zu einem tatsächlichen Primat steigert. Das Phänomen muss im Lichte des Verschwindens oder der Unterdrückung aller evangelischen Geschichten beurteilt werden, mit Ausnahme derjenigen, die unter dem Namen Petrus standen, und der Tendenz in der Apostelgeschichte, sogar das gesamte Apostelamt für die Heiden unter seinem Namen zusammenzufassen. Petrus ist in diesen frühen Schriften noch nicht der Vertreter Roms, sondern der *Katholizität* . Bei Matthäus geht es nicht um die Frage zwischen Rom und einer anderen dominanten Kirche, sondern (wie die Widerspiegelung der Sprache von Gal. 1 , 17 *f.* in Matthäus 16, 17 zeigt) um die Frage zwischen der „katholischen" apostolischen Autorität und den unsicheren Tendenzen der paulinischen Unabhängigkeit.

Dennoch ist es dem griechischen Matthäus trotz all seiner Neigungen zur Katholizität nicht ganz gelungen, Materialien auszuschließen, die noch immer die jüdisch-christliche Feindseligkeit gegenüber Paulus oder zumindest gegenüber den Tendenzen des paulinischen Christentums widerspiegeln. Immer wieder werden in Matthäus besondere Ergänzungen vorgenommen, um die Warnung vor den Arbeitern der „Gesetzlosigkeit" hervorzuheben. Die Ermahnung Jesu in Lukas VI. 42-45, eine (Selbst-)Reformation nicht oberflächlich oder in Worten herbeizuführen, sondern durch eine Veränderung der inneren Wurzel der Gesinnung, die in Taten Früchte trägt, wird in Matthäus geändert. vii. 15-22 in eine Warnung vor den „falschen Propheten", die „Gesetzlosigkeit" begehen und die nach ihren Früchten beurteilt werden müssen. Sie bekennen sich zur Herrschaft (*vgl.* Röm. x. 9), gehorchen aber nicht dem Gebot Jesu und es mangelt ihnen an guten Werken. Insbesondere der Test von Mark IX. 38-40 ist direkt umgekehrt. Dem Grundsatz „Wer nicht gegen uns ist, ist für uns" ist nicht zu trauen. Ein Lehrer kann die „spirituellen Gaben" der Prophezeiung, des Exorzismus und der im Namen Jesu gewirkten Wunder ausüben und dennoch ein Verdammter sein. Eine ähnliche (und höchst widersprüchliche) Ergänzung wird zu Markus' Gleichnis vom geduldigen Weingärtner (Markus 4, 26-29) in Matthäus gemacht. xiii. 24-30 und in einer speziell beigefügten „Interpretation" wiederholt (xiii. 36-43). Dieser Zusatz vergleicht die „Täter der Gesetzlosigkeit" mit Unkraut, das „ein Feind" neben den guten Samen des Wortes sät. Eine ähnlich widersprüchliche Verbindung wird zum Gleichnis vom Hochzeitsfest (Mt 22,1-14; *vgl.* Lukas 14,15-24) hergestellt, um vor dem Fehlen des „Gewandes der guten Werke" zu warnen. Schließlich schließt Matthäus seine gesamte Reihe der Reden über Jesus mit einer Gruppe von drei Gleichnissen ab, die mit großer Ausführlichkeit und rhetorischer Wirkung aus relativ einfachen Andeutungen, wie sie anderswo zu finden sind, entwickelt wurden. Das einzige Thema der Serie ist die Unverzichtbarkeit guter Werke im Gericht (Mt 25; *vgl.* Lukas 12,35-38; 11-28 und Markus 9, 37, 41). Ein ähnliches Interesse zeigt sich in Matthäus' Beharren auf der dauerhaften Verpflichtung des Gesetzes (V. (16) 17-20; xix. 16-22 – im Gegensatz zu Markus x. 17-22), auf der Achtung des Tempels (xvii. 24). -27) und über die davidische Abstammung Jesu, mit der Erfüllung der messianischen Verheißung in ihm (Kap . I. -II.; ix. 27). Er beschränkt die Tätigkeit Jesu auf das Heilige Land (xv. 22; Kontrast Markus vii. 24 *f.*), lässt ihn in der Aussendung der Zwölf (x. 5 *f.*) die Missionsarbeit unter Samaritern oder Heiden ausdrücklich verbieten, und während die Das Verbot wird in xxviii endgültig aufgehoben. 18-20, der apostolische Sitz kann nicht entfernt werden, sondern bleibt wie in x. 23, unter „den Städten Israels" bis zum Ende der Welt.

In all dem gibt es wahrscheinlich nicht mehr absichtlichen Widerstand gegen Paulus oder sein Evangelium als bei Jakobus oder Lukas. Wir können es zum Beispiel nicht als mehr als einen zufälligen Zufall betrachten, dass wir in der Phrase „Ein Feind hat dies getan" im Gleichnis vom Unkraut denselben

Beinamen haben, den die ebionitische Literatur auf Paulus anwendet. Aber es bleibt genug übrig, um zu zeigen, wie stark jüdisch-christliche Vorurteile und Beschränkungen noch immer auf unseren Evangelisten einwirkten. Was die Gegenwart anbelangt, ist die Atmosphäre in allen Belangen so, wie sie die Zeit der neunziger Jahre charakterisiert.

Es gehört nicht zu unserem gegenwärtigen Zweck, dieses Evangelium in seine Bestandteile zu analysieren. Der Prozess kann in vielen Abhandlungen zur Evangeliumskritik verfolgt werden, und die Ergebnisse finden sich zusammengefasst in *Einführungen* in das Neue Testament, beispielsweise in der jüngsten wissenschaftlichen Arbeit von Moffatt. Wir müssen hier nur den allgemeinen Charakter und die Struktur des Buches beachten, die die Hauptzüge seiner Geschichte und die Bedingungen, unter denen es entstanden ist, offenbaren.

Matthäus und Lukas ähneln sich darin, dass beide vergleichsweise späte Versuche darstellen, das antike Matthäus zu kombinieren *Syntagma* mit den von Markus zusammengestellten „Erinnerungsstücken des Petrus". Aber es gibt einen großen Unterschied. Lukas betrachtet seine Arbeit anhand einiger Motive des Historikers. Er übernimmt die Methode der Erzählung und ordnet daher sein Diskursmaterial einer (oftmals verwirrenden) Vorstellung von Abfolge in Raum und Zeit unter. Matthäus hatte, wie die Struktur seines Evangeliums und nicht weniger als sein eigenes Bekenntnis zeigt, ein Ziel, das eher dem alten palästinensischen Vorbild entsprach. Die Nachfrage nach der Erzählform war unwiderstehlich geworden. Es kontrollierte sogar seine späteren griechischen und aramäischen Rivalen. Aber Matthäus hat das historische dem ethischen Motiv untergeordnet. Er zielte darauf ab und hat genau den Dienst geleistet, den seine Zeit verlangte und für den sie keine andere Region als Jerusalem in Anspruch nehmen konnte: eine vollständige Zusammenstellung der Gebote und Gebote Jesu.

Der Erzählrahmen wird ohne große Änderung von Markus übernommen, da dieses Werk bereits seine Wirksamkeit darin bewiesen hatte, Menschen überall davon zu überzeugen, dass Jesus „der Christus, der Sohn Gottes" war. Wie Lukas stellt Matthäus einen Bericht über die wundersame Geburt und Kindheit Jesu voran, weil zu seiner Zeit (*ca.* 90) der antike „Beginn des Evangeliums" mit der Taufe durch Johannes der Häresie der Adoptionisten , vertreten durch Cerinthus, Anlass gegeben hatte , der behauptete, dass Jesus bei seiner Taufe der Sohn Gottes *wurde* , ein lediglich vorübergehendes „Gefäß" des Geistes. Die vorangestellten Kapitel enthalten keine Inkarnationslehre und keine Lehre von der Präexistenz. Sie beabsichtigen in ihrer Geschichte von der wundersamen Geburt nicht, die Ankunft eines übermenschlichen oder nichtmenschlichen Wesens auf der Welt zu beschreiben, sonst könnten sie den Stammbaum Josephs nicht als Beweis für Jesu Anspruch auf den Thron Davids aufgreifen. Ein Wunder begleitet und signalisiert die Geburt dieses „Sohnes Davids", der dazu bestimmt ist, der Sohn Gottes zu werden. Abgesehen von der bloßen Frage des begleitenden Wunderkindes ist das Ziel von Matthäus' Geschichte über die Kindheit ein Ziel, das den Respekt und die Sympathie jedes rationalen Denkers hervorrufen sollte. Entgegen allem doketischen Dualismus wird behauptet, dass der Sohn Gottes von der Geburt bis zum Tod so sei. Die Anwesenheit des Geistes Gottes bei ihm ist nicht nur das Gegenstück zur dämonischen „Besessenheit", sondern gehört von Anfang an zu seiner Natur als wahrer Mensch.

Aber das lehrmäßige Interesse von Matthäus geht kaum über den Beweis hinaus, dass Jesus der von den Propheten vorhergesagte Christus ist. Sowohl die Lehre als auch die Geschichte sind dem einen großen Ziel untergeordnet, die Menschen zu lehren, „alles zu befolgen, was auch immer Jesus geboten hat".

Kapitel VII

DIE PETRINE-TRADITION. EVANGELISCHE GESCHICHTE

Inwieweit die frühe Kirche auf die Erzählung des irdischen Wirkens Jesu verzichten konnte, finden wir in der Literatur des paulinischen Christentums einerseits und des jüdischen Christentums andererseits außerordentliche Belege. Wie wir wissen, war die wahre Geschichte Jesu für Paulus selbst ein transzendentales Drama der Menschwerdung, Erlösung und Erhöhung. Es ist wahrscheinlich, dass, als er schließlich „drei Jahre" nach seiner Bekehrung nach Jerusalem ging, „um Petrus kennenzulernen", die Geschichte, die er hören wollte, noch mehr mit dem gemeinsamen apostolischen Zeugnis der reproduzierten Auferstehungserscheinungen zu tun hatte im 1. Kor. xv. 3-11, als mit den Reden und Taten des Dienstes. Darüber schweigt Paulus, wie wir gesehen haben, fast ununterbrochen. Und was Paulus nicht interessierte, interessierte natürlich auch seine Kirchen nicht.

Andererseits waren diejenigen, die einen vollständigen und authentischen Bericht über den Dienst hätten verewigen können, bei der Umsetzung dieser Aufgabe fast unglaublich langsam ; Zum Teil zweifellos aufgrund ihrer lebhaften Erwartung des unmittelbaren Endes der Welt, zum großen Teil aber auch, weil ihrer Meinung nach die Daten, die es am dringendsten zu bewahren galt, die „lebensspendenden Worte" waren. Der Eindruck von Jesu Charakter, seiner Person und Autorität ließ sich ihrer Ansicht nach nicht aus dem historischen Abriss seiner Laufbahn gewinnen. Es wurde durch die Tatsache der Auferstehung begründet, durch die Vorhersagen der Propheten, die ihre Erfüllung in den Umständen der Geburt Jesu, in bestimmten Ereignissen hier und da in seiner Karriere und seinem Schicksal, aber vor allem in seiner Auferstehung und den Gaben von Jesus fanden der Geist, der seine gegenwärtige Sitzung zur Rechten Gottes argumentierte. Sobald diese Autorität Jesu etabliert war, musste der Gläubige nur noch seine Gebote befolgen, wie sie von den Aposteln, Ältesten und Zeugen weitergegeben wurden.

Auf allen Seiten herrschte eine Gleichgültigkeit gegenüber solchen historischen Untersuchungen, die der moderne Mensch für natürlich und unvermeidlich halten würde, eine Gleichgültigkeit, die für uns völlig unerklärlich bleiben muss, wenn wir nicht erkennen, dass es die Hauptbeweise der Messiasschaft zumindest bis zur Zeit des vierten Evangelisten nicht gab in Jesu irdischer Laufbahn gesucht. Sein Christustum galt als etwas in der Zukunft liegendes, noch nicht Verwirklichtes. Sogar seine Auferstehung und Offenbarung in Herrlichkeit „zur Rechten Gottes", was sowohl für Paulus (Röm. 1 , 4) als auch für seine Vorgänger (Apostelgeschichte 2, 32-36) die Gewissheit ist, dass „Gott ihn sowohl zum Herrn als auch zum Herrn gemacht hat." „Christus" ist noch nicht der Beginn seines konkreten messianischen Programms . Möglicherweise hat dies begonnen, weil Jesus bereits auf dem „Thron der Herrlichkeit" gesessen hat und „von nun an wartet, bis seine Feinde zum Schemel seiner Füße gemacht werden". Praktisch ist es noch nicht. Der Christus ist immer noch ein zukünftiger Christus. Seine messianische Herrschaft verzögert sich bis zur Unterwerfung der „Feinde"; und diese Unterwerfung wird wiederum verzögert durch „das lange Leiden Gottes, der nicht will , dass irgendjemand verloren geht, sondern dass alle Menschen zur Buße kommen". In der Zwischenzeit erfolgt eine besondere „Ausgießung des Geistes" in Form von „Zungen", „Prophezeiungen", „Wunderwirkungen" und dergleichen, in Erfüllung der Versprechen der Heiligen Schrift, als eine Art Krönungsgeschenk für alle loyalen Untertanen. Diese Ausgießung des Geistes ist also der große Beweis und die Gewissheit, dass der Erbe tatsächlich den „Thron der Herrlichkeit" bestiegen hat, obwohl „alle Dinge so bestehen bleiben, wie sie seit Grundlegung der Welt waren". Diese „Gaben" sind „ Erstfrüchte des Geistes", Unterpfand des ultimativen Erbes, Beweise sowohl für Gläubige als auch für Ungläubige für das vollständige Erbe, das bald empfangen wird. Doch die Geschenke haben auch einen praktischen Aspekt. Sie alle sind Stiftungen für *den Dienst* . Die große Buße in Israel und unter den Heiden kann nicht ohne die Mitarbeit der Gläubigen zustande kommen. Die Frage, die sich sofort stellt, wenn die Offenbarung des auferstandenen Christus gewährt wird: „Herr, stellst du in dieser Zeit das Königreich für Israel wieder her?" wird daher mit der Zusicherung beantwortet, dass die Zeit allein in Gottes Hand liege, dass aber die „Gaben des Geistes", die bald weitergegeben werden sollen, dazu gedacht seien, die Gläubigen in die Lage zu versetzen, im In- und Ausland ihren Teil zur Herbeiführung der Großen Reue beizutragen (Apostelgeschichte 1,6–8). [20]

Für eine Kirche, die sich mit lebendigen und gegenwärtigen Beweisen der messianischen Macht Jesu ausgestattet fühlte, war es jedoch natürlich nur ein zweiter Gedanke (und noch dazu kein sehr früher), nach Beweisen für Ereignisse im Leben Jesu in Galiläa zurückzublicken Bemerkenswert ist seine Karriere als „ein Prophet, mächtig in Tat und Wort vor Gott und dem ganzen Volk". Die *gegenwärtigen* Gaben seiner Macht wären (zumindest demonstrativ) „größere Werke als diese". Mit denen, die das Auferstehungszeugnis des 1. Kor. hatten. xv. 3-11, und sogar die wiederkehrende Erfahrung von „Visionen und Offenbarungen des Herrn", vorausschauende Offenbarungen seiner Messiasschaft, Äußerungen, wie die an Petrus in Cæsarea Philippi, in der Jesus nur das große Werk vorhersagte, das göttlich durch ihn vollbracht werden würde, ob Beim Aufstieg nach Jerusalem um Leben oder Tod konnten Andeutungen, die damals missachtet oder nicht geglaubt worden waren, nicht mit dem gegenwärtigen Wissen, der Erfahrung und der Einsicht in Einklang gebracht werden. Sie würden lediglich als bestätigende Vorboten des „wahren Lichts, das jetzt scheint" in Erinnerung bleiben, wie die beiden, die die Manifestation in Emmaus empfangen hatten, ausriefen: „Brannte uns nicht das Herz, als er auf diesem Weg zu uns redete?"

Wir könnten die Entwicklung des Auferstehungsglaubens nach der Kreuzigung tatsächlich nicht psychologisch erklären, wenn das Leben und die Äußerungen Jesu davor nicht so gewesen wären, dass seine Manifestation in Herrlichkeit den Jüngern genau das erscheinen ließ, was sie *hätten* erwarten sollen. Aber umgekehrt ist nichts sicherer als die Tatsache, dass sie *nicht* damit gerechnet haben; und dass, als sich der Glaube auf andere Weise etabliert hatte, die Haltung gegenüber den „Sprüchen und Taten" derjenigen, die sie erzählen wollten – wie wir wissen, empfand es der erfolgreichste Missionar von allen als kein Hindernis, völlig ohne sie zu sein – Es ging darum, in einer dunklen Vergangenheit auf Dinge zurückzublicken, deren prägnante Bedeutung erst im Lichte des gegenwärtigen Wissens erkennbar wurde. „Dies verstanden seine Jünger zuerst nicht, aber als Jesus verherrlicht wurde, erinnerten sie sich, dass dies von ihm geschrieben worden war und dass sie dies an ihm getan hatten."

Wir haben das Glück, überhaupt ein Beispiel für die „aufeinanderfolgenden Erzählungen" (*diegeses*) zu haben, auf die sich Lukas 1 bezieht . 1. Unser Markusevangelium ist ein Evangelium, das rein und einfach unter diesem Gesichtspunkt geschrieben wurde und nur darauf abzielt, zu zeigen, wie die irdische Laufbahn Jesu ohne großen Aufwand den Beweis erbrachte, dass dies der Sohn Gottes war, der zur Erhöhung in die rechte Hand der Macht vorherbestimmt war , falls vorhanden, um die Vorschriften des neuen Gesetzes einzuführen. Wir sollten uns jedoch darüber im Klaren sein, dass dies bereits der Anfang eines Prozesses ist, der bald bestimmend sein wird, ein Prozess, bei dem zunächst dieser Charakterzug, dann jener und schließlich alle Eigenschaften des verherrlichten Herrn in das irdische Leben Jesu in Galiläa zurückgetragen werden.

Eine alte und verlässliche Überlieferung informiert uns darüber, dass dieser erste Versuch, die Geschichte von „Jesus Christus, dem Sohn Gottes" zu erzählen, in Rom von Johannes Markus, einem ehemaligen Gefährten von Petrus und Paulus, auf der Grundlage von Daten verfasst wurde, die aus den Anekdoten stammen, die Petrus beiläufig verwendete in seiner Predigt. Es gibt vieles, was die Struktur, den Stil sowie den Lehrgegenstand und Standpunkt des Evangeliums bestätigt.

Zunächst einmal kann das Datum der Abfassung nicht weit von 75 entfernt sein. Markus wird nicht nur von Matthäus und Lukas vorausgesetzt, sondern hatte zu ihrer Zeit bereits eine außerordentliche Vorherrschaft erlangt. Nach dem zu urteilen, was uns von ähnlichen Produkten übrig geblieben ist, könnte man fast sagen, dass Markus in seinem eigenen Bereich unumschränkt und allein regierend ist. Eine solche fast ausschließliche Vormachtstellung hätte nicht einmal durch eine Schrift erreicht werden können, die gemeinhin als Darstellung der Predigt des Petrus verstanden wird, und zwar in weniger als einem Jahrzehnt oder mehr Jahren. Auf der anderen Seite haben wir das widerstrebende Zeugnis der Antike, das darauf bedacht war, so viel wie möglich von der apostolischen Autorität für die Aufzeichnungen zu beanspruchen, aber nicht bereit war, Petrus auf offensichtliche Widersprüche von Matthäus festzulegen, dass es nach dem Tod des Petrus geschrieben wurde (64-5). [21] Interne Beweise würden tatsächlich dazu führen, dass das Datum des Werks in seiner jetzigen Form ein ganzes Jahrzehnt später sinkt. Es ist wahr, dass es viele strukturelle Beweise für mehr als eine Form der Erzählung gibt und dass das apokalyptische Kapitel (Kap. XIII.), das die meisten Beweise für die Datierung liefert, durchaus zu den späteren Ergänzungen gehören könnte. Aber nach dem Urteil der meisten Kritiker ist dieser „eschatologische Diskurs" (fast der einzige zusammenhängende Diskurs des Evangeliums) eindeutig in einem echten Rückblick auf den Sturz Jerusalems und des Tempels und die damit verbundene Trübsal über „diejenigen, die in Judäa sind" formuliert . Der Autor wendet einen uns aus anderen Quellen bekannten allgemeinen Ausspruch Jesu über die Zerstörung und den Wiederaufbau des Tempels speziell auf den Abriss durch Titus an (70). Er warnt seine Leser im gleichen Zusammenhang, dass „das Ende" nicht unmittelbar auf den großen judäischen Krieg folgen wird , sondern erst dann, wenn die Mächte des Bösen in den himmlischen Örtern, Mächte, die Sonne, Mond und Sterne bewohnen, erschüttert werden (xiii. 21). -27). Die paulinische Lehre des 2. Thess. ii. 1-12 wird übernommen, jedoch unter sorgfältiger Vermeidung der Vorhersage, dass der „Mensch der Sünde" „im Tempel Gottes" erscheinen werde. Paulus' „Mensch der Sünde" wird nun mit Daniels „Gräuel, der verwüstet" (Dan. XII. 11) identifiziert , der daher als „er" (männlich) bezeichnet wird. „Sein" Erscheinen wird die große judäische Drangsal einleiten ; aber sein Standpunkt ist unklar. Es ist nur „wo er nicht sein sollte". Matthäus kehrt (im Einklang mit seiner üblichen Praxis) näher zur Sprache Daniels zurück. Bei ihm ist die „Gräuellichkeit" wiederum ein Gegenstand, der „an *einem* heiligen Ort" steht. Aber Matthäus wendet die Prophezeiung bereits auf eine weitere bevorstehende Trübsal an. Er sieht nicht, dass Markus sich auf die Plünderung Jerusalems bezieht, auf die er selbst in seinem Zusatz zum Abendmahlsgleichnis zurückblickt (Mt. xxii. 6 *f.;* vgl . Lukas xiv. 15-24), sondern nimmt Markus xiii . 14-23 als Jesu Vorhersage einer großen letzten Trübsal, die *noch bevorsteht* .

Marks grobe Sprache und Stil, seine häufigen Latinismen , seine (fast verächtlich übertriebene) Erklärung der jüdischen Reinigungen und

Unterscheidungen von Fleisch an seine Leser (vii. 3 *f.*), Voraussetzung der römischen Form der Scheidung (x. 12), Erklärung in römischem Geld vom Wert der (griechischen und orientalischen) „Milbe" (*Lepton*), sind bekannte Bestätigungen für die Überlieferung des Entstehungsortes der Schrift. Aber das sind oberflächliche Merkmale. Wichtiger für uns ist die grundlegende Vorstellung davon, was „das Evangelium" ausmacht, und die Haltung des Autors zu Fragen des Verhältnisses von Juden und Heiden sowie der Autorität der Apostel und Verwandten des Herrn.

Das auffälligste Merkmal von Markus ist, dass er darauf abzielt, das Evangelium *über Jesus zu präsentieren, und dem Evangelium Jesu* gegenüber relativ gleichgültig ist . Hätte der Autor seine Aufgabe nach der Art eines Matthäus konzipiert, hätte er kaum Zweifel daran haben können, katechetische Reden über Jesus wie die Bergpredigt oder die Rede über das Gebet von Lukas XI zu verfassen. 1-13. Die Tatsache, dass er solche Aufzeichnungen über die ethischen und religiösen Unterweisungen Jesu außer Acht lässt, bedeutet nicht, dass er seine Leser (stillschweigend) auf die Matthæan- Gebote oder ähnliche Zusammenstellungen verweist, um seine eigenen Mängel auszugleichen. Es bedeutet eine andere, paulinischere Vorstellung davon, was „das Evangelium" ist. Markus sieht als ihr Hauptelement die Verbundenheit mit der *Person* Jesu und hat bereits große Fortschritte bei der Verwischung der ursprünglichen Unterscheidung zwischen einem Jesus, dessen irdisches Leben „in großer Demut" verlief, und dem verherrlichten Sohn Gottes gemacht. Der irdische Jesus ist allerdings immer noch nur ein Mensch, der mit dem Geist der Adoption ausgestattet ist. Aber er ist so vollständig „im" Geist und so vollständig damit ausgestattet, dass er fast die griechische Gestalt eines Halbgottes annimmt, der inkognito die Erde betritt. Kein Wunder, dass dieses Evangelium zum Favoriten der Adoptionisten und Doketisten wurde .

Markus lässt seinen Leser nicht im Unklaren darüber, was ein Mann tun muss, um das ewige Leben zu erben. Die Anforderung erscheint erst, nachdem Jesus mit den Zwölfen den Weg nach Golgatha angetreten hat , da es sich eindeutig *nicht* um das Halten neuer oder alter Gebote handelt. Es handelt sich um eine Übernahme der „Gesinnung, die in Christus war, der sich erniedrigte und gehorsam wurde bis zum Tod". In Matthäus' „verbesserter" Version der Antwort Jesu an den reichen Bewerber um ewiges Leben wird dem Bittsteller gesagt, dass er es durch Befolgen der Gebote mit überragendem Verdienst („wenn du vollkommen sein willst") erhalten kann, wenn er dem Beispiel Jesu folgt des selbstverleugnenden Dienstes. In der Form und dem Kontext, von denen Matthäus Gebrauch macht (Mark. Kein Mensch kann das Königreich überhaupt empfangen, der es nicht „wie ein kleines Kind" empfängt. Jeder Mensch muss bereit sein, jedes Opfer zu bringen, auch wenn er von Jugend an alle Gebote gehalten hat. Petrus und die Jünger, die „alles verlassen und ihnen nachgefolgt sind", stehen hinsichtlich der Belohnung auf der gleichen Ebene wie andere. Auf die Bitte des Petrus für die Zwölf wird geantwortet: „Es gibt keinen Menschen, der irdische Besitztümer um Christi willen verlassen hat", was auch hier nicht ausreichend entschädigt wird. Er muss jetzt mit Verfolgung rechnen, wird aber später ewiges Leben erhalten. Nur „viele, die die Ersten sind, werden die Letzten sein, und die Letzten die Ersten." Selbst die Märtyrerapostel Jakobus und Johannes werden im Königreich keine höheren Rechte haben.

Passagen wie die oben genannten offenbaren nicht nur, warum das Markusevangelium eine vergleichsweise Missachtung der Gebote zeigt, sondern zeigen auch eine Haltung gegenüber den wachsenden Ansprüchen der apostolischen Autorität und des Neolegalismus, die im Gegensatz zu Matthäus und Lukas insgesamt erfrischend ist. Die Sippe des Herrn erscheint nur zweimal (iii. 20 *f.* , 31-35 und vi. 1-6), beide Male in einem völlig ungünstigen Licht. Johannes erscheint nur einmal, und das, um eine Rüge wegen seiner Intoleranz zu erhalten. James und John scheinen nur wegen ihres egoistischen Ehrgeizes zurechtgewiesen zu werden. Peter kam selten anders als zur Zurechtweisung. Alle Jünger zeigen ständig die Blindheit und „Herzenshärte", von denen ausdrücklich gesagt wird, dass sie ihre Nation charakterisieren (vi. 52; vii. 18; viii. 12, 14-21). Ihre Selbstsucht und Untreue ist die Folie für die Selbstverleugnung und Treue Jesu (Viii. 33; ix. 6, 18 *f.* , 29; x. 24, 28, 32, 37, 41; xiv. 27-31, 37-41, 50, 66-72). Was in Matthäus (xvi. 16-19) zu einer besonderen göttlichen Offenbarung der Messiasschaft an Petrus geworden ist und die Gründung der Kirche markiert, ist in der früheren Mk- Form (Markus VIII. 27-33) keine Offenbarung der Messiasschaft überhaupt. Die Antwort des Petrus: „Du bist der Christus" ist allgemein bekannt. Die Zwölf sollen nicht unwissender sein als die Dämonen! Es gibt jedoch eine scharfe Kritik an Petrus wegen seiner fleischlichen, jüdischen Vorstellung von den Implikationen des Christustums. Eine Offenbarung seiner Bedeutung mit fast doketischem Charakter wird in der Tat gleich danach „Petrus, Jakobus und Johannes" gewährt; aber sie bleiben ohne Wertschätzung oder Verständnis für die „Vision", obwohl sie Jesus in seiner himmlischen Herrlichkeit in Gesellschaft der übersetzten Helden des Alten Testaments zeigt. Die Offenbarung bleibt daher bis „nach der Auferstehung" ein versiegeltes Buch.

Diese Übertreibung der Stumpfsinnigkeit der Jünger ist zweifellos zum Teil auf apologetische Motive zurückzuführen. Der Evangelist muss dem Einwand entgegentreten: Wenn Jesus wirklich das außergewöhnliche, übermenschliche Wesen war, das dargestellt wurde, und von den bösen Geistern öffentlich als solches verkündet wurde, warum hörte man dann erst nach der Kreuzigung und der angeblichen Auferstehung von seinen Behauptungen? Dass er die Erlösungslehre des verherrlichten Wesens des

Paulus in den galiläischen Dienst zurückführt, zwingt ihn dazu, die Zwölf als Teil der Stumpfheit des Volkes darzustellen, das „Augen hat, die nicht sehen, und Ohren hat, die nicht hören". Aber trotz aller Berücksichtigung dessen zeigt das römische Evangelium wenig Rücksicht auf die Apostel und Verwandten des Herrn.

Für jüdische Vorrechte und jüdisches Recht zeigt es sich ebensowenig. Jesus spricht in Gleichnissen, weil seine Predigt für die „Außenstehenden" absichtlich ein „verhülltes" Evangelium sein soll (IV. 1-34). Das Erbe wird ihnen weggenommen und anderen gegeben (xii. 1-12). Priester und Volk waren gemeinsam der Ablehnung und Ermordung Jesu schuldig (xv. 11-15, 29-32). Die Vergebung der Sünden wird von Jesus aus eigener Kraft entgegen den Schriftgelehrten angeboten. Er ignoriert ihren Ausschluss von Zöllnern und Sündern, verkündet die Abschaffung ihres Fastens und verachtet ihr Sabbathalten (II. 1–III. 6). In der Frage der Fleischunterschiede ist sein Standpunkt der radikalste, der möglich ist. Das jüdische Zeremoniell sei ein „eitler Gottesdienst", bloße „Menschengebote". Befleckung kann nicht durch das verursacht werden, was „in einen Menschen hineingeht". Jesu Aussage über die innere Reinheit zielte weder auf die bloße „Absicherung des Gesetzes" (Mt. (vii. 1-23). Das Gesetz des Mose stellt in einigen seiner Verordnungen nicht den wahren göttlichen Willen dar, sondern eine menschliche Anpassung an die menschliche Schwäche (X. 2-9). Der Gehorsam gegenüber seinem höchsten Kodex garantiert kein ewiges Leben (x. 19-21). Das einzige Gesetz der Liebe ist „viel mehr als alle Brandopfer und Schlachtopfer" (XII. 28-34). Wenn *alle* Verweise auf das Judentum, sein Gesetz, seine Institutionen und seine Vorrechte diesen Charakter haben, wenn Jesus *immer* in radikaler Opposition zum Gesetz und seinen Vertretern erscheint (xii. 38-40; xiii. 1 *f.*), *niemals* Als ihr Unterstützer in irgendeiner Weise macht der Evangelist es uns fast zu schwer zu glauben, dass er wirklich jüdischer Abstammung war.

Andererseits können wir nicht an der Aussage zweifeln, dass er seine Anekdoten, wenn auch indirekt, aus der Predigt des Petrus ableitet . Der Prolog (1. 1-13) erhebt in der Tat nicht den Anspruch , über die Aussage eines Zeugen zu berichten, sondern macht den Leser durch einen mystischen Bericht mit der wahren Natur Jesu als „dem Christus, dem Sohn Gottes" vertraut Seine Taufe und Ausstattung mit dem Geist der Adoption beruhte wahrscheinlich auf dem Dokument von Q, das wir von den Geboten unterschieden haben. Aber die folgende Geschichte des Dienstes beginnt im Haus des Petrus in Kapernaum und bleibt mehr oder weniger damit verbunden, trotz zwischengeschalteter Gruppen von Anekdoten, deren Zusammenhang nicht chronologisch, sondern aktuell ist, wie z. B. ii. 1—iii. 6; iii. 22-30; iv. 1-34. Es erreicht seinen Höhepunkt, als Jesus in Cæsarea Philippi Petrus ins Vertrauen zieht. Auch hier unterbricht die mystische

Offenbarungs- oder Verklärungsvision (ix. 2-10) den Zusammenhang und zeigt ihre fremde Herkunft durch den transzendentalen Sinn, in dem sie die Person Jesu interpretiert. Bestimmte Merkmale deuten darauf hin, dass es aus derselben Quelle stammt wie der Prolog (i . 1-13).

Die Geschichte beginnt in der Tragödie von Jerusalem, wo nach wie vor die Figur des Petrus, so ungünstig der Kontrast zu der von Jesus auch sein mag, immer noch die herausragende Figur ist. Der Grundriss ist im Allgemeinen identisch mit dem, der in Apostelgeschichte X so kurz skizziert wurde. 38-42 – *außer* dass der absolut wesentliche Punkt, das Einzige, was in keinem Evangeliumsbericht gefehlt haben kann, nämlich die Manifestation der Auferstehung vor den Jüngern und der Auftrag, das Evangelium zu predigen, absolut fehlt!

Dass das Markusevangelium einst eine solche Schlussfolgerung enthielt, ist fast sicher. Stellen Sie sich eine Evangeliumserzählung ohne einen Bericht über die Offenbarung des auferstandenen Herrn an seine Jünger vor! Stellen Sie sich eine Kirche vor – und zwar die Kirche in *Rom* –, die als erste, authentische, ursprüngliche und (in Absicht) einzige Bericht über den Ursprung des christlichen Glaubens (Markus 1 , 1) eine Erzählung herausgibt, die mit dem *endete* Apostel zerstreuten sich in feigem Verlassen, und Petrus war der auffälligste und reumütigste Abtrünnige von allen! Er, der im Namen Petrus von Rom aus schreibt, Markus aber kurz darauf liebevoll „mein Sohn" nennt, muss tatsächlich einen verzeihenden Geist gehabt haben. Doch nicht alle Spuren der echten Fortsetzung sind verschwunden. Von außen gibt es immer noch viele Anspielungen auf die Wiederkehr Petrus und die Festigung seiner Brüder im Auferstehungsglauben. Die früheste stammt von Paulus (1. Kor. xv. 5). Das heutige Markusevangelium selbst impliziert, dass es einst ein solches Ende hatte; denn Jesus verspricht, seine Herde nach seiner Auferweckung in Galiläa zu versammeln (XIV. 28), und die Frauen am Grab werden gebeten, die Jünger an das Versprechen zu erinnern, obwohl sie ihre Botschaft nicht überbringen. Tatsächlich freut sich das ganze Evangelium darauf. Zu diesem Zweck wird „das Geheimnis des Reiches" den auserwählten Zwölf gegeben (iii. 13 *f.* , 31-35; iv. 10-12); dafür werden sie (wenn auch vergeblich) vor der Katastrophe gewarnt (viii. 34 – ix. 1, 30-32; x. 32-34; xiv. 27-31). Tatsächlich impliziert die Verheißung einer Geistestaufe (i . 8) wahrscheinlich, dass die ursprüngliche Fortsetzung nicht nur das Erscheinen von Petrus und (später) den übrigen mit dem Auftrag zum Predigen in Verbindung brachte, sondern vielleicht auch ihre Ausstattung mit den Gaben wie in Johannes xx. 19-23. Was wir jetzt haben, ist nur ein Ersatz für diese ursprüngliche Fortsetzung, ein Ersatz, der so unpassend ist, dass er wiederholte Verbesserungsversuche provoziert hat.

Ab xvi. Ab 8 haben die ältesten Textautoren bekanntlich lediglich eine Leerstelle. Spätere Autoritäten geben den Zwölf einen kürzeren oder längeren Ersatz für die fehlende Manifestation und Ladung. Je kürzer Matthäus, desto länger Lukas, mit Spuren der Bekanntschaft mit Johannes. Fantastische Theorien zur Erklärung dieser Textphänomene, wie etwa die versehentliche Verstümmelung der einzigen Kopie, sind unwahrscheinlich und können nicht erklärt werden. Wenn Vermutungen zulässig sind, ist es wahrscheinlicher, dass das Originalwerk nach Art der Lukas-Apostelgeschichte aus zwei Teilen bestand, wobei die „frühere Abhandlung" mit der Aussage des Hauptmanns endete: „Dieser Mann war wahrlich ein Sohn Gottes" (xv. 39).). Der zweite Teil setzte die Erzählung in Form einer Predigt des Petrus fort und endete vielleicht mit seiner Ankunft in Rom; denn in der antiken Kirchenliteratur gab es mehrere Erzählungen dieser Art. Sein Verschwinden wird darauf zurückzuführen sein, dass es durch das Werk des Lukas ersetzt (vielleicht sogar verkörpert) wurde. Als die ursprüngliche Markan- „frühere Abhandlung" für den gesonderten Gebrauch als Evangelium adaptiert wurde, war es ganz natürlich, dass sie durch die Hinzufügung der Geschichte vom leeren Grab (xv. 40–xvi.) ergänzt (wir können kaum sagen „vollständig") ergänzt wurde . 8), obwohl diese Erzählung der ursprünglichen Auferstehungspredigt völlig unbekannt ist (*vgl* . 1. Kor. Die anschließenden weiteren Ergänzungen der sogenannten „längeren" und „kürzeren" Endungen gehören zur Geschichte der Transkription nach 140 n. CHR .

Aus dem oben Gesagten wird deutlich, dass das Markusevangelium keine Ausnahme von der Regel darstellt, dass kirchliche Schriften dieser Art zwangsläufig Umgestaltungen und Ergänzungen erfahren, bis der fortschreitende Prozess der Heiligsprechung ihren Text schließlich mit unveränderlicher Starrheit fixiert. Unabhängig davon, ob wir „Quellen" oder frühere „Formen" oder nur frühere „Ausgaben" von Markus erkennen, ist es sicher, dass Anhänge noch lange nach dem Erscheinen von Lukas beigefügt sein könnten, und zwar wahrscheinlich in der Frühzeit seiner rein lokalen Währung In Rom hatte der Fundus der Petrus-Anekdoten mehr als eine Formanpassung erfahren, bevor er nach Syrien getragen und im Wesentlichen so verkörpert wurde, wie wir ihn jetzt in den zusammengesetzten Evangelien von Matthäus und Lukas haben. Die Auslassung von Lukas von Markus VI. 45—viii. 26 ist beabsichtigt, [22] und kann nicht zum Beweis der Existenz einer kürzeren Form verwendet werden; und das Gleiche gilt wahrscheinlich auch für die Auslassung von Markus IX. 38-40 von Matthäus. Mark xii. 41-44 ist jedoch wahrscheinlich eine Ergänzung später als zur Zeit des Matthäus. Weder Matthäus noch Lukas hatten einen Text, der über XVI hinausging. 8. Anzeichen einer Bekanntschaft mit der ursprünglichen Fortsetzung finden sich jedoch im Anhang zu Johannes (Johannes xxi.) und im späten und zusammengesetzten

Petrusevangelium (*ca.* 140). Letzterem zufolge blieben die Zwölf die restlichen sechs Tage des Festes verstreut und versteckt in Jerusalem. Am Ende machten sie sich trauernd und trauernd auf den Weg, jeder Mann ging in sein eigenes Haus. Petrus und einige andere, darunter „Levi, der Sohn des Alpheus", nahmen ihre Fischerei „auf dem Meer" wieder auf. ... An dieser Stelle bricht das Fragment ab. Die Geschichte kann mutmaßlich ab dem 1. Kor. abgeschlossen werden. xv. 5-8, mit Vergleich von Johannes XXI. 1-13; Lukas V. 4-8; xxii. 31 *f.* ; xxiv. 34, 36-43.

Wenn wir auf das Unterfangen dieses bescheidenen Autors zurückblicken, der nur in der Überlieferung genannt wird, einem der Katecheten der großen Kirche von Paul und Petrus, der nur wenige Jahre nach ihrem Tod, aber einige Jahre vor dem 1. Petrusbrief und dem Hebräerbrief schrieb ist beeindruckt von der Größe seines Ziels. Es ist wahr, dass er nicht ganz ohne Vorgänger auf diesem Gebiet war. Das Werk, das ihm zumindest den Inhalt seines Prologs und höchstwahrscheinlich auch anderer bedeutender Abschnitte seines Buches lieferte, hatte bereits auf mystischere Weise darauf abgezielt, die paulinische Lehre von Christus als der Weisheit Gottes mit den mächtigen Werken und Lehren zu verbinden von Jesus. Die Vervielfältigung eines beträchtlichen Teils von Marks Geschichte (vii. 31 – viii. 26 Wiederholungen mit einigen Variationen vi. 30 – vii. 30) zeigt, dass sein Werk sowohl ein Werk der Kombination als auch der Schöpfung war. Aber Umriss, Proportion und Fortgang der Geschichte zeigen nicht nur Geschick und Sorgfalt, sondern auch ein weitsichtiges und konsequentes Festhalten an dem Grundplan, den Ursprung des christlichen Glaubens zu erzählen (Markus 1, 1) .

Bestätigung des Glaubens und der Praxis der Kirche – dazu berichtet Markus alles, was er über die Jahre der Dunkelheit in Galiläa, gefolgt von der Tragödie in Jerusalem, erfahren kann. Nicht nur der Glaube an Jesus als Sohn Gottes wird durch die Geschichte gerechtfertigt, sondern auch die Gründung, die Institutionen und das Ritual der bestehenden Kirche. Er passt es offensichtlich an, um nicht nur die übermenschlichen Kräfte und Eigenschaften des auserwählten Sohnes Gottes zu zeigen, sondern auch den Keim und die Art aller kirchlichen Institutionen. Seine Taufe der Buße und die damit einhergehende Gabe des Geistes der Annahme wiederholen nur die Erfahrung Jesu bei der Taufe des Johannes. Die Ausstattung mit dem Wort der Weisheit und dem Wort der Macht ist nur das Gegenstück zu der göttlichen Ausrüstung Jesu mit „der Kraft des Geistes", als er in Galiläa lehrte und heilte. Die Entsendung der Zwölf stellt den Maßstab für die Evangelisten und Missionare der Kirche dar, ebenso wie das Brechen des Brotes in Galiläa das Vorbild für ihr brüderliches Bankett darstellt. Das gilt auch für den judäischen Dienst. Der Weg des Martyriums ist der Weg, dem alle folgen müssen. Das Passahmahl des Herrn und die Nachtwache in

Gethsemane sind Vorbilder für die jährliche Feier der Kirche, das Passahfest des Herrn, die Nachtwache und das Auferstehungsfest. Die Gruppierung der Anekdoten ist nicht ausschließlich Marks Werk, denn in vielen Fällen können wir immer noch erkennen, wie sie rund um die kirchlichen Bräuche entstanden sind, um die Riten zu erklären und zu rechtfertigen, und nicht, um Teil einer skizzierten Karriere zu sein. Aber wenn wir das Werk als Ganzes betrachten und bedenken, wie weit die Möglichkeiten in Rom, wo Paulus die erhabene Vorstellung vom Sohn Gottes und Petrus die konkrete Tradition seines irdischen Lebens weitergegeben hatte, über das jeder anderen Kirche hinausgingen, können wir uns nicht wundern dass der Entwurf des Markus schon bald zum Standardbericht über den irdischen Dienst Jesu und letztendlich zum einzigen wurde.

Es bleibt jedoch nur noch wenig Raum, um die Entwicklungen der Evangeliumsgeschichte in anderen Bereichen zu verfolgen. Südsyrien und Ägypten hielten es, wie wir gesehen haben, bald für notwendig, das Werk von Markus zu übernehmen, jedoch unabhängig und als Rahmen für die Matthäus- Gebote. Es kann nicht mehr lange dauern, bis Antiochia und Nordsyrien diesem Beispiel folgten. Obwohl Lukas mit der Arbeit „vieler" Vorgänger vertraut ist, gibt es keinen sicheren Beweis für eine Bekanntschaft mit Matthäus. Wenn wir solche ungemilderten Widersprüche finden, wie sie zwischen diesen beiden griechischen Evangelien in ihren Eröffnungs- und Schlusskapiteln zum Ausdruck kommen, und darüber hinaus feststellen, dass beide, obwohl sie sich Hunderten von Korrekturen und Verbesserungen gegenüber dem Markusevangelium hingeben, diese selten zusammenfallen und niemals die Annahme einer gegenseitigen Abhängigkeit voraussetzen Daher kann man sich der Schlussfolgerung nur schwer entziehen, dass keiner der Evangelisten direkt mit der Arbeit des anderen vertraut war. Kein anderes Evangelium kann sich in der Schnelligkeit und dem Umfang seiner Verbreitung mit Matthäus vergleichen, während Lukas sich selbst als eifrigen Forscher bezeichnet. Er konnte den Anspruch auf apostolische Autorität nicht ignorieren, auf dem diese frühe und breite Akzeptanz des Matthäusevangeliums hauptsächlich beruhte. Die Schlussfolgerung ist vernünftig, dass das Datum von Lukas nur wenig später als das von Matthäus lag. Wenn die Wahrscheinlichkeit, dass er sich mit den *Altertümern* des Josephus beschäftigte, auf eine bestimmte Wahrscheinlichkeit erhöht werden könnte, würde dies ausreichen, um das Evangelium und die Apostelgeschichte nicht früher als 96 zu datieren. Interne und externe Beweise konvergieren nach Einschätzung der meisten Gelehrten auf ein Datum von etwa 100 .

Die nordsyrische Ableitung der Lukas-Apostelgeschichte ist in der Tradition weniger fest verankert als die römische Herkunft des Markusevangeliums und die südsyrische Abstammung des Matthäusevangeliums. Die antike

Überlieferung kann auf nichts Gewichtigeres hinweisen als auf die Aussage des Eusebius, die, wie wir nicht wissen, woher sie stammt, aber unabhängig voneinander in den Argumenta (vorangestellten Beschreibungen) mehrerer Vulgata-Manuskripte enthalten ist, dass Lukas antiochenischer Abstammung sei. Interne Beweise liefern jedoch eine eher ungewöhnliche Bestätigung. Wenn die Lektüre einiger Texte in Apostelgeschichte xi. 28, „Und als wir versammelt waren", könnte akzeptiert werden, dies allein wäre eine fast schlüssige Bestätigung. Aber so zweifelhaft es auch ist, es gibt Halt. Denn wenn es sich um eine Änderung des Originals handelt, ist sie auf jeden Fall sehr früh (*ca.* 150?) und zielt darauf ab, den betreffenden Glauben zu stützen. [23] Darüber hinaus lässt die gesamte Haltung der Lukas-Apostelgeschichte in Bezug auf die apostolische Autorität, die Lösung der großen Frage der Bedingungen der Gemeinschaft zwischen Juden und Heiden und die Beschreibung der Gründung der paulinischen Kirchen ihren Ursprung irgendwo vermuten zwischen dem Taurus-Gebirge und der Adria höchst unwahrscheinlich; Wenn wir es jedoch in Rom verorten, werden wir ein unlösbares Problem in der Beziehung zwischen seiner extremen Betonung der apostolischen Autorität und der Quasi-Vergöttlichung von Petrus und der unerschütterlichen Unabhängigkeit von Markus haben. Umgekehrt gibt es viele individuelle Merkmale, die auf Antiochia als Herkunftsort schließen lassen. Neben Jerusalem, der unvergessenen Kirche der „Apostel und Ältesten", ist Antiochia die Mutterkirche der Christenheit. Dort hatte der Name „Christ" seinen Ursprung. Dort wurde mit der Bekehrung der Heiden begonnen. Die griechischen Kirchen Zyperns und Kleinasiens gelten als Abhängigkeit von Antiochia. Sogar diejenigen der griechischen Halbinsel sind möglicherweise gut mit Antiochia und Jerusalem verbunden, wobei die Geschichte des Schismas unterdrückt wird. Antiochia, nicht die paulinischen griechischen Kirchen, ist die Wohltäterin „der armen Heiligen in Jerusalem", und auf Veranlassung Antiochias werden durch Berufung an „die Apostel und Ältesten" die „Dekrete" erwirkt, die die schwierige Frage dauerhaft regeln die Verpflichtung zur Aufrechterhaltung der zeremoniellen Reinheit, die noch immer „den Juden unter den Heiden" obliegt. Wie wir gesehen haben, ist die Siedlung einerseits von der der Markus- und Paulinerkirchen ebenso weit entfernt wie von der durchgängigen Legalität Jerusalems andererseits. Noch in den Hirtenbriefen ist die Abstinenz von „Speisen, die Gott geschaffen hat, damit sie mit Dankbarkeit von denen angenommen werden, die glauben und die Wahrheit kennen", für die paulinischen Kirchen eine „Lehre von Teufeln und verführerischen Geistern", die „durch die Heuchelei der redenden Menschen" gelehrt wird Lügen." Die Unterscheidung von Fleischsorten gehört zum jüdischen Aberglauben, denn „Jedes Geschöpf Gottes ist gut und nichts ist zu verwerfen, wenn es mit Danksagung angenommen wird" (1. Tim. 4, 1-5). Markus vertritt, wie wir gesehen haben, genau diesen Standpunkt. Ebenso radikal verurteilt er die

Unterscheidung von Fleisch als im Wesentlichen „eitlen Gottesdienst" und „Menschengebot" (Markus VII, 1-23). In Wahrheit werden wir, wenn wir eine der *Quellen des Lukas* von Lukas selbst unterscheiden , genau diese Lehre finden, die Petrus selbst durch eine besondere göttliche Offenbarung in Apostelgeschichte X gelehrt hat. 10-16; xi. 3-10. Nur ist dies, wie wir bereits gesehen haben (<u>S. 59, Anm.</u>), nicht die Anwendung des Materials in der Apostelgeschichte in ihrer jetzigen Form. Für „Lukas" könnte nichts abstoßender sein als die Vorstellung, dass ein Apostel die Religion seiner Väter aufgibt, zu der die Beschneidung und „die Bräuche" ein wesentlicher Bestandteil sind. Seine Aufhebung eines ihrer wesentlichen Faktoren in der Geschichte der Offenbarung des Petrus und der darauf folgenden Verteidigung des Apostels vor der Kirche in Jerusalem, nämlich: Das Recht, mit Heiden zu *essen* , unabhängig von menschengemachten Fleischunterschieden („Was *Gott* gereinigt hat, mache nicht *gemeinsam* ") ist genauso bedeutsam wie seine Beschränkung der Tätigkeit des Paulus auf griechischsprachige *Juden* , bis „der Geist" dies getan hat wies die Kirche in Antiochien unmittelbar nach der Verfolgung von Agrippa I. ausdrücklich an, mit der Propaganda fortzufahren. Beide Abwandlungen der früheren Form der Erzählung entsprechen einer Vielzahl kleinerer Hinweise und liefern uns in Kombination mit ihnen den eigentlichen Grundton der Erzählung. In der Lukas-Apostelgeschichte nimmt der Autor deutlicher als in jedem anderen Evangelium die besondere Funktion des *Historikers ein* . Auch er würde, wie Markus, den Ursprung des christlichen Glaubens erzählen, und zwar „von Anfang an". Er leitet sogar den Stammbaum Jesu von „Adam, dem Sohn Gottes" ab. Aber das Ziel besteht weit mehr darin, den Stammbaum des Glaubens zu beweisen als den Stammbaum Jesu. Das Christentum soll gegen den Vorwurf verteidigt werden, eine *nova superstitio* , eine *religio , zu sein illegal* . Im Gegenteil ist es die einzig wahre und offenbarte Religion, die vollkommene Blüte und Vollendung des Judentums. Dennoch ist es nicht wie das Judentum partikularistisch und national, sondern universell; Denn während Gott diese Nation zunächst zum besonderen Aufbewahrungsort seiner Wahrheit machte, war es sein „bestimmtes Vorherwissen und sein Ratschluss", dass sie ihren Messias ablehnen und kreuzigen sollten, was es möglich machte, „den Heiden diese Erlösung zu verkünden". Das Einzige, was Lukas so eifrig beweisen möchte, ist, dass er den Leser damit ermüdet, es immer wieder zu wiederholen, es zu verkünden, es zu rechtfertigen und zu unpassenden Zeiten mit seinen Quellen, gegen seine Quellen, mit den Tatsachen, gegen die Tatsachen zu argumentieren. ist, dass dieser Glaube den Heiden niemals angeboten wurde, außer auf ausdrückliche Anweisung Gottes und nachdem die Juden bis zum Äußersten halsstarrigen Widerstands gezeigt hatten, dass sie nichts davon haben wollten. Das Christentum und nicht das Judentum ist also die wahre ursprüngliche und offenbarte Religion, der Erbe aller göttlichen Verheißungen.

Wir können jetzt verstehen, warum Lukas es für unmöglich hält, Markus‘ Geschichte von einer Missionsreise Jesu an „den Küsten von Tyrus und Sidon“ zu übernehmen, und warum er nicht einmal den Namen Cæsarea Philippi erwähnt. Seine Methode, Mark vi wegzulassen. 45—viii. 26 ist radikaler als Matthäus, aber sein Motiv ist ähnlich. Das zentrale Thema dieses Teils des Markusevangeliums erscheint im Kapitel (Kap. VII), in dem Jesus die Ablehnung der jüdischen Unterscheidung zwischen rein und unrein als „Geboten der Menschen“ schildert und seine Abreise zum Heilen und Predigen nach Phönizien und Dekapolis beschreibt. Dies ist das Thema der zweiten Abhandlung des Lukas; und wie wir gesehen haben, ist seine Lösung des Problems radikal anders. Wenn er nicht zugeben kann, dass sogar Paulus „die Bräuche“ missachtet hat oder Petrus den Heiden gepredigt hat, bis er die ausdrückliche und wiederholte Anweisung des „Geistes“ erhalten hat, sollten wir sicherlich nicht erwarten, dass er die Aussage zugibt, dass Jesus die Unterschiede des Mosaismus ablehnte, erklärte „ alles Fleisch rein“, und als er an die Küsten von Tyrus und Sidon aufbrach, heilte er zunächst die Tochter „eines Heiden“ und setzte anschließend seine Reise „durch Sidon“ und „die Gebiete der Dekapolis“ fort, wobei er die symbolischen Wunder des Öffnens tauber Ohren und Blinder wiederholte Augen und Speisung mit Broten und Fischen. Selbst wenn dieser vermeintliche Dienst Jesu unter den Heiden auf einer viel stärkeren historischen Wahrscheinlichkeit stünde, als dies leider der Fall ist (*vgl.* Röm. xv. 8), könnte er logischerweise nicht in das Werk des Lukas aufgenommen werden, ohne eine solche aufzugeben seiner festesten Überzeugungen und eine Neufassung seiner beiden Abhandlungen.

Lukas war wahrscheinlich nicht der erste, der sein Werk in eine „frühere Abhandlung“, die „sowohl“ die Worte und Taten Jesu „bis zu seiner Aufnahme in den Himmel“ abdeckte, als auch in eine zweite, die dem Werk der Apostel nach deren Aufnahme gewidmet war, aufteilte erhielt den Auftrag, das Evangelium „bis an die Enden der Erde“ zu verkünden. „Viele“, wie er uns erzählt, hatten sich bereits daran gemacht, „Erzählungen“ (*diegeses*) dieser Art zu verfassen, von denen diejenige, die Lukas selbst hauptsächlich verwendet hat, ursprünglich, wie wir schlussfolgerten, eine Fortsetzung wie seine eigene Apostelgeschichte hatte . Es gibt sogar Merkmale der Petrus-Quelle der Apostelgeschichte, die sie insbesondere mit der römischen Lehre in Verbindung *bringen* (z . B. Apg xii. 12). Sein Gleichgewicht zwischen Petrus und Paulus und sein Abschluss mit der Etablierung des Christentums in Rom lassen auch darauf schließen, dass der größte Teil der zweiten Abhandlung des Lukas *letztendlich* aus derselben Quelle stammte wie seine erste. Aber die Aufteilung des Werkes in zwei Teile: (1) das Evangelium unter den Juden; (2) Das Evangelium unter den Heiden hätte sich unabhängig von einem solchen Präzedenzfall aus dem gesamten Zweck und der Struktur des Werkes ergeben. Das Christentum muss im Lichte seines Ursprungs und trotz der Feindseligkeit der Juden, unter denen es entstand und deren heilige Schriften es übernimmt, als die ursprüngliche, wahre, offenbarte Religion bewiesen werden. Um dies zu beweisen, muss gezeigt werden, dass die Ablehnung und Kreuzigung Jesu durch sein eigenes Volk als Folge seines irdischen Dienstes nicht darauf zurückzuführen war, dass er selbst dem Ideal der betreffenden Heiligen Schrift nicht entsprochen hatte, sondern auf deren Perversität *und* vorsätzliche Blindheit . Wenn es in der früheren Abhandlung wichtig ist, zu beweisen, dass der Widerstand der herrschenden Autoritäten unter den Juden auf diese Perversität und Eifersucht zurückzuführen war, so ist es mindestens ebenso wichtig zu zeigen, dass die Niedrigen und Gläubigen ihn gerne aufnahmen. Daher die besondere Gastfreundschaft des Lukas gegenüber Material, das zeigt, wie Jesus die demütigeren und ausgestoßenen Klassen, die Armen und Geringen, Frauen, Samariter, Zöllner und Sünder angenommen hat. Die idyllischen Szenen seiner Geburt und Kindheit spielen unter Männern und Frauen dieser Art alttestamentlicher Frömmigkeit, die still „auf das Reich Gottes warten". Während seiner Karriere sind es diese, die ihn empfangen und an ihm festhalten. Sogar auf Golgatha muss sich *einer* der Diebe dieser Schar frommer und reumütiger Gläubiger anschließen. Die Predigt Jesu beginnt mit seiner Ablehnung durch seine eigenen Mitbürger, nur weil „kein Prophet in seinem eigenen Land akzeptiert wird"; Allerdings beweist er vor ihrem Versuch, ihn zu töten, anhand der Heiligen Schrift, wie Elia und Elisa zu den Heiden gesandt worden waren. Sein Dienst endet damit, dass er den Jüngern nach seiner Auferstehung von „Mose und allen Propheten" demonstriert, dass „es notwendig war, dass der Christus leiden musste, bevor er in seine Herrlichkeit eintrat", und dass er nach seiner Ablehnung durch Israel „Reue und Vergebung der Sünden" forderte sollte in seinem Namen unter allen Nationen gepredigt werden, beginnend in Jerusalem."

Die zweite Abhandlung zeigt, wie dieser Plan Gottes, die Verbreitung des wahren Glaubens durch den Ungehorsam und die Verhärtung seiner ersten Hüter zu sichern, verwirklicht wurde, wobei der Schwerpunkt immer auf der Tatsache lag, dass dies nur dann der Fall war, wenn die Juden dem „widersprachen und lästerten". Die Apostel sagten: „Es war notwendig, dass das Wort Gottes zuerst zu euch gesprochen wurde. Aber da ihr es euch entzieht und euch selbst für unwürdig des ewigen Lebens haltet, siehe, da wenden wir uns an die Heiden." Es besteht keinerlei Interesse an den späteren Schicksalen Jerusalems und des jüdischen Christentums, noch nicht einmal am Schicksal von Petrus und Jakobus, nachdem dieser Übergang auf nichtjüdischen Boden vollzogen wurde. Es besteht kein Interesse an der Verbreitung des Christentums als solchem in Ägypten, Äthiopien, der Cyrenaika, Zypern und Mesopotamien; aber nur dort, wo der Konflikt um den jeweiligen Anspruch von Juden und Nichtjuden tobt, der wahre Erbe der Verheißungen zu sein, *d . h . e.* das Missionsfeld des Paulus. In den einzelnen Zentren geht die Geschichte gerade weit genug, um zu erzählen, wie das Evangelium den Juden angeboten und abgelehnt wurde, was sie zum Rückzug aus der Synagoge zwang, und danach wird sie im nächsten Zentrum mit geringfügigen Abweichungen noch einmal erzählt . Das Buch endet mit einer Wiederholung der stereotypen Szene in Rom selbst, trotz der Darstellung der verwendeten Quelle, dass dort schon lange vor der Ankunft des Paulus eine wichtige Kirche existiert habe, und endet mit einem Zitat der klassischen Passage aus Jesaja. vi. 9 *f.* um Gottes ursprüngliche Absicht zu beweisen, das Herz Israels zu verhärten, damit „sein Heil den Heiden gesandt" werden könne. Das Schicksal von Paulus selbst interessiert Lukas im Vergleich zu dieser Demonstration des Christentums als der einzigen ursprünglichen, offenbarten Religion, die im Judentum so eingeschlossen ist, wie die Samen in der verhärtenden Samenschale eingeschlossen sind, bis sie durch deren Platzen verbreitet werden, dass er sie verlässt unerwähnt, ebenso wie der Tod aller anderen Kirchenführer, deren Tod nicht direkt zum Prozess beitrug.

Viele und von entscheidender Bedeutung für die Entwicklung der Evangeliumsgeschichte, wie wir sie kennen, wie die Quellen von Lukas, sowohl durch seine eigene Aussage (Lukas 1 , 1) als auch durch die internen Beweise seines Werkes, hat er die Analyse dadurch äußerst erschwert gekonnte und aufwendige stilistische Stickereien, mit denen er die Lücken und Nähte überdeckt. Auch ist dies kein geeigneter Anlass, das Feld des höheren Kritikers zu betreten. Die Lukas-Apostelgeschichte repräsentiert die abgeschlossene Entwicklung und nicht die naiven Anfänge dieser Art von Literatur des Kirchenlehrers. Wir haben Anlass zu der Annahme gesehen, dass wir möglicherweise Spuren der früheren „Erzählungen" (*Diegeses*) haben, auf die Lukas sich bezieht, und zwar nicht nur im großen römischen Werk des Markus, sondern auch in einem Teil des Q-Materials selbst. Wenn Antiochia der Ursprungsort dieser frühen Quelle war und wenn hier auch die Archive der Missionstätigkeit gefunden wurden, aus denen das berühmte Tagebuch stammte, das in Apostelgeschichte XVI.-XXVIII. verwendet wurde, dann war der Beitrag dieser Kirche zur Evangeliumsgeschichte so groß, dass sie Antiochia hervorbrachte das geeignete Zentrum für die große „historische" Interpretationsschule des vierten und fünften Jahrhunderts. Wenn wir das vorherrschende Motiv von Lukas und seine außerordentliche Verherrlichung der „apostolischen" Autorität betrachten, scheinen wir die Atmosphäre von Ignatius zu atmen, dem großen Apostel des Kirchentums und der apostolischen Ordnung, Disziplin und Nachfolge. Auch Ignatius' Hass auf den Doketismus ist nicht ohne eine gewisse Vorwegnahme in den ersten und letzten Kapiteln des Lukasevangeliums und vielleicht auch in der Tatsache, dass der große Auszug aus dem Markusevangelium mit der Geschichte vom Wandel auf dem Meer beginnt (Markus VI, 45). -52).

KAPITEL VIII

DIE JOHANNESISCHE TRADITION.
PROPHEZEIUNG

In Paulus' Aufzählung der „Gaben", durch die der Geist verschiedene Klassen von Menschen befähigt, auf unterschiedliche Weise auf der Struktur der Kirche aufzubauen, steht die Klasse der „Propheten" an zweiter Stelle nach der der „Apostel", ein Rang, der sogar noch höher ist (als offensichtlicher „spirituell") zu dem von „Pastoren und Lehrern". Die Apostelgeschichte zeigt uns als auffälligstes Zentrum der „Prophezeiung" das Haus Philipps des Evangelisten in Cäsarea . Dieser Mann hatte vier unverheiratete Töchter, die prophezeiten, und in seinem Haus erhielt Paulus von einem gewissen Agabus, der aus Judäa herabgekommen war, eine „prophetische" Warnung vor seinem Schicksal . Es gab auch Propheten in Antiochia (Apostelgeschichte XIII, 1), obwohl die einzigen, die namentlich erwähnt werden, derselbe Agabus [24] und Silas oder Silvanus sind, der ebenfalls aus Judäa stammt . In der *Lehre der Zwölf* erscheint der „Prophet" immer noch unter den regulären Funktionären der Kirche, zumeist ein Reisender von Ort zu Ort und mehr oder weniger verdächtig, wie es in Rom der Fall ist, wo Hermas Ehrfurcht empfindet für den „Engel", der durch den wahren Propheten spricht, mit Warnungen vor dem Egoismus. Im 1. Johannesevangelium stellen die „falschen Propheten" eine ernsthafte Gefahr dar, da sie überall, wo sie hingehen, doketische Häresie verbreiten . Tatsächlich war diese Häresie, wie wir wissen, die große Gefahr in Asien. Obwohl Asien von umherziehenden falschen Propheten geplagt wurde, war es zu dieser Zeit auch zu einem bemerkenswerten Ort wahrer und authentischer Prophezeiung geworden; denn derselbe Papias, der solche Sympathie mit Polykarp gegenüber denen zeigt, die „die Worte des Herrn zu ihren eigenen Begierden verdrehten" und sich, wie Polykarp riet, „der von Anfang an überlieferten Tradition" zugewandt hatte, hatte ähnliche Mittel für um denjenigen entgegenzuwirken, die „die Auferstehung und das Gericht leugneten". Zu denjenigen, auf die er sich als Vertreter der apostolischen Lehre vor allem stützte, gehörten zwei derselben prophetischen Töchter Philipps des Evangelisten, die mit ihrem Vater aus Cäsarea eingewandert waren Palästina nach Hierapolis, wobei eine Frau, die geheiratet hatte, bis zu ihrem Tod in Ephesus ansässig blieb. Noch zur Zeit des Montanus (150-170) führten die „Phrygier" ihre Nachfolge von Propheten und Prophetinnen auf Silvanus und die Töchter Philipps zurück.

Wir können nicht sicher sein, dass die Überlieferungen, die Papias von diesen Prophetinnen berichtete, aus erster Hand stammen, obwohl es nicht unmöglich ist, dass Papias sie selbst gesehen hat. Es ist jedoch sicher, dass viele seiner Traditionen von „den Ältesten" mit Eschatologie zu tun hatten und darauf abzielten, den materiellen und konkreten Charakter der Belohnungen des Königreichs zu beweisen; denn wir haben mehrere Beispiele dieser Überlieferungen, die Jesus apokryphe Beschreibungen der wunderbaren Fruchtbarkeit Palästinas in der kommenden Herrschaft des Messias zuschreiben und sich auf die Wohnorte der Seligen konzentrieren. Darüber hinaus macht Eusebius Papias für die groben Ideen von Irenäus und anderen Vätern des zweiten Jahrhunderts verantwortlich, die die Ansichten vertraten, die „chiliastisch" genannt wurden (*d*. *h*. basierend auf der „tausendjährigen" Herrschaft Christi in Offb. xx, 2 *f.*). Wir wissen auch, dass Papias die „Vertrauenswürdigkeit" der Offenbarung verteidigte, eines Buches, das den „Chiliasten" in den nächsten fünfzig Jahren als große Autorität in ihrem Kampf gegen die Leugner der Auferstehung diente. Er zitierte daraus tatsächlich die oben erwähnte Passage; Wenn also nach einem Grund dafür gesucht werden muss, dass er „Johannes und Matthäus" gemeinsam am Ende seiner Liste der sieben Apostel statt an ihrer üblichen Stelle platzierte, liegt dies wahrscheinlich daran, dass sie seine ultimativen apostolischen Autoritäten für das „Wort der Prophezeiung" waren für das „Gebot des Herrn". Justin Märtyrer, Papias' Zeitgenosse in Rom, obwohl er in Ephesus konvertiert und in seiner Denkweise zweifellos vom asiatischen Paulinismus bestimmt war, hat, wie Papias, nur zwei *Autoritäten* für seine Evangeliumslehre: (1) das Gebot des Herrn, das in der Bibel dargestellt wird Petrus- und Matthäus- Tradition; (2) Prophezeiung, dargestellt in der christlichen Fortsetzung der alttestamentlichen Gabe. Diese zweite Autorität kann jedoch nicht ohne die Unterstützung der Apostolizität in Anspruch genommen werden. Die Offenbarung wird als „unsere Schriften" zitiert, wie „die Erinnerungsstücke der Apostel, sogenannte Evangelien", aber nicht ohne die zusätzliche Zusicherung, dass der Seher „Johannes, einer der Apostel *Christi* " war.

Denn „Prophezeiung", wie auch immer anderswo verwendet, war ihrem Ursprung nach eindeutig ein palästinensisches Produkt. Ihr Handelsschwerpunkt war die jüdische Eschatologie, wie sie in der langen Reihe von Autoren der „Apokalypse" seit Daniel (165 v. CHR .) entwickelt wurde. Von der Natur dieser merkwürdigen und fantastischen Art von Literatur haben wir einige Beispiele im 2. Thessalonicherbrief und in der synoptischen Eschatologie gesehen (Markus xiii. = Matthäus xxiv. = Lukas xxi.). Mehr kann man erfahren, wenn man die zeitgenössischen jüdischen Schriften dieser Art, die als 2. Esdras und die Apokalypse von Baruch bekannt sind, vergleicht. Ältere Beispiele finden sich in den Prophezeiungen und Visionen, die angeblich von Henoch stammen. Denn die Apokalypse wurde zum Nachfolger der wahren Prophezeiung in dem Maße, wie der Verlust der eigenständigen nationalen Existenz Israels und die Erweiterung seines Horizonts es dazu zwangen, seine messianischen Hoffnungen transzendental und seine Vorstellung vom Königreich kosmisch zu machen. Daher kommt all die Phantasmagorie allegorischer Monster, Geister und Dämonen, der große Konflikt nicht mehr gegen Assyrien und Babylon, sondern ein Krieg der Mächte des Lichts und der Dunkelheit, des Himmels und der Hölle. Doch immer noch dreht sich alles um Jerusalem als die ultimative Metropole der Welt, deren Reiche, die jetzt der Führung Satans ausgeliefert sind, bald unter ihren Füßen liegen werden.

Eine solche Eschatologie des göttlichen Gerichts und der göttlichen Belohnung ist eine fast notwendige Ergänzung zum legalistischen Religionstyp. Wenn das Christentum als ein System von Geboten verstanden wird, die von übernatürlicher Autorität auferlegt werden, muss es als Beweggrund für den Gehorsam ein System übernatürlicher Belohnungen und Strafen haben. Nicht nur, weil der Legalismus der Schriftgelehrten jahrhundertelang tatsächlich eine entsprechende Entwicklung der Apokalypse mit Visionen des großen Gerichts und des Tages Jahwes erlebt hatte, sondern auch aufgrund einer inhärenten und notwendigen Affinität zwischen beiden blieb „ Judæa " bestehen auch in der Zeit des Neuen Testaments die Heimat der „Prophezeiung" sein.

Allerdings scheint das einzige großartige Beispiel dieser Art von Literatur, dem (etwas widerwillig) gestattet wurde, einen Platz im Kanon des Neuen Testaments zu behalten, auf den ersten Blick eindeutig und eindeutig ein Produkt von Ephesus zu sein. Von keinem Buch gibt es in der frühen Überlieferung eine so klare und eindeutige Aussage wie in der Offenbarung. Seit der Zeit des Paulus stießen die jüdischen Auferstehungsvorstellungen im griechischen Geist auf Widerstand. Der Grieche akzeptierte bereitwillig die Unsterblichkeit, aber die Grobheit des jüdischen Millenarismus mit der Rückkehr der Toten aus dem Grab für eine sichtbare, konkrete Herrschaft des Messias in Palästina stieß ihn ab. Die Darstellung der Apostelgeschichte XVII. 32 wird durch die ständige Anstrengung von Paulus in seinen griechischen Briefen, die Stolpersteine dieser Lehre zu beseitigen, vollständig bestätigt. Es ist daher keine Überraschung, dass die „Prophezeiung" der Offenbarung und insbesondere ihre Lehre von der tausendjährigen Herrschaft des Messias in Jerusalem zumindest seit Melito von Sardes (167) und wahrscheinlich seit Papias umstritten sind (145). Glücklicherweise brachten die Kontroversen mit ungewöhnlicher Bestimmtheit und schon in frühester Zeit positive Aussagen über den Ursprung des Buches hervor. Irenäus (186) erklärte es zu einem Werk des Apostels Johannes, das ihm „am Ende der Herrschaft Domitians" in einer Vision gegeben wurde. Das gleiche Datum (93) lässt sich aus Aussagen von Epiphanius über die Geschichte der Kirche in Thyatira ableiten. Justin Martyr (153) bürgt, wie wir gesehen haben, für die entscheidende Passage (Offb. xx, 2 *f.*) als „einer von uns, Johannes, ein Apostel des Herrn". Papias (145) bürgte zumindest für seine Orthodoxie, wenn nicht sogar für seine Authentizität. Es besteht kein vernünftiger Zweifel daran, dass es zu Beginn des zweiten Jahrhunderts in Asien trotz aller Widerstände akzeptiert wurde, da es die Autorität des Apostels Johannes repräsentierte und dort um das Jahr 1900 erschienen war . 95. Tatsächlich gibt es kein Buch des gesamten Neuen Testaments, dessen äußeres Zeugnis mit dem der Offenbarung in Bezug auf Nähe, Klarheit, Bestimmtheit und Bestimmtheit der Aussage vergleichbar wäre. Johannes ist ebenso eindeutig der Vater der „Prophezeiung" in der Tradition des zweiten Jahrhunderts wie Matthäus von „Dominical Precepts" und Petrus von „Narratives".

Darüber hinaus soll das Buch selbst auf Patmos geschrieben worden sein, einer Insel vor der Küste Asiens. Es spricht im Namen von „Johannes" als einer sehr hohen und außergewöhnlichen Autorität, die allen sieben wichtigen angesprochenen Kirchen wohlbekannt ist, von denen die erste „Ephesus" ist. Durch die Bezugnahme auf lokale Namen und Gegebenheiten beweist es nach dem Urteil aller bedeutendsten modernen Gelehrten sogar, dass es tatsächlich zum ersten Mal (zumindest zum ersten Mal in seiner jetzigen Form) in Ephesus nicht weit das Licht der Welt erblickte ab 95 N . Chr.

Man könnte meinen, die Argumente für apostolische Authentizität könnten kaum stärker sein. Und doch hatte kein Buch des Neuen Testaments, weder in der Antike noch in der Neuzeit, solche Schwierigkeiten, seinen Platz im Kanon zu behaupten. Es muss auch gesagt werden, dass kein Buch einen stärkeren internen Beweis dafür liefert, dass es mindestens zwei sehr unterschiedliche Phasen im Entwicklungsprozess zu seiner heutigen Form durchlaufen hat.

Die Theorie vom „anderen John" ist tatsächlich vergleichsweise modern. Niemand träumte von einer solchen Lösung, bis Dionysius von Alexandria in seinem Streit mit Nepos, dem Chiliasten, die Vermutung zögernd vorbrachte. Schon damals (ca. 250) konnte Dionysius (obwohl er das kleine Werk des Papias gekannt haben muss) an keinen anderen Johannes in Ephesus denken als an den Apostel, es sei denn, es wäre vielleicht Johannes Markus! Es ist Eusebius, der ihm freudig bei der Entdeckung von „Johannes dem Älteren" in Papias hilft. Aber Eusebius selbst gibt offen genug zu, zuzugeben, dass Papias nur „Überlieferungen des Johannes" zitierte und ihn „häufig in seinen Schriften erwähnte". Wenn wir Papias' eigene Worte lesen, ist es offensichtlich, dass sie nichts dergleichen beweisen, obwohl sie von Eusebius ausdrücklich zitiert werden, um den umstrittenen Punkt zu beweisen, sondern eher das Gegenteil implizieren, nämlich: dass Johannes der Ältere, obwohl ein Zeitgenosse von Papias, nicht zugänglich war, sondern ihm nur aus zweiter Hand durch Berichte von Reisenden bekannt war, die „auf ihn zukamen". Kurz gesagt, wie wir gesehen haben, waren „

Aristion und Johannes der Ältere" die überlebenden Mitglieder einer Gruppe von „Aposteln, Ältesten und Zeugen des Herrn" in Jerusalem. Wenn man also die „Prophezeiungen" von Rev. iv.-xxi. Gegen diesen Ältesten konnte es in Bezug auf die Lehre keine ernsthaften Einwände geben, denn den von Papias berichteten „Überlieferungen des Johannes" mangelte es nicht an tausendjähriger Färbung . Nur handelt es sich nicht um die „Prophezeiungen" von Rev. IV.-XXI. die die Verweise auf „Johannes" enthalten, aber den einschließenden Prolog und Epilog; und diese befassen sich ebenso ausschließlich mit den Kirchen Asiens wie die „Prophezeiungen" mit dem Streit zwischen Jerusalem und Rom.

Das zweite Jahrhundert ist, wie wir gesehen haben, einstimmig darin, jeden anderen Johannes in Asien außer dem Apostel von der Betrachtung auszuschließen, und wenn der Verfasser von Offb . und xxii. Obwohl er ausnahmslos diesen Eindruck bei allen zeitgenössischen Köpfen hervorrief, auch bei solchen, die sich dem Buch und seiner Lehre widersetzten, ist es äußerst wahrscheinlich, dass dies seine Absicht war. Die Leugner der Auferstehung und des Gerichts machten Polykarp, Papias, Justin, Melito und Caius nicht darauf aufmerksam, dass sie zwei Johannes verwechselten und dem Apostel das Werk eines bloßen Ältesten zuschrieben. Sie erklärten die Zuschreibung an Johannes rundheraus für fiktiv; und da die internen Beweise aus dem Zustand der Kirchen und dem Wachstum der Häresie in chh . ich .-iii. und die kaiserliche Erbfolge bis hin zu Domitian in chh . xiii. und xvii. Wenn wir zugeben, dass der Apostel Johannes schon vor langer Zeit „von den Juden getötet" worden war, [25] haben wir keine andere Wahl, als HYPERLINK "https://gutenberg.org/files/39288/39288-h/39288-h.htm" \l "Footnote_25_25" das in der Antike angegebene Datum (*ca. 93) zu bestätigen* , als anzunehmen, dass dieses Buch, wie fast alle anderen Bücher der „Prophezeiung" sind in der Tat pseudonym. Daraus folgt nicht, dass derjenige, der im Prolog und Epilog (1. 1 *f.* , 4, 9; xxii. 8) den Namen „Johannes" annimmt, um dem Leser eindeutig zu sagen, wer der Prophet ist, sich einer absichtlichen Falschdarstellung schuldig gemacht hat. Wenn durch Kritik etwas klargestellt werden kann, dann ist klar, dass die Prophezeiungen nicht seine eigenen waren. Sie stammen aus einer namenlosen Quelle. Die „Pseudonymität" besteht lediglich darin, eine Vermutung mit dem Anschein einer unbestreitbaren Tatsache zu versehen.

Aber warum sollte ein Schriftsteller, der die von ihm verkündeten „Prophezeiungen" mit apostolischer Autorität kleiden wollte, nicht mutig den Titel „Apostel" annehmen, wie es der Autor des 2. Petrusbriefes getan hat, als er den Judasbrief in ähnlicher Weise adaptierte? Warum, wenn er überhaupt den Namen des gemarterten Apostels Johannes annimmt, sagt er dann nicht: „Ich, Johannes, ein *Apostel* oder *Jünger des Herrn* ", und begnügt sich mit der bescheideneren Bezeichnung und Autorität eines „Propheten"?

Diese Frage konfrontiert uns mit den bemerkenswertesten Strukturphänomenen des Buches und kann erst dann verständlich beantwortet werden, wenn wir sie berücksichtigt haben.

Das herausragende Merkmal der Offenbarung ist die Adaption literarischen Materials, das sich mit einer historischen und geografischen Situation befasst und auf diese anwendbar ist, auf eine andere, fast völlig andere Situation. Die Eröffnungskapitel, die „Johannes" Vision von Patmos und den Zuständen und Gefahren der sieben Kirchen Asiens gewidmet sind, verwenden tatsächlich einige der inhaltlichen Ausdrücke des Buches. Die Verheißungen des Geistes an die Kirchen erinnern an die Herrlichkeit des Neuen Jerusalem in der abschließenden Vision des Sehers. Es gibt einige Hinweise auf die örtliche Verfolgung in Smyrna, die von den Juden angezettelt wurde („eine Synagoge Satans") und die „zehn Tage" dauern soll, und in der Botschaft an die Kirche gibt es einen vereinzelten Hinweis auf ein Martyrium längst vergangener Tage Kirche in Pergamon (ii. 13) erinnert entfernt an das Blut und das Leid, von dem das Werk voll ist. Das sollten wir natürlich von einem Adapter bestehender „Prophezeiungen" erwarten. Aber das Gegenteil, *ich* . *e*. Die Berücksichtigung der historischen Bedingungen von Ephesus und seinen Schwesterkirchen seitens des Gesamtwerks fehlt absolut. Einerseits die Situation der Paulinerkirchen an der Ostküste der Ägäis in DEN JAHREN 93–95 n. Chr. Der Prolog und der Epilog (Offb. I. -III. und XXII. 6-21) befassen sich mit diesen Kirchen Asiens und ihrer Entwicklung im Glauben, insbesondere ihrem Wachstum in guten Werken, ihrer Reinheit von den Verunreinigungen der Welt und ihrem Widerstand zum Vordringen der ketzerischen Lehre. Die durch „Johannes" übermittelte Botschaft des Geistes soll die Mitglieder dieser Kirchen zu einem reinen Leben angesichts der Versuchungen zur Weltlichkeit und Unreinheit ermutigen. Kurz gesagt, die Briefe an die Kirchen gehören hinsichtlich ihres Gegenstands und der Situation, mit der sie konfrontiert sind, in die gleiche Klasse wie die Pastoralbriefe, den Judasbrief und den 2. Petrusbrief. obwohl sie so geschrieben sind, dass sie apokalyptische Visionen beinhalten, die sich mit einer völlig anderen Situation befassen.

Die Visionen nehmen dagegen (prokonsularisches) Asien und seine Probleme nicht im Geringsten zur Kenntnis. Ihr Schauplatz ist Palästina, ihr Thema das Ergebnis des qualvollen Kampfes Jerusalems gegen Rom. Ab dem Zeitpunkt der Schwelle von iv. 1 gekreuzt ist, gibt es kein Bewusstsein über die Existenz von Orten wie Ephesus, Smyrna und Thyatira. Die Szenen sind palästinensischer Natur. Das große Schlachtfeld ist Har- Magedon (*d* . *h*. Stadt Megiddo, in der Ebene von Esdraelon, Schauplatz von Josias Sturz, 2. Könige xxiii. 29 *f*.). „Die Stadt", „die große Stadt", „die heilige Stadt" ist Jerusalem; obwohl „spirituell (in der Allegorie) es Sodom und Ägypten genannt wird" (*d* . *h*. ein Ort, aus dem die Heiligen fliehen, um seinem

Untergang zu entgehen). Wenn die Heiligen vor der Unterdrückung des Drachen fliehen, dann in die „Wüste". Wenn die eindringenden Horden hereinstürmen, geschieht dies von jenseits des „Euphrats". Wenn die Erlösten in Begleitung Christi erscheinen, geschieht das auf dem Berg Zion; Sie bilden eine Armee von 144.000 Mann, zwölftausend aus jedem der zwölf Stämme. Zwei antagonistische Mächte stehen sich gegenüber. Auf der einen Seite steht Jerusalem und sein Tempel, der jetzt den Heiden übergeben wurde, um ihn vierzig und zwei Monate lang mit Füßen zu treten, auf der anderen Seite Rom, nicht mehr wie bei Paulus eine wohltätige und schützende Macht, sondern die Stadt der Tier, Babylon, die große Hure, über deren bevorstehendes Gericht die Heiden trauern werden, aber alle Diener Gottes jubeln. Das wiederaufgebaute und verherrlichte Jerusalem, die Metropole der Welt, Sitz und Wohnsitz Gottes und seines Christus, wird den Platz Roms einnehmen, den Sitz des Tieres und des falschen Propheten. Die Tore dieses neuen Jerusalems werden offen stehen, um den Tribut aller nichtjüdischen Nationen entgegenzunehmen, und auf ihnen werden die Namen der zwölf Stämme Israels stehen. Auf den Fundamenten der Stadtmauer werden „die Namen der zwölf Apostel des Lammes" stehen.

All dies ist ein kumulativer Beweis dafür, dass der Horizont des Sehers von Rev. iv.-xx. ist das von Palästina. Seine Erweiterung in den einleitenden „Briefen des Geistes an die Kirchen" auf die sieben Kirchen (Prokonsular-)Asiens ist in seiner Art ebenso begrenzt wie das Original. Der spätere Autor fügt lediglich das besondere Gebiet, in dem er die „Prophezeiung" verbreiten möchte, mit seinen besonderen Interessen hinzu; Es besteht kein wirklicher Zusammenhang zwischen den beiden Teilen.

Es ist ein äußerst komplexes Problem, die verschiedenen Stränge dieses seltsamen und fantastischen Werks zu entwirren, obwohl wir sicher sind, dass wir es hier mit einem Konglomerat zu tun haben, dessen Materialien aus verschiedenen Epochen stammen. Einige Elemente, wie z. B. ch. xi. über das Schicksal Jerusalems scheinen teilweise aus der Zeit vor 70 zu stammen; andere, wie z.B. ch. xviii. über das Schicksal Roms zeigen, dass der Zeitraum, obwohl er ursprünglich für die Umstände der Regierungszeit von Vespasian oder Titus verfasst wurde, erweitert wurde, um zumindest den Beginn der Herrschaft von Domitian einzubeziehen. [26] Der Autor stützt sich hauptsächlich auf die hebräischen apokalyptischen Propheten wie Hesekiel, Daniel und Henoch, aber er war einer ursprünglich nichtjüdischen Mythologie wie der Lehre von den sieben Geistern Gottes und dem Konflikt zwischen Michael und den Seinen nicht ganz unwirtlich gegenüber Engel mit dem Drachen. Er deutet an, dass seine Prophezeiungen nicht auf eine Zeit oder ein Volk beschränkt waren (x. 11). Wenn er den „hebräischen" Namen des Engels des Abgrunds, „Abaddon", in sein griechisches Äquivalent übersetzt (ix. 11) oder hebräische Zahlenäquivalente für die Buchstaben des

Namens eines Mannes verwendet (xiii. 18), ist es Es ist nicht schwer zu erraten, dass diese Prophezeiung zumindest ihren Ursprung in Palästina hatte. Tatsächlich gibt es kein anderes Land, in dem die geografischen Bezüge zutreffen, und keine andere Zeit außer der kurz nach dem Sturz Jerusalems durch Titus, die die hier vorausgesetzte historische Situation bietet, in der die Anbetung „des Tieres und seines Bildes" gefordert wird die Heiligen durch den irdischen Herrscher (Domitian), und der Sturz der Sieben-Hügel-Stadt durch einen ihrer eigenen Herrscher im Bunde mit geringeren Mächten wird erwartet, um die den Juden zugefügten Leiden zu rächen. Was diese Hoffnung auf den Sturz Roms betrifft, wissen wir, dass die Legende von Neros voraussichtlicher Rückkehr an der Spitze parthischer Feinde, um sein Reich zurückzuerobern, unter Domitians Herrschaft in Kleinasien an Bedeutung gewann, und diese Legende wird sicherlich in Offb. XIII entwickelt . und xvii. Andererseits hörte der Autor, auch wenn er jemals nach Asien kam, nicht auf, ein palästinensischer Jude zu sein. Er operiert ausschließlich (nach IV. 1) mit den Materialien und Interessen der jüdischen und jüdisch-christlichen Apokalypse. Er hat überhaupt kein Interesse an den Kirchen Asiens. Er verrät mit keiner Silbe das Wissen um ihre Existenz, ganz zu schweigen von ihren Gefahren, ihren Häresien, ihren Versuchungen. Er macht deutlich, dass er ein christlicher Prophet ist (X. 7-11), und (für uns) fast ebenso deutlich, dass er *nicht* einer der zwölf Apostel ist, deren Namen er auf den Grundsteinen des Neuen geschrieben sieht Jerusalem (xxi. 14). Aber da seine Prophezeiung mit all ihren heterogenen Elementen mit dem endgültigen Triumph des Messias und der Errichtung seines Königreichs nach dem Sturz der Macht Satans zu tun hatte – da sie „die Zeit der Toten, die gerichtet werden müssen, und ..." darstellte die Zeit, deinen Dienern, den Propheten, und den Heiligen und denen, die deinen Namen fürchten, ihren Lohn zu geben", konnte es nicht umhin, von orthodoxen Christen in (prokonsularischem) Asien begrüßt zu werden. Denn die Kirchen Asiens befanden sich zu dieser Zeit in einem heftigen Kampf gegen die ketzerischen Leugner der Auferstehung und des Gerichts. Nur konnte eine bloß anonyme Prophezeiung aus Palästina in Asien keine maßgebliche Geltung erlangen. Um selbst unter den Orthodoxen akzeptiert zu werden, muss ihm ein Name von apostolischer Bedeutung beigefügt werden, wie wir im Fall der beiden Petrusbriefe sowie der Briefe des Jakobus und des Judas sehen. Die Briefe des Geistes an die Kirchen sind also echte „Empfehlungsbriefe", als würden sie einen lebenden Propheten vorstellen und nicht nur eine schriftliche Prophezeiung. Der Johannes, den sie vorstellen, wird aus dem ganz einfachen Grund nicht als Apostel bezeichnet, weil die Visionen selbst ihren Empfänger überall als „Propheten" bezeichnen. Der Autor des Prologs und des Epilogs lässt die Sprache seines Materials nicht außer Acht. Wie wir gesehen haben, webt er die Phraseologie sorgfältig in die „Buchstaben" ein. So auch mit der Einfügung des Namens „John". Es kommt nirgendwo anders vor als in i . 1 *f.* , 4, 9 und xxii. 8 *f.* Alle diese Passagen, insbesondere aber xxii. 8 *f.* , basieren auf xix. 9 *b* , 10, wobei zur Darstellung nichts außer dem Namen „John" und dem Ort „Patmos" hinzugefügt wird. Tatsächlich, xxii. 6-9 gibt xix wieder. 9 *f.* , größtenteils wörtlich, obwohl es eindeutig nicht anzunehmen ist , dass der Seher der ersten Passage sich so vorstellen sollte, als würde er sich ein *zweites* Mal zur Anbetung des Engels opfern und *erneut* genau die gleiche Zurechtweisung erhalten, die er so kurz zuvor erhalten hatte. Er, der sich in xxii „John" nennt. 8 ist daher *nicht* der Prophet von xix. 10. Der Epilog selbst hat offenbar sukzessive Ergänzungen und der Prolog sein Präfix erhalten; aber wer den Namen Johannes einfügt, hat dies mit Vorsicht getan. Er hatte vielleicht nicht die Absicht, die von Dionysius und Eusebius festgestellte Unklarheit zwischen dem Apostel und dem Ältesten als Zufluchtsort im Falle einer Anschuldigung offen zu lassen, aber er achtete zumindest darauf, die Grenzen des von ihm wiedergegebenen Textes nicht zu überschreiten. Der Seher bezeichnete sich selbst als einen „ *Propheten* ", der mitten in großer *Drangsal* über das *Königreich schrieb,* das denen folgen sollte, die *durchgehalten haben* . Er hatte gesagt, dass er „wahre *Worte Gottes* " von einem *Engel erhalten habe* , der erklärte: „Ich bin ein Mitknecht *mit* dir und deinen *Brüdern* , *die das Zeugnis Jesu* haben " (*d . h.* das Bekenntnis des Märtyrertums). Der Prolog beschreibt „Johannes" dementsprechend als einen *Diener* Jesu, der von einem *Engel* das *Wort Gottes* und *das Zeugnis Jesu* empfing (i . 1 *f.*). Er ist ein *Bruder* und Teilhaber der *Drangsal* , des *Königreichs* und *des Ausharrens* , die in Jesus sind. Als er nach Asien kommt, geschieht dies „für das *Wort Gottes* und *das Zeugnis Jesu* ". Der Ort, von dem aus er seine prophetische Botschaft verkündet, befindet sich nicht in Ephesus oder in einer anderen Stadt, in der die Bewohner sagen könnten: „Aber der Apostel Johannes war nie unter uns." Er wohnt vorübergehend (als Gefangener in den Steinbrüchen?) auf der wenig besuchten Insel Patmos. Von daher könnte man annehmen, dass er „im Geiste" den Stand der Dinge in den Kirchen Asiens sieht, ohne unbequeme Fragen nach dem Wann, Wie und Warum.

Wir können uns also vorstellen, dass dieses Buch der „Prophezeiung" in der Nähe von Ephesus gegen „das Ende der Herrschaft Domitians" (95) hervorgebracht wurde. Aus dieser Zeit stammen jedoch nur die beigefügten Briefe an die Kirchen und der Epilog, der den Inhalt garantiert. Die „Prophezeiungen", die sich ausschließlich mit der Rivalität zwischen Jerusalem und Rom und dem für Jerusalem und Rom zu vollstreckenden Urteil über ihren rücksichtslosen Gegner befassen, tragen unverkennbare Spuren ihrer palästinensischen Herkunft, nicht nur in den vorausgesetzten historischen und geografischen Situationen. sondern in den „trotzigen" Hebraismen der Sprache und den erklärten Übersetzungen aus „dem Hebräischen". Sie sind ein Import aus Palästina wie „die gesunden Worte, sogar die Worte des Herrn Jesus", auf die in den Pastoralen Bezug genommen wird. Die Kirchen Asiens verspüren die Notwendigkeit einer apostolischen Autorität sowohl gegen die Leugner der Auferstehung und des Gerichts als auch gegen die Verfälscher der Worte des Herrn. Solche Zentren wie die Häuser der prophetischen Töchter Philipps in Ephesus und Hierapolis waren noch besser als andere in der Lage, diesen Bedarf zu decken. Agabus wird nicht der einzige judäische Prophet gewesen sein, der sie besuchte, insbesondere nach der „großen Drangsal", die „die in Judäa " traf. Es ist selbst in christlichen Kreisen nichts Ungewöhnliches an der damaligen Gewohnheit, wenn namenlose „Prophezeiungen" aus einer solchen Quelle übersetzt, bearbeitet und unter dem Deckmantel von Empfehlungsbriefen verbreitet werden, die im Namen von „Johannes" zu einer Zeit geschrieben wurden Johannes hatte tatsächlich sowohl an der Trübsal als auch am Königreich Jesu teilgenommen. Wären sie nicht einem Apostel zugeschrieben worden, hätten sie wohl kaum an Geld gewonnen; denn die Leugnung der Apostolizität dieses Buches hat ihm stets seine Autorität entzogen.

Andererseits hat der eigentliche (palästinensische) Prophet keine so hohe Meinung von sich selbst wie von denen, deren Namen er auf dem Fundament der Mauern des Neuen Jerusalems geschrieben sieht (xxi. 14). Er ist kein Apostel und erhebt auch keinen Anspruch darauf. Er lässt nicht die leiseste Spur einer Verbindung mit dem irdischen Jesus erkennen und zeigt tatsächlich eine Rachsucht gegenüber den Feinden Israels, die mehr vom Geist der Verwünschungspsalmen als vom Geist Jesu hat. Er stellt sich Jesus als einen König und Richter vor, der den Märtyrern himmlische Belohnungen schenkt, was völlig im Widerspruch zu seiner Zurechtweisung von Jakobus und Johannes steht (Markus 10,40). Von der Apostelschaft und der persönlichen Vertrautheit mit Jesus ist dies in der Tat weit entfernt.

Der Hauptwert der Offenbarung für den Forscher christlichen Ursprungs besteht darin, dass er sich anhand ihres klar bestimmbaren Datums (Ephesus, 93-95) an einen Punkt versetzen kann, von dem aus er nicht nur die Zustände der paulinischen Kirchen um sich herum betrachten kann wie in den Briefen dargestellt, verärgert über die wachsende gnostische Häresie und moralische Laxheit, aber auch sowohl rückwärts als auch vorwärts. Der Rückblick zeigt, wie Palästina aus den Schrecken des jüdischen Krieges hervorgeht, erfüllt von Verbitterung gegen Rom, niedergedrückt unter hasserfüllter Tyrannei und der Sehnsucht nach Rache an dem Despoten mit seinen „Namen der Gotteslästerung" und seinen Forderungen nach Anbetung „des Bildes des Gottes". Tier" (Kaiseranbetung). Hier stimmen jüdische Apokalyptik (wie im 2. Esdras) und christliche „Prophezeiung" eng überein. Tatsächlich ist ein beträchtlicher Teil des Materials von Rev. iv.-xxi., insbesondere in Kap . xi.-xii. ist letztlich eher jüdischen als christlichen Ursprungs. Wie sich die christliche „Prophezeiung" in Palästina von der apostolischen Zeit bis zur Zerstreuung der Kirche der „Apostel und Ältesten" nach dem Krieg von Bar

Cocheba (135) entwickelte, können wir nur aus den verwandten jüdischen Apokalypsen und den chiliastischen „Apokalypsen" ableiten. Traditionen der Ältesten", zitiert von Irenäus aus Papias. Ein Blick in die Zukunft von unserem Standpunkt in Ephesus *aus.* 95 n . Chr. zeigt die Auswirkungen des palästinensischen Imports, die sich von Generation zu Generation fortsetzten, zunächst in der langen chiliastischen Kontroverse gegen die doketischen Gnostiker, einschließlich der montanistischen „Prophezeiung"; zweitens im Wachstum eines Anspruchs auf apostolische Nachfolge von Johannes.

(1) In der chiliastischen Kontroverse seit einem Jahrhundert sind die Hauptstreitpunkte die (nicht-paulinische) Lehre von der Auferstehung des *Fleisches* (so das Apostolische Glaubensbekenntnis und die Väter des zweiten Jahrhunderts) und die von einer sichtbaren Herrschaft Christus seit tausend Jahren in Jerusalem. Die neue Form des Auferstehungsevangeliums, die ungefähr zu dieser Zeit an die Stelle des Apostolischen des 1. Kor. xv. 3-11, die sich auf die Leere des Grabes und die Greifbarkeit und Nahrungsverzehrfunktionen des Auferstehungsleibes Jesu statt auf die „Offenbarungen" vor den Aposteln konzentrieren, sind charakteristisch für diesen Kampf gegen die griechische Neigung zur Spiritualisierung. Lukas und Ignatius repräsentieren die Haltung der Orthodoxen, die Gegner von Ignatius die derer, die leugneten, dass Jesus „nach seiner Auferstehung im Fleisch" war. Die Offenbarung tritt ebenso wie die „Überlieferungen der Ältesten" für das sichtbare Königreich des Messias in Jerusalem ein.

(2) Im Streben nach apostolischer Autorität wurden alle Schriften, die letztendlich die asiatische Orthodoxie repräsentierten, unter den Namen und die Autorität des Apostels Johannes gebracht, obwohl Paulus und nicht Johannes noch viele Jahrzehnte nach dem Erscheinen der Offenbarung der Apostel Johannes bleibt apostolische Autorität, auf die man sich beruft, und obwohl die Schriften selbst ursprünglich anonym waren. Es gab in der Tat einen mitwirkenden Grund für das Wachstum dieser Tradition in dem zufälligen Umstand, dass ein palästinensischer Ältester, von dem Papias indirekte und Polykarp aller Wahrscheinlichkeit nach direkte Überlieferungen ableitete, auch den Namen Johannes trug und bis zum Jahr 117 n. Chr. ÜBERLEBTE . Dennoch kann der Hauptgrund dafür, dass dieser besondere apostolische Name letztendlich über das Evangelium und die Briefe der ephesischen Christenheit gesetzt wurde, nur seine frühere Verwendung zur Abdeckung der Zusammenstellung palästinensischer „Prophezeiungen" aus dem JAHR 95 n. Chr. gewesen sein .

TEIL IV

Die Literatur des Theologen

KAPITEL IX

DAS SPIRITUELLE EVANGELIUM UND DIE BRIEFE

Asien, wie wir es durch eine Reihe von Schriften kennengelernt haben, die vom Kolosser-Epheser-Brief (*ca.* 62) bis hin zu Papias (145) reichen, war zum Hauptschauplatz der gegenseitigen Reaktion zwischen dem „apostolischen" und dem paulinischen Christentum geworden Ende des ersten Jahrhunderts. Hier in Ephesus war das große Hauptquartier der Missionstätigkeit des Paulus gewesen. Hier hatte er täglich in der Schule eines gewissen Tyrannus, eines Philosophen, argumentiert und „viele Gegner" gefunden. Hier war er den „umherziehenden Juden, Exorzisten" begegnet und hatte die Vernichtung einer riesigen Menge an Zauberbüchern sichergestellt. Hier sagte er der Apostelgeschichte zufolge das Vordringen der Häresie nach seinem „Abgang" voraus, und hier ist die nachfolgende Literatur reichlich Zeuge der Erfüllung dieser Vorhersage. Epheser und Kolosser beginnen die Reihe, die Hirtenbriefe (*ca.* 90) setzen sie fort. Dann folgen die „Briefe an die Kirchen" der Offenbarung (95) und die Ignatianischen Briefe (110-117), ganz zu schweigen von denen, deren Herkunft ungewiss ist, wie etwa Judas und der 2. Petrus.

Die Pastorale machen bereits deutlich, dass auch die paulinischen Kirchen nicht von der unvermeidlichen Tendenz der Zeit, auf Autoritäten zurückzugreifen, verschont bleiben. Die Erhabenheit des Bewusstseins der apostolischen Inspiration des Paulus machte es für die nächste Generation umso schwieriger, diese für sich zu behaupten. Darüber hinaus nahm die Ketzerei immer mehr zu. Wenn selbst der äußere Druck der Verfolgung dazu neigte, die Kirchen in brüderlicher Sympathie zusammenzutreiben, wäre die Notwendigkeit traditioneller Standards noch unabdingbarer, um die „Art der gesunden Lehre" aufrechtzuerhalten, „den Glauben, der ein für alle Mal den Heiligen übergeben wurde". Ohne dies wäre es unmöglich, den Individualismus von Irrtümern einzudämmen , die sich Paulus' Sinn für persönliche Inspiration und mystische Einsicht zum Vorbild nahmen, *ohne* Paulus' Nüchternheit der kritischen Kontrolle unter dem Maßstab „des Gesetzes Christi". Es ist daher keine Überraschung, dass selbst im Hauptquartier des Paulinismus zu Beginn des zweiten Jahrhunderts eine weit verbreitete Tendenz zu beobachten war, auf die „apostolischen" Maßstäbe zu reagieren. Insbesondere da die gnostische Übertreibung der paulinischen Mystik immer weiter zur Missachtung der Gebote der allgemeinen Moral und zu einer größeren Abweichung von den jüdischen Vorstellungen von der künftigen Welt führte, war es natürlich, dass sich Männer wie Polykarp und

Papias dem Matthäus zuwandten und Petrustradition der Orakel des Herrn und zu den johanneischen „Prophezeiungen" über die Auferstehung und das Gericht.

Hätte es zwischen Gnostikern und Reaktionären nichts gegeben, wären die wichtigsten Elemente des Paulus-Evangeliums selbst in diesem großen Hauptquartier des Paulinismus möglicherweise verschwunden. Die Doketisten mit ihrer übertriebenen hellenistischen Mystik waren sicherlich nicht die wahren Nachfolger des Paulus. Sie zeigten eine geradezu verächtliche Missachtung des historischen Jesus, ein einseitiges Streben nach persönlicher Erlösung durch mystische Vereinigung der individuellen Seele mit dem Christusgeist, bis hin zur Missachtung des „Gesetzes Christi", selbst in einigen Fällen, in denen es üblich war Moral. Paulus zeichnete sich durch eine großartige Loyalität zur persönlichen Reinheit, zum sozialen Ideal des Königreichs und zur Einheit der Bruderschaft im Geiste des gegenseitigen Dienstes aus. Andererseits verewigten Männer wie der Autor der Hirtenbriefe, Ignatius und Polykarp, mit ihrem fast panischen Rückgriff auf die Autorität der Vergangenheit nicht den wahren Geist des großen Apostels. Sie verließen sich auf kirchliche Disziplin, konkrete und gewaltige Wunder in der Geschichte Jesu, insbesondere im Hinblick auf die körperliche – oder, wie sie gesagt hätten, „fleischliche" Auferstehung. Ihre Auffassung von seinen aufgezeichneten „Worten" machte sie zu einem festen, übermenschlichen Maßstab und einer Regel, einem „neuen Gesetz". Lehrer dieser Art, so sehr sie das „heilige Erbe" des Paulus auch wünschten und zu verewigen glaubten, bewahrten in Wirklichkeit dessen Form und ließen seinen Geist vermissen. Solche Männer würden sich gerne „der überlieferten Tradition" der Matthæan- Sprüche und der Petrusgeschichte zuwenden. Aber im ersteren würden sie keine Widerspiegelungen des Sinnes der Sohnschaft finden. Sie würden nur ein ergänzendes Gesetz vorfinden, ein neues und höheres Regelwerk. In der Geschichte würden sie nicht die paulinische Sicht auf die präexistente göttliche Weisheit entdecken, die im Menschen Einzug hält und einen zweiten Adam als älteren Bruder einer neuen Rasse hervorbringt, die Kinder und Erben Gottes. Sie würden die Mystik des Paulus auf die Ebene des Mannes auf der Straße bringen. Jesus wäre für sie entweder ein völlig übermenschlicher Mann, der dem heidnischen Halbgott nahe kommt, eine Gottheit inkognito; oder aber ein Mann, der so mit „der ganzen Quelle des Geistes" ausgestattet ist, dass er ständig und ununterbrochen alle seine wundersamen Funktionen ausübt. Die Geschichte des Kreuzes würde sich hinter den Wunderkindern verbergen.

Am allerwenigsten könnte die Bedeutung einer apokalyptischen Prophezeiung der paulinischen Lehre von den „letzten Dingen" gerecht werden. Gewiss ist Paulus selbst ein „Prophet", der von den fantastischen palästinensischen Lehren durchdrungen ist. Auch er glaubt an einen

Weltkonflikt, einen Triumph des Messias über den Antichristen. Insbesondere in einem seiner allerersten Briefe (2. Thessalonicher) erhalten wir einen Einblick in diese jüdischen Besonderheiten. Dem steht aber bei Paulus immer eine breitere und nüchternere Sicht gegenüber, die immer mehr die Oberhand gewinnt. Seine Lehre von der spirituellen Vereinigung mit Christus, die gegenwärtige Auffassung von „dem Leben, das mit Christus in Gott verborgen ist", eine Lehre griechischer und nicht hebräischer Abstammung, hat Vorrang vor den Bildern der jüdischen Apokalypse. In den späteren Briefen geht er davon aus, dass er lieber „abscheidet und bei Christus ist", als dass er „in die Luft entrückt wird" mit denen, die am Leben sind und beim „Kommen" bleiben. Selbst wenn Paulus also immer wieder Gelegenheit hatte, seine jüdische Auferstehungslehre gegen die griechische Neigung zu verteidigen, sie zu einer bloßen Unsterblichkeitslehre zu verfeinern, besteht sein Heilmittel nicht darin, einfach in die Grobheiten des jüdischen Millenarismus zurückzufallen. Am allerwenigsten hätte er mit dem nationalistischen und sogar rachsüchtigen Geist von Rev. IV.-XXI. sympathisieren können, mit seiner großen Schlacht von Jerusalem, unterstützt vom Messias und den Engeln, gegen Rom, unterstützt von Satan und dem Tier. Die Lehre des Paulus von der Auferstehung des „Körpers" durch „Bekleidung" des Geistes mit einer „Hütte", die „vom Himmel" stammt, seine Hoffnung auf ein messianisches Königreich, das der Triumph der Menschheit unter einem „zweiten Adam" ist, hat ihre apokalyptische Bedeutung Züge. Es ist ein Sieg über dämonische Feinde, „geistige Heerscharen der Bosheit in den himmlischen Örtern"; aber es hat die Zurückhaltung eines gebildeten Pharisäers gegenüber den gröberen Formen jüdischer Prophezeiung. Es zeigt den Geist des kosmopolitischen römischen Bürgers und philosophischen Denkers, nicht nur den des jüdischen Zeloten.

Wie heilsam wäre es, wenn Paulus selbst die Möglichkeit gehabt hätte, die divergierenden Elemente in seinen Kirchen zu kontrollieren, um einerseits den subjektiven Individualismus der Gnostiker und andererseits die reaktionären Tendenzen der Orthodoxen zu kontrollieren. Seine Abschiedsworte an seine geliebten Philipper würdigen auf traurige Weise, wie notwendig es für sie war, dass er „im Fleisch bleiben" sollte (Phil. 1 , 24). Doch es gab noch etwas Nützlicheres: Er sollte im Geiste bei ihnen bleiben. Und genau das finden wir im großen „spirituellen" Evangelium und den dazugehörigen Briefen aus Ephesus bewiesen.

Noch immer wird über einen bloßen Namen debattiert, der traditionell diesen Schriften zugeordnet wird, die selbst keinen Namen tragen. Die von frühen Transkriptoren vorangestellten Titel führen sie auf „John" zurück. Sie werden jedoch vor 175–180 nie in einer Weise verwendet, die auch nur annähernd darauf hindeutet, dass sie damals als von Johannes verfasst oder in irgendeiner Weise als apostolisch angesehen wurden. Und wenn wir die

Überlieferung bis zu ihrer frühesten Form zurückverfolgen, scheint es sich im dem Evangelium beigefügten Epilog (Johannes XXI.) nur um einen zweifelhaften Versuch zu handeln, diese mysteriöse Figur zu identifizieren, den „Jünger, den Jesus liebte". Wenn wir jedoch diese im Epilog aufgeworfene Frage zurückstellen, können die Schriften zumindest einem bestimmten Ort (Ephesus) und einem ziemlich eindeutigen Datum (ca. 105-110) zugeordnet werden, *mit* allgemeiner Zustimmung sowohl der antiken Überlieferung als auch der moderne Kritik. Das ist für uns das Wichtigste, denn es ermöglicht uns, ihren Zweck und ihre Bedeutung zu verstehen; wohingegen selbst diejenigen, die behaupten, dass sie vom Apostel Johannes geschrieben wurden, von der angeblichen Tatsache wenig Gebrauch machen können. Denn (1) das Wenige, was aus anderen Quellen über Johannes bekannt ist, steht völlig im Widerspruch zu den Merkmalen dieser Schriften. Sie zeichnen sich durch einen breiten Universalismus aus und reproduzieren die Mystik des Paulus. Um sie der Säule von Gal zuzuordnen. ii. 9 , oder der galiläische Fischer von Markus I. 19 und ix. 38 wird es notwendig anzunehmen, dass Johannes nach seiner Auswanderung nach Ephesus eine so vollständige Transformation durchlief, dass er in Wirklichkeit ein anderer Mensch wurde. (2) Die dürftige Möglichkeit, dass die Grundlage der Offenbarung den Apostel Johannes darstellen könnte, rückt in weite Ferne als je zuvor. Nun ist es eine merkwürdige Tatsache, dass Kritiker, die an der viel umstrittenen Tradition festhalten, dass der Apostel Johannes das Evangelium und die Briefe geschrieben habe, obwohl diese Schriften keinen solchen Anspruch erheben und keine Affinität zu dem bekannten Charakter haben, in der Regel eine bemerkenswerte Bereitwilligkeit zeigen weisen die Behauptungen der Offenbarung zurück, die eindeutig Johannes als ihren Autor erklärt und weitaus stärkere interne und externe Beweise zur Stützung dieser Behauptung hat als das Evangelium oder die Briefe. Wir bevorzugen vielleicht den Stil und die Lehre des Evangeliums und der Briefe, aber dieses schnelle und lockere Spiel mit den Beweisen kann Kritik dieser Art nur diskreditieren. (3) Der Wert des Nachweises der johanneischen Urheberschaft läge in der Tatsache, dass wir dann ein Zeugnis aus erster Hand über das tatsächliche Leben und die Lehren Jesu hätten, das der entfernten und indirekten Überlieferung der gegenwärtigen synoptischen Quellen unermesslich überlegen wäre. Aber in Wirklichkeit wagen diejenigen, die die johanneische Urheberschaft behaupten, nicht, eine solche historische Überlegenheit zu behaupten. Im Gegenteil halten sie die synoptische Tradition nicht nur historisch für „Johannes" überlegen, was sowohl die Aussagen als auch den Verlauf der Ereignisse betrifft, sondern sie neigen auch dazu, diesem galiläischen Apostel ein Extrem philonischer Abstraktion zuzuschreiben, so dass er sogar bewusste „Fiktion" bevorzugt „ zur Tatsache. Somit zerstört die zur Verteidigung der Tradition verwendete Argumentation den einzigen Faktor, der ihr Wert verleihen könnte.

Andererseits ist es möglich, diese sekundären Streitigkeiten außer Acht zu lassen, die nur darauf abzielen, die Autorität der Schriften zu erhöhen oder zu schmälern, indem sie behaupten oder leugnen, dass sie vom Apostel Johannes geschrieben wurden, und sich ihrer Interpretation nur auf der Grundlage von zu nähern was wirklich bekannt ist, bestätigt sowohl durch die alte Tradition als auch durch die moderne Kritik. Auf dieser Grundlage können wir mit Sicherheit behaupten, dass sie zu Beginn des zweiten Jahrhunderts in Ephesus entstanden und das, was wir als „apostolische" Lehre bezeichnet haben, „spiritualisierten", während sie gleichzeitig entschieden gegen die doketische und antinomische Häresie reagierten . Durch ein solches Verfahren werden wir im Interesse einer echten historischen Interpretation moderne kritische Methoden mit größtmöglichem praktischen Nutzen einsetzen.

Selbst diejenigen, die geringfügige Unterschiede in Stil und Sichtweise zwischen den Briefen und dem Johannesevangelium feststellen, werden zugeben, dass alle vier Dokumente aus derselben Zeit, derselben Situation und denselben Umständen stammen und dieselbe Denkschule repräsentieren. Wir werden also keinen schwerwiegenden Fehler begehen, wenn wir sie so behandeln, als ob sie von derselben Person verfasst worden seien und sogar so, als seien sie dazu gedacht, einander zu begleiten. Wir werden das Beispiel einer so hohen Autorität wie Lightfoot haben, der den 1. Johannes als einen Epilog betrachtete, der als Ergänzung zum Evangelium anstelle des vorliegenden Epilogs (Johannes XXI.) verfasst wurde. Darüber hinaus sind die Unterschiede in der antiken Behandlung des 1. Johannesbriefs und der beiden kleineren Briefe alle Folge der Zuschreibung des Evangeliums und des Ersten Briefs an den Apostel und eine Folge davon. Denn der 1. Johannesgott und das Evangelium waren schon immer untrennbar miteinander verbunden, und da ihm kein Name zugeordnet war, konnte man ihn leicht als den des Apostels behandeln. Aber der 2. und 3. Johannesbrief erklären eindeutig, dass sie von einem „Ältesten" geschrieben wurden; und in den Tagen, als die Menschen noch die Unterscheidung zwischen einem Ältesten und einem Apostel schätzten, empfand man dies als eine so ernste Schwierigkeit, dass das 2. und 3. Johanneswerk in die Klasse der „umstrittenen" Schriften eingeordnet wurden. In Wirklichkeit sind das 1. Johannesevangelium und das Evangelium genauso gewiss das Werk eines „Ältesten" wie das 2. Johannesevangelium und das 3. Johannesevangelium, auch wenn hierzu keine Erklärung abgegeben wird. Darüber hinaus können der 1. Johannesbrief und das Evangelium getrost als vom selben Autor stammend behandelt werden; denn so geringfügige Unterschiede in Stil und Standpunkt können vollständig durch die Prozesse der Überarbeitung erklärt werden, die das Evangelium nachweislich durchlaufen hat. Das ist vernünftiger, als sich zwei Autoren vorzustellen, die einander so außerordentlich ähnlich und so außerordentlich verschieden von allen anderen sind.

„Der Älteste" nennt seinen Namen nicht, und es ist für uns aussichtslos, ihn zu erraten, obwohl er seinem „geliebten" Freund „Gaius", für den der dritte Brief (der äußere Umschlag) bestimmt war, natürlich wohlbekannt war angesprochen. Wir haben lediglich drei Briefe, einen (3. Johannesbrief) persönlich, an den oben genannten Gaius, der dem Verfasser als Vermittler bei „der Kirche" dienen soll, weil Diotrephes, ihr Bischof, sich ihm heftig widersetzt. Ein anderer (2. Johannes) ist an eine bestimmte Kirche („die auserwählte Frau und ihre Kinder") gerichtet, aller Wahrscheinlichkeit nach die Kirche von Diotrephes und Gaius. Möglicherweise handelt es sich um den Brief, auf den im 3. Johannesbrief 9 Bezug genommen wird. Der dritte (1. Johannesbrief) ist völlig allgemein gehalten und nicht einmal so sehr vom Typus der Predigt in Richtung des Briefes abgewandelt wie im Hebräer- oder Jakobusbrief; denn es hat weder eine Überschrift noch einen Briefabschluss. Und doch ist es ein literarisches Produkt und spricht von sich selbst (i . 4; ii. 1, 7, 9, 12-14 usw.). Es ist nicht unmöglich, dass diese Gruppe von „Briefen" – ein Einzelner, einer an eine bestimmte Kirche, ein General – nach dem Plan der ähnlichen Gruppe verfasst wurde, die Paulus an Kirchen derselben Region, Philemon, Kolosser und mehr, richtete allgemeiner Brief, der uns als Epheserbrief bekannt ist. Möglicherweise waren sie dazu gedacht, das vom selben Autor verfasste Evangelium zu begleiten und einzuführen, ebenso wie die Prophezeiungen von Rev. iv.-xxi. werden durch die „Briefe" von Rev. I. -III. eingeleitet oder als Lukas-Apostelgeschichte unter Beilage an Theophilus zur Veröffentlichung unter seiner Schirmherrschaft geschickt. Unabhängig davon, ob die Verbindung zum Evangelium näher oder weiter entfernt ist, müssen wir, um etwas wirklich Verlässliches über den Autor, seine Absichten und sein Umfeld zu erfahren, mit seinen eigenen Hinweisen darauf beginnen, zuerst im Brief an Gaius, dann in dem Brief an „ die auserwählte Frau und ihre Kinder", dann in seinem „Mahnwort" an Jung und Alt aus dem 1. Johannesevangelium. So erhalten wir endlich einen historischen Zugang zu jener Abhandlung über die Offenbarung Gottes in Christus, die ihm seit der Antike den Titel des „Theologen" eingebracht hat.

Der dritte Johannesbrief zeigt, dass der Autor in der (größeren?) Kirche, aus der er schreibt, ein herausragender Mann ist, alt genug, um von Gaius mit Lob als einem seiner „Kinder" zu sprechen, obwohl Gaius selbst sicherlich kein bloßer Jugendlicher und bedeutend genug ist Diotrephes aufzufordern, sich für sein Fehlverhalten zu verantworten. Er hat evangelistische Mitarbeiter ausgesandt, von denen einige kürzlich zurückgekehrt sind und „vor der Kirche" Zeugnis von der gastfreundlichen Aufnahme durch Gaius abgelegt haben. Dafür dankt er Gaius und fordert ihn auf, die gute Arbeit fortzusetzen. Der Hauptzweck des Briefes besteht jedoch darin, Demetrius zu loben, der zweifellos der Überbringer dieses Briefes sowie eines anderen Briefes ist, der „an die Kirche" (2. Johannes?) geschrieben wurde. Der Autor befürchtet, dass dieser Brief niemals sein Ziel erreichen wird, wenn es nach Diotrephes geht. Es gibt sehr wenig Anhaltspunkte dafür, woher der Widerstand von Diotrephes kommt, aber das Wenige (Vers 11) deutet auf diejenigen hin, die behaupten, Gott zu „sehen" und „von" Ihm zu sein, ohne ausreichende Grundlage in einem Leben in Reinheit und Reinheit Wohltätigkeit. Der Brief „an die Kirche" ist deutlicher.

Der Zweck des zweiten Johannesevangeliums ist vollkommen klar. Nachdem er der „auserwählten Dame" zu denjenigen ihrer Kinder (Mitglieder) gratuliert hat, die der Autor gefunden hat und die ein konsequentes christliches Leben führen, bittet er die Kirche, sich an das „neue Gebot" Jesu zu erinnern, das zwar nicht neu, sondern die Grundlage von allem ist. das Gebot der dienenden Liebe. Der Grund für diese Dringlichkeit ist, dass „viele Verführer in die Welt gegangen sind, auch solche, die nicht bekennen, dass Jesus Christus im Fleisch kommt" (Vers 7). Und hier stoßen wir auf eine sehr neuartige und besondere Anwendung eines alten Datums der „Prophezeiung", die diesen Autor deutlich vom Autor der Offenbarung unterscheidet. Die doketische Häresie wird ausdrücklich mit „dem Betrüger und dem Antichristen" identifiziert. Das muss eine neue und überraschende Wendung für Männer gewesen sein, die es gewohnt waren, die antichristliche Idee mit der verfolgenden Macht Roms in Verbindung zu bringen. Wie wir wissen, wurde immer wieder davon ausgegangen, dass Satan durch den Zwang äußerer Gewalt operiert, die durch das Tier und den falschen Propheten gegen den Messias und sein Volk ausgeübt wird (Offb. 13). Es gab auch eine gute Autorität für einen mystischen „Menschen der Sünde", der sich im Tempel als Gott ausgab (2. Thess. ii, 4), oder für die Verbindung von Daniels „Gräuel, das verwüstet" mit den Leiden des jüdischen Krieges und die späteren Versuche falscher Propheten, die Auserwählten mit Lügenwundern zu täuschen (2. Thess. ii. 9; Markus xiii. 22; Offb. xiii. 14). Aber dies war eine neue Anwendung der Prophezeiung. Zu erklären, dass die ketzerischen Lehrer selbst Antichristen seien, bedeutete, die Aufmerksamkeit der Kirche von der äußeren Opposition auf die innere Illoyalität als die größere Gefahr zu lenken. Und die Identifizierung wird nicht nur in dieser allgemeinen Warnung zum Ausdruck gebracht, sondern in zwei ausführlichen Absätzen des „Worts der Ermahnung" (1. Johannes 2, 18–29; 4, 1–6) vollständig entwickelt und verteidigt. Wenn wir daher Polykarp in seinem Brief (110-171) finden, der die Idee stillschweigend aufnimmt, fast als eine verstandene Sache, indem er erklärt: „Denn jeder, der nicht bekennt, dass Jesus Christus im Fleisch gekommen ist, ist Antichrist" (vii. 1) wird es fast zur Gewissheit, dass er den 1. Johannesbrief gelesen hat.
[27]

Die Warnung unseres Ältesten „an die Kirche" (vielleicht insbesondere an ihre leitende Körperschaft) lautet, sich vor diesen Betrügern in Acht zu nehmen; weder um sie zu empfangen noch um sie zu begrüßen, weil sie „weitergehen" (,Fortschrittliche' sind) und nicht „in der Lehre Christi bleiben". Sich an diese „Lehre" zu halten, ist der einzige Schutz der Kirche.

Wenn wir uns als nächstes dem allgemeineren Brief zuwenden, der als 1. Johannes bekannt ist, wird das Fehlen jeglicher Überschrift durch die vollständigen und expliziten Erklärungen des Verfassers zu Motiv und Anlass mehr als ausgeglichen. Der Brief war sicherlich dazu gedacht, vor ganzen Gemeinden gelesen zu werden. Zumindest von einem Teil davon sagt der Autor selbst, dass es „über diejenigen geschrieben wurde, die euch in die Irre führen würden" (ii. 26). Ein Vergleich der vollständigen Denunziation mit dem, was wir über den Doketismus aus seinen eigenen Schriften wissen, etwa aus den sogenannten *Apostelgeschichten des Johannes* (*ca.* 175), zeigt sehr deutlich, welche Art von Häresie gemeint ist. Darüber hinaus haben wir die Briefe des Ignatius, die einige Jahre später an dieselben Kirchen geschrieben wurden, und die detaillierten Beschreibungen des Doketisten Cerinthus und seiner Lehren durch Irenäus , zusammen mit der ausdrücklichen Aussage, dass die Schriften des Johannes gegen denselben Cerinthus gerichtet waren .

Doch der 1. Johannesbrief ist weit mehr als eine bloße Polemik. Der Autor schreibt an diejenigen, „die an den Namen des Sohnes Gottes glauben, damit sie erkennen, dass sie ewiges Leben haben" (V. 13). Dies ist sicherlich das Ergebnis des bewussten Innewohnens des Geistes Jesu. Dies wird jedoch nicht durch prahlerische Worte über Erleuchtung, Einsicht und Wissen bewiesen, sondern durch praktischen Gehorsam gegenüber dem einen neuen Gebot; denn „Gott ist Liebe, und wer *liebt* (nicht wer *Gnosis hat*), ist aus Gott gezeugt und kennt Gott." Dieses innere Zeugnis des Heiligen Geistes ist eine Gabe oder (um den Ausdruck unseres Autors zu verwenden) eine „Salbung" (*d . h.* eine „Christus" -Einweihung), deren Wesen zum einen ebenso weit über das griechische Weisheitsideal hinausgeht auf der anderen Seite, da es auf der anderen Seite jenseits des jüdischen Ideals wundersamer Kräfte liegt. Es ist ein Geist der dienenden Liebe, der der Natur Gottes selbst entspricht und von ihr ausgeht. Dies ist „die Lehre Christi", in der allein es sicher ist, „zu bleiben".

Aber auch in Bezug auf die historische Tradition der Kirche ist unser Autor nicht weniger nachdrücklich. Er schätzt die Aufzeichnung einer tatsächlichen, realen und greifbaren Erfahrung dieses manifestierten Lebens Gottes im Menschen. Die „Progressiven" lehnen möglicherweise den bloßen Jesus „des Fleisches" ab und bevorzugen jemanden , der nur durch Wasser kommt (*d . h.* durch die Ausgießung des Geistes bei der Taufe) und nicht durch das Blut des Kreuzes. Denn die Kreuzeslehre war ein besonderer Stein des Anstoßes für Doketisten , die das Sakrament von Brot und Wein ablehnten. [28] Die tatsächliche Aussendung von Gottes einziggezeugtem Sohn in die Welt, die wahre „Sühne" für unsere Sünden (die von den Illuminaten so leichthin geleugnet wird), ist für den Autor ein wichtiger Punkt. Die Sünden „der ganzen Welt" wurden durch das tatsächlich auf Golgatha vergossene Blut Jesu gesühnt. Die Kirche verfügt also in dieser Geschichte über einen Tatsachenbericht von unendlicher Bedeutung für die Welt. Die Doketisten spielen mit dieser Aufzeichnung des historischen Jesus schnell und locker. Sie bestreiten jeglichen Wert des „Fleisches", in dem der Äon Christus zwischen der Zeit der Taufe und der Himmelfahrt lediglich als „Gefäss" gewohnt hatte – ein Ereignis, das sie *vor* dem Tod am Kreuz datieren. [29] Sie werden hier mit einer zwingenden Herausforderung und Erklärung konfrontiert. Die Erfahrung des Kontakts mit dem irdischen Jesus, die die Kirche als ihren unschätzbarsten Schatz schätzt, ist die Gewissheit – und die einzige Gewissheit, die wir haben – einer echten Gemeinschaft mit dem Vater; Denn „das Leben, das ewige Leben" Gottes im Menschen, des Logos – um offen den stoischen Ausdruck zu verwenden – ist nicht durch bloße mystische Träume bekannt, sondern durch die historischen Aufzeichnungen derer, die den wahren Jesus persönlich kannten. Kurz gesagt, die Manifestation Gottes ist objektiv und historisch und nicht nur innerlich und selbstbewusst; und diese äußere und objektive Manifestation lässt sich in dem zusammenfassen, was wir von der christlichen Bruderschaft von Jesus gesehen und gewusst haben.

Wenn wir uns dem Vierten Evangelium dadurch nähern, wie sein eigener Autor seine Botschaft an die ihn umgebenden Umstände anpasst, beginnen wir, es historisch und in seinem wahren Wert zu würdigen. Der Geist der Polemik ist im 1. Johannesevangelium immer noch vorherrschend, aber das Evangelium zeigt die Wirkung der Opposition nur in der sorgfältigeren Darlegung der genauen Bedeutung des Evangelisten. Es handelt sich um eine theologische Abhandlung, eine Interpretation der Lehre von der Person Christi, geschrieben, damit die Leser „glauben können, dass Jesus der Christus ist, der Sohn Gottes, und dass sie im Glauben Leben in seinem Namen haben können" (xx. 31).). In einer Zeit, die so eifrig darauf bedacht ist, die historischen Fakten über das Leben Jesu und den wahren Ablauf der Ereignisse herauszufinden (Lukas 1 , 1-4), ist es unvorstellbar , dass ein Autor, der sich so sehr darum bemüht, die konkrete Realität der historischen Tradition der Kirche aufrechtzuerhalten, dies auch tun sollte soweit er dazu in der Lage war, keine wirkliche Geschichte zu erzählen. Er konnte es sich nicht leisten, es angesichts des doketischen Mythos und der Fantasie und Verachtung für einen „Christus im Fleisch" abzuwerten. Die Vorstellung, dass ein solcher Autor die Fiktion bewusst den Tatsachen vorziehen könnte, ist höchst unwahrscheinlich; zehnmal mehr, wenn er der einzige überlebende Vertreter der Zwölf wäre, ein galiläischer Jünger, der Jesus von Anfang an noch vertrauter war als Petrus. Aber echte Geschichte war nicht mehr erreichbar. Der Autor des Vierten Evangeliums berichtet über kein Ereignis, das er nicht in gutem Glauben als Tatsache ansieht. Dennoch muss aus seiner eigenen Erklärung seiner Absichten sowie aus der Struktur des Buches selbst hervorgehen, dass er kein Historiker, sondern ein Doktrininterpret sein will. Sein Ziel ist es, nicht *Fakten* , sondern *Wahrheiten* zu vermitteln . Und sein Umgang mit (vermeintlichen) Tatsachen hat die Freiheit, die wir von einem Kirchenlehrer dieser Zeit und von der Schule des Mystikers Paulus erwarten sollten. Die sieben progressiven „Zeichen", die er erzählt und die in der Auferweckung des Lazarus gipfeln, sind erklärtermaßen (xx. 31) anschauliche Auszüge aus einer Vielzahl aktueller Wundergeschichten, die darauf abzielen, den daraus resultierenden Glauben an Jesus als den Sohn Gottes hervorzurufen in „Leben", *ich . e.* das ewige Leben, das in seinem Wohnen besteht (1. Johannes, Vers 20). Sie werden nicht als Akte des Mitleids beschrieben, die von jemandem ausgehen, bei dem die heilende Kraft Gottes gegenwärtig war. Jesus gibt nicht nach, wie in den Synoptikern, wenn das Mitgefühl für die vertrauensvolle Not den Widerwillen überwindet, die Aufdringlichkeit zu verstärken, die seiner höheren Mission im Wege stand. Ihr Hauptzweck besteht darin, „die Herrlichkeit" des inkarnierten Logos zu manifestieren, und Jesus führt sie nur aus, wenn und wie es ihm gefällt. Mitleid und natürliche Zuneigung werden fast mit Füßen getreten, damit diese „Offenbarung seiner Herrlichkeit" wirksamer wird (ii. 4; iv. 48; ix. 3; xi. 4-6, 15). Wie bei Paulus gibt es keinen Exorzismus. Dieses typischste und charakteristischste Wunder der Petrusgeschichte (Markus III, 15; Apostelgeschichte X, 88) ist verschwunden. Oder besser gesagt (wie bei Paulus): Die Vertreibung Satans aus seiner Herrschaft über die ganze Welt hat diese überwunden und überwunden (Johannes 12,31-33; *vgl* . Kol. 2,15). Bei Johannes werden Bitten um ein Wunder, sei es im Glauben oder im Unglauben, immer zurechtgewiesen (ii. 4; iv. 48; vi. 30-36; vii. 4-7; xi. 3-15). Jesus bietet sie an und bearbeitet sie, wenn „seine Stunde" kommt, ob beantragt oder nicht (V. 6-9; VI. 6; IX. 1-7). Seine Zurückhaltung beruht nicht auf einer Einschränkung allmächtiger Macht; denn die Macht wird ausdrücklich als sein *eigenes Recht erklärt* (V. 21; xi. 22, 25, 42). Er hält es nur zurück, damit der Glaube auf der Überzeugung von der Wahrheit beruht und nicht auf bloßem Staunen (ii. 23-25; iii. 2 *f.;* iv. 39-42, 48; vi. 29-46; xiv. 11). Er ist, kurz gesagt, ein allwissendes (i . 47-50; ii. 25), allmächtiges Wesen, das sich vorübergehend auf der Erde aufhält (iii. 13; xvi. 28).

Der mit diesen sieben Zeichen verwobene Dialog ist thematisch eng mit ihnen verbunden. Es zielt nicht darauf ab, bekannte Sprüche zu wiederholen, sondern folgt der literarischen Form, die seit Platon das klassische Modell für die Darstellung philosophischer Themen war. Das Thema ist nicht mehr wie in den Synoptikern die von Gott geforderte Gerechtigkeit, die Natur und das Kommen des Königreichs, die Pflicht gegenüber Gott und den Menschen. Es ist die Person und Funktion des Sprechers selbst. Anstelle der Gleichnisse haben wir Allegorien: „Sieben „Ich bin "" von Jesus, in der Debatte mit „den Juden" über die Lehre von seiner eigenen Person als Sohn Gottes.

Diese thematische Einheitlichkeit geht einher mit dem völligen Fehlen jeglichen Versuchs, stilistisch zwischen Äußerungen Jesu, des Täufers oder des Evangelisten selbst in Evangelien oder Briefen zu unterscheiden. Hätte der Autor gewollt, hätte er mit Sicherheit Aussprüche Jesu sammeln und ihnen eine ähnliche Form wie Matthäus und Lukas geben können. Er versucht es nicht. Das einzige Mittel, das er verwendet, um eine Unterscheidung vorzuschlagen, ist eine orakelhafte Mehrdeutigkeit, die zunächst missverstanden wird und daher eine fortschreitende Entfaltung erfordert. Das Hauptthema wird oft durch ein eigenartiges und feierliches „Wahrlich, wahrlich" eingeleitet.

Wie bei den „Zeichen" ist das anhaltende synoptische Gefühl für Fortschritt und Proportionen verschwunden. Gleich zu Beginn verkündet Johannes der Täufer seinen Anhängern, dass seine eigene Taufe an sich keinen Wert hat. Es geht nicht um „Umkehr zur Vergebung der Sünden". Es geht *nur* darum, den Christus „offenbar zu machen" (1. 19-34). Allein die Sühne Christi wird die Sünde hinwegnehmen (I. 29), allein die Taufe Christi wird echte Hilfe bringen (I. 34). Auch Jesus verkündet sich von Anfang an als Christus, im vollen paulinischen Sinne des Wortes (1. 45-51; 4. 26 usw.). Er wählt Judas mit der ausdrücklichen Absicht, ihn zu verraten, und zwingt die widerstrebenden Agenten seines Schicksals dazu (vi. 70 *f.;* xiii. 26 *f.;* xviii. 4-8; xix. 8-11).

All dies und noch viel mehr, was wir nicht zitieren müssen, erhebt kaum den Anspruch , Geschichte zu sein. Es ist offen gesagt Theologie oder vielmehr Apologetik. Wir haben als Rahmen den allgemeinen Umriss von Markus, einem galiläischen und einem judäischen Ministerium (Kap . 1. -xii.; xiii.-xx.), mit Spuren einer peräischen Reise (vii. 1 *ff.*). Dieses Schema wird jedoch durch ein anderes durchbrochen, das auf dem mosaischen Festsystem basiert, wobei Jesus bei jedem Besuch in Jerusalem die höhere Symbolik des Zeremoniells zeigt (ii. 13 ff. *Pessach* ; Vers 1 *ff.* Pfingsten; vii. 1 *ff.* Laubhütten; x. 22 *ff.* Widmung; xii. 1 *ff.* Pessach). Es gibt in chh . ich .-iv. eine „Lehre über Taufen" und die Begabung mit dem Heiligen Geist, die in etwa Markus I entspricht . 1-45. Es gibt in Kap. V. eine Lehre über die Autorität Jesu gegenüber Mose und dem Gesetz, entsprechend Markus II. 1—iii. 6. Es gibt eine Lehre vom „Brechen des Brotes", die Markus VI entspricht. 30—viii. 26 in Johannes VI., obwohl letzteres nicht nur auf das Bankett der Bruderschaft („Liebesfest") wie in Markus bezogen wurde, sondern die

Lehre über die Eucharistie vorwegnimmt und an deren Stelle tritt (vgl. Johannes VI . 52- 59 mit Johannes xiii.). Es gibt eine Kommission der Zwölf wie Matt. X. 16-42, allerdings platziert (mit Lukas xxii. 35-38) als zweite Sendung in der Nacht des Verrats (xiii. 31 – xviii. 26). Es besteht eine Abhängigkeit von Petrine Story und in gewissem Maße von Matthæan Sayings. Insbesondere Johannes XII. 1-7 kombiniert die Daten von Markus xiv. 3-9 mit denen von Lukas VII. 36-50; X. 38-42 in einer merkwürdigen Verbindung, was sicherstellt, dass der Evangelist diese beiden verwendete – und auch Matthäus, wenn xii. 8 echt sein (es kommt im Altsyrischen nicht vor). Doch unsere synoptischen Evangelien sind nicht die einzigen Quellen, und das entliehene Material wird mit souveräner Überlegenheit behandelt. Kurzum: Wie bereits die Kirchenväter erkannten, handelt es sich bei diesem Evangelium um ein neues Evangelium. Es zielt darauf ab, die anderen zu „ergänzen“, wie sie erkannten; aber nicht so, wie eine Erzählung eine andere ergänzen und vervollständigen könnte. Vielmehr ergänzt das Unsichtbare und Geistige das Äußere und Sichtbare. Dieses Evangelium verwendet die etablierten Formen der Wundererzählung und des Wundersagens; aber es verwandelt das eine in ein Symbol, das andere in einen Dialog und eine Allegorie. Anschließend wird unter Verwendung dieses Materials (ergänzt durch unbekannte, möglicherweise mündliche Quellen) eine Reihe von Interpretationen der Person und des Werkes des Gottmenschen konstruiert.

Von einer besonderen Besonderheit müssen wir noch sprechen. Wenn der Leser besonders einen Dolmetscher benötigt, um eine besonders wichtige Tatsache zu bezeugen und zu interpretieren, wie zum Beispiel die Szenen in der Nacht des Verrats oder die Realität des Sühnetodes Jesu (von den Doketisten geleugnet) oder den Beginn der Auferstehung Im Glauben wird das Zeugnis des Petrus durch das einer bisher unbekannten Gestalt ergänzt und übertroffen, die alles vorwegnimmt, was Petrus nur langsam erreicht. Dies ist der geheimnisvolle, namenlose „Jünger, den Jesus liebte“ (xiii. 23 *ff.;* xviii. 15 *f.;* xix. 25-37; xx. 1-10; *vgl.* Gal. xx. 20), ein anwesender Paulus in der Geist, Dinge mit dem Auge spiritueller Einsicht zu sehen. In diesem Evangelium gibt es keine Verklärungsszene und kein Gethsemane-Gebet – Verklärung ist unnötig, wenn die Herrlichkeit während des gesamten Lebens ununterbrochen erstrahlt. Das Gebet selbst ist unmöglich, wenn die Einheit mit der Gottheit einen Gedanken- oder Absichtsunterschied unvorstellbar macht. Daher sind die Gebete Jesu oft nur „um derer willen, die dabeistehen“ (xi. 41 *f.*). Das Gleiche gilt für die Stimme aus dem Himmel an der Szene, die den Platz von Verklärung und Gethsemane in einem einnimmt (XII. 27-33). Jesus wird von dieser Stunde an nicht um Erlösung bitten, denn er hatte sie von Anfang an gesucht. Sein Gebet lautet: „Vater, verherrliche deinen Namen.“ Die Stimme, die manche für einen Engel halten, der zu ihm spricht (*vgl.* Lukas 9,35; xxii, 43), ist für die Umstehenden da. Auch die Stimme bei seiner Taufe richtet sich nicht an ihn (der inkarnierte Logos braucht keine Offenbarung seiner eigenen Identität), sondern an den Täufer.

Deshalb werden synoptische Szenen immer wieder retuschiert und neue Szenen hinzugefügt, um ein einheitliches Bild der „Hütte" des präexistenten Sohnes Gottes im menschlichen Fleisch zu vermitteln. Wenn wir das Ganze betrachten und uns fragen: Was ist der Anlass für diese seltsame neue Darstellung der evangelischen Botschaft? Wir beginnen zu erkennen, wie unverzichtbar der Schlüssel ist, den der Evangelist selbst vor die Tür hängen lässt. Vielfältig und komplex sind die Probleme, mit denen wir konfrontiert werden, wenn wir uns durch dieses aufgetürmte Gewirr aus Anekdoten, Dialogen und Allegorien bewegen. Es gibt Raum für eine sorgfältige Prüfung der Kritik, um nach Möglichkeit festzustellen, wann, wie und aus welchen Quellen diese Meditationen zusammengestellt wurden. Aber nichts, was kritische Einsicht, Analyse und Vergleich so sehr dazu beitragen können, ein wirkliches Licht auf das Werk zu werfen, wie das, was der Evangelist selbst getan hat, indem er in einem Prolog (1. 1-18) die Grundprinzipien seiner Konzeption dargelegt hat.

In der bis dahin gültigen evangelischen Tradition fehlte noch das Grundlegende in der Christologie des Paulus: die Menschwerdungslehre. Paulus stellte sich die Geschichte von Jesus als ein überirdisches Drama vor, das im Himmel zur Rechten Gottes beginnt und endet. Sogar Matthäus und Lukas, die die Adoption in die Sohnschaft von der Taufe bis zur Geburt Jesu zurückführten, hatten den vorpaulinischen Standpunkt nicht wesentlich geändert. Dennoch gab es keine Vorexistenz. Jesus wurde noch nicht als die Weisheit Gottes gezeigt, durch die alle Dinge geschaffen wurden, der „himmlische Mensch", der zweite Adam, der die Gestalt eines Dieners annahm, sich demütigte und bis zum Tod gehorsam, reich und für uns wurde willen, arm zu werden. Selbst im Markusevangelium war er immer noch der Prophet, mächtig in Tat und Wort, von Gott aus der Mitte seiner Brüder erweckt und für seinen Gehorsam auf den messianischen Thron der Herrlichkeit erhoben. Wie *könnte* dies Kirchen zufriedenstellen, die in der Lehre des Paulus geschult sind? Wir sollten uns fast eher wundern, dass die synoptischen Erzählungen überhaupt Eingang fanden, wo Paulus von Anfang an eine Lehre vom ewigen Christus gepredigt hatte.

Und der Wandel ist kein bisschen radikaler, als wir erwarten sollten. Die Verklärungsgeschichte war ein zögerlicher Versuch gewesen, die paulinische Lehre in der petrinischen Geschichte zu verkörpern. Aber abgesehen von dem offensichtlichen Einfluss, der dem bloßen Doketismus eingeräumt wird , wie unangemessen für Paulus' Vorstellung vom „Menschen vom Himmel"! Der vierte Evangelist stellt die Person Jesu trotz seines spärlichen und widerspenstigen Materials konsequent und durchgängig im Sinne der paulinischen Christologie dar. Es gibt kein Zugeständnis an den Doketismus

, denn trotz allem und absichtlich (IV. 6; XIX. 28, 34) ist Jesus immer noch kein Phantasma, sondern wahrer Mensch unter Menschen. Es besteht kein Zögern, sich bei Bedarf in entscheidenden Punkten über die große und wachsende Autorität der „apostolischen" Tradition hinwegzusetzen. Stillschweigend, aber kompromisslos wird die petrinische Tradition beiseite geschoben. Der „Jünger, den Jesus liebte" sieht die Sache anders. Insbesondere wird die apokalyptische Eschatologie zugunsten einer Lehre vom ewigen Leben im Geiste entschieden unterdrückt. Das Zweite Kommen soll keine Manifestation „für die Welt" sein. Es wird eine innere Einwohnung Gottes und Christi im Herzen des Gläubigen sein (xiv. 22 *f.*). [30] Der Ort der zukünftigen Belohnung ist nicht ein verherrlichtes Palästina und ein verklärtes, wiederaufgebautes Jerusalem. Der Jünger wird, wie Paulus, „zu Christus gehen". Das Haus des Vaters ist größer als das Heilige Land. Es hat „viele Wohnungen", und der Diener muss zufrieden sein zu wissen, dass sein Herr ihn dort aufnehmen wird, wo er selbst wohnt (xiv. 1-3; xvii. 24).

über Jesus, das Drama des Ewigen, kennengelernt hatten , präexistenter, „himmlischer Mensch", inkarniert, triumphierend durch das Kreuz über den Fürsten dieser Welt und die Mächte der Dunkelheit. Wir müssen erkennen, dass sie es für notwendig hielten, das „apostolische" Material der Petrus- und Matthäus -Tradition mit dieser tieferen Bedeutung zu imprägnieren, die konkrete, historische Tatsache und die wahre Männlichkeit zu bewahren und dennoch die unverhältnismäßig äußere Geschichte mit einer Fülle transzendentaler Bedeutung zu ergänzen . Der Geist des Paulus war tatsächlich nicht tot. Weder die gnostische Häresie konnte es beseitigen, noch der reaktionäre christianisierte Legalismus es absorbieren. Es war in herrlicher Autorität und Macht wiedergeboren worden. Mit der Zeit würde es sich als das eigentliche Vorbild der „katholischen" Lehre erweisen. Das vierte Evangelium ist, wie sein Prolog bereits andeutet, eine Anwendung der paulinischen Inkarnationslehre, die auf der Grundlage der stoischen Logos-Theorie formuliert wurde, auf die Geschichte Jesu, wie sie in der Überlieferung berichtet wird. Es stellt eine Studie zur Religionspsychologie dar, die auf die Person Christi angewendet wird. Obwohl Paulus selbst arm an Wissen über den äußeren Jesus war und mit wirklich historischen Worten und Taten nicht vertraut war, wurde seine Lehre *über* Jesus dennoch, wie die des großen Heidenapostels, zur wahrsten Darstellung des „Herzens Christi".

KAPITEL X

EPILOGE UND SCHLUSSFOLGERUNGEN

Nur wenige der großen Schriften, die von der frühen Kirche geschätzt und weitergegeben wurden, sind der natürlichen Tendenz zu Bindungen am Anfang und am Ende entgangen. In der späteren Zeit nahmen solche Anhänge die Form von vorangestellten *Argumenta an* , *d . h . e.* einleitende Beschreibungen des Autors und des Inhalts sowie beigefügte *Abonnements* , die einem ähnlichen Zweck gewidmet sind. Diese unterschieden sich ebenso wie die Titel klar vom Text selbst und werden in modernen Ausgaben normalerweise nicht gedruckt, obwohl Beispiele für „Abonnements" in der King-James-Version nach den Paulusbriefen zu sehen sind. Vor der Zeit, als die Heiligsprechung einen solchen Prozess als Sakrileg erscheinen ließ, wurden sie an den Text selbst angehängt, wobei mehr oder weniger versucht wurde, die Teile zusammenzuschweißen. Zu bestimmten Überschriften der späteren Briefliteratur wie Jakobus und Judas, wo uns die Beziehung zum Text enger erscheint, als manchmal zugegeben wird, müssen wir dem bereits Gesagten nichts hinzufügen; Wir brauchen auch nicht mit der Präambel der Offenbarung (Offb. 1 , 1-3) zu zögern. Das, was am Ende hinzugefügt wurde, ist in den Fällen, in denen echte Beweise für eine solche spätere Ergänzung vorliegen, von besonderer Bedeutung für unsere Studie, da es dazu neigt, Licht dorthin zu werfen, wo Licht am meisten benötigt wird. Denn das ist eine unbekannte Zeit, zu Beginn des zweiten Jahrhunderts, als sich nicht nur die Kirchen selbst unter dem doppelten Druck innerer und äußerer Gefahr zur katholischen Einheit zusammenfanden, sondern auch ihre wertvollen Schriften mitbrachten, manchmal eine Sammlung von Briefen, manchmal ein Evangelium oder ein Buch der Prophezeiung, manchmal, wie in den Schriftgruppen, die Johannes und Petrus zugeschrieben werden, ein vollständiger Kanon aus Evangelium, Briefen und Apokalypse, dem wenig später auch die „Apostelgeschichte" folgt.

Die älteste Liste von Büchern, die zur öffentlichen Lektüre berechtigt sind und die wir besitzen, ist die der Kirche von Rom aus dem Jahr *ca.* 185, nach seinem Entdecker „Kanon von Muratori" genannt . Aus diesem Fragment, das am Anfang und am Ende verstümmelt ist, erfahren wir, dass die Briefe des Paulus an die Kirchen in einer Gruppe von sieben [31] geordnet waren , wobei der Römerbrief an letzter Stelle stand. Wahrscheinlich ist es seiner Position am Ende geschuldet, dass der Römerbrief durch die Hinzufügung paulinischer Fragmente ergänzt wurde, die in einigen frühen Ausgaben des Textes nicht vorkamen. Der eigentliche Buchstabe endet mit ch. xv. obwohl xvi. Es folgten wahrscheinlich die Verse 21-23, die vielleicht mit Vers enden.

24, die einige Texte nach Ver. 19. Ver. 25-27 ist ein weiteres Fragment, das in einigen Texten weggelassen wird.

<u>S. 200)</u> gesehen, wie die Offenbarung eine Schlussfolgerung nach der anderen erhielt, so dass die Beziehung der Persönlichkeiten fast unverständlich geworden ist. Wir verfügen über sehr dürftiges Textmaterial zur Offenbarung und können kaum beurteilen, ob irgendetwas von dem in Offb. 6-21 gehört zur Zeit der Überlieferung, nach der Veröffentlichung des Buches in seiner jetzigen Form. Bis zur Entdeckung neuer Textbeweise müssen die Phänomene in der Offenbarung nach Grundsätzen der höheren Kritik behandelt werden, die sich auf ihre Geschichte vor der Veröffentlichung beziehen. Auf jeden Fall wissen wir, dass die Zuschreibung an „Johannes" (Vers 8 *f.*) bereits in Justins *Apologie* (153) aktuell war.

Die längeren und kürzeren Ergänzungen zu Markus gehören wiederum in den Bereich der Textkritik. Die Manuskripte und frühen Übersetzungen führen uns zurück in eine Zeit, in der kein Ende bekannt war; allerdings nur, um uns fragen zu lassen, wie die Notwendigkeit entstand, sie zu komponieren – eine Frage der höheren Kritik. Markus xvi. 9-20 zeigt die Bekanntschaft mit Lukas und wahrscheinlich mit Johannes xx. Angesichts des Versuchs des Autors, die Auferstehungserscheinungen dieser beiden Evangelien zu vertuschen, ist es jedoch bemerkenswert, dass er keinerlei Anzeichen einer Bekanntschaft mit Johannes verrät. xxi. In diesem Fall des römischen Evangeliums ermöglichen es uns jedoch Textbeweise, etwas über die Geschichte der Nahrungsergänzung nachzuvollziehen. Das sogenannte „kürzere" Ende schließt die unvollständige Geschichte ab und erinnert an Matthäus, während das „längere" Ende von Lukas und Johannes stammt. ich .-xx. Spätere Verwendungen zeigen, dass die Endung „Länger" (vielleicht in Rom) spätestens um *ca.* 150. Es ist der erste Beweis, den wir für eine Verbindung des Vierten Evangeliums mit den Synoptikern haben; denn selbst Justin, obwohl er von Johannes *beeinflusst wurde* , *verwendet es* nicht so, wie er Matthäus, Markus und Lukas verwendet. Eine Parität zwischen den vier ist nicht vor Tatian (*ca.* 175), dem Vater der „Harmonien" des Evangeliums, nachweisbar. Das „kürzere" Ende, wenn nicht auch das längere, scheint in Ägypten hinzugefügt worden zu sein. Die Ergänzungen zu Markus haben zumindest das besondere Interesse, dass sie den Fortschritt eines Prozesses zeigen, dessen Anfänge wir auf Palästina selbst zurückführen, in der Kirche der „Apostel, Ältesten und Zeugen des Herrn", wo „der Älteste" steht Die von Papias berichtete Überlieferung bietet bereits Erklärungen für die Meinungsverschiedenheiten von Matthäus und Markus im Hinblick auf ihre gleichzeitige Verbreitung.

Nach der Hinzufügung von Markus zu Matthäus war es vergleichsweise einfach, die Lukas-Apostelgeschichte als drittes zu übernehmen und aus den drei Zusammensätze zu bilden, wie das Petrusevangelium *(Nordsyrien um*

130) und das *Nazarenerevangelium* (Coele) . -Syrien *um* 140). Justin in Rom (*ca.* 153) ist immer noch ein solcher Mann der drei Evangelien, obwohl er vom Vierten beeinflusst wurde; wohingegen sein Vorgänger Hermas (125-140) sich offenbar allein auf Markus stützte, obwohl er vielleicht mit Matthäus vertraut war. Der Schritt war schwieriger und zielte darauf ab, das vierte Evangelium zu übernehmen. Tatian in Rom (*ca.* 175) und Theophilus in Antiochia (181) sind die Urheber seiner Vollendung; und wie wir gesehen haben, geschah dies nicht ohne entschiedenen Widerstand, der in Rom vom Presbyter Gaius angeführt und von Irenäus (*ca.* 186) und Hippolytus (*ca.* 215) beantwortet wurde. Ein solcher Widerstand seitens der Befürworter der Petrus-Apostolizität wird im bedeutendsten und wichtigsten aller Epiloge , dem sogenannten Anhang oder Epilog zum Vierten Evangelium (Johannes XXI.), vorweggenommen.

Wann oder wo diese Ergänzung hinzugefügt wurde, ist eines der schwierigsten Probleme der höheren Kritik. Auf der Seite der externen Beweise haben wir die Tatsache, dass es in Markus XVI keine Wirkung zeigt. 9-21, wo Johannes xx. verwendet wird, und dass es um 170 n. Chr . eine große Veränderung in der Behandlung dieses Evangeliums und der damit verbundenen Briefe gibt, da diejenigen, die es vor dieser Zeit verwenden, keine Neigung zeigen, sie als Personen mit hoher apostolischer Autorität zu behandeln. Auf der Seite der internen Beweise gibt es Daten wie die Verwendung des Namens des Sees Genezareth aus dem zweiten Jahrhundert („Meer von Tiberias", xxi. 1) und Hinweise auf das Martyrium von Petrus in Rom (xxi. 18 f.) . .) und zu Legenden von Johannes als dem „Zeugen", der bis zum Kommen überleben sollte (xxi. 23). Ob und zu welchem Zeitpunkt diese Daten auf einen Ursprung in Ephesus oder in Rom schließen lassen, ist ein Problem für die technische Forschung. Was für uns von größtem Interesse ist, ist das Motiv und die Funktion dieser Ergänzung zum Ephesus-Evangelium und das Licht, das sie auf die Verhältnisse in der Kirche insgesamt wirft.

Es ist ganz offensichtlich, dass Johannes XXI. bildet einen nachfolgenden Anhang nach dem formellen Abschluss des eigentlichen Evangeliums in xx. 30 *f.* Denn abgesehen von den Unterschieden im Stil und in der doktrinären Sichtweise macht es einen völlig neuen Ansatz in Anlehnung an die Geschichte des Markusevangeliums über die Auferstehungserscheinungen in Galiläa; wohingegen das Evangelium dem lukanischen Vorbild folgt und alles zu Ende bringt, ohne Jerusalem zu verlassen. Die Botschaft der Frauen am Grab an die Jünger wird hier von Jesus persönlich übermittelt, wie in Matthäus. xxviii. 10 und wird tatsächlich wie in Lukas xxiv überliefert. 10 *f.* Es folgt die versprochene Offenbarung an die Jünger mit der Überwindung ihres Unglaubens und der große Auftrag, begleitet von der Gabe des Geistes. Damit wurde die Geschichte zu einem formalen Abschluss gebracht, dem unveränderlichen und notwendigen Abschluss aller evangelischen Erzählungen. Die Zusammenfassung des Wesens und Inhalts seines Buches durch den Autor und die direkt an den Leser gerichtete Zusicherung seiner schriftlichen Absicht („damit ihr glauben könnt ") folgt angemessenerweise als Abschluss des Ganzen. Es ist nicht vorstellbar, dass derselbe Autor unmittelbar danach, an einem früheren Punkt der Erzählung, fortfährt, wo die Jünger noch immer in Galiläa verstreut sind und sich ihrer Berufung und ihres Auftrags nicht bewusst sind. Denn trotz der Bemühungen des Ergänzungswerks in Ver. 14 Um dies zu erkennen, „beim dritten [32] Mal, als Jesus offenbart wurde", sind sie offensichtlich zu ihren ursprünglichen Lebensgrundlagen zurückgekehrt, ohne zum Auferstehungsglauben erwacht zu sein. Darüber hinaus gipfelt die Geschichte in der Wiederherstellung der Gunst des Petrus , mit einem unmissverständlichen Hinweis auf sein demütigendes Versagen, der Verheißung nachzukommen (xiii. 36-38): „Herr, warum kann ich dir nicht auch jetzt noch folgen? Ich werde mein Leben hingeben." für dich" (*vgl.* Xxi. 15-19). Wenn es die Absicht des Evangelisten gewesen wäre, dies zu sagen, hätte er es vor der Kommission in xx gesagt. 19-23. Kurz gesagt, wir haben hier zwei sehr unterschiedliche Formen der Tradition, die Jünger durch den auferstandenen Christus von ihrem Unglauben zu befreien und sie für ihre Aufgabe zu beauftragen. Die beiden Kommissionen, eine davon eine allgemeine Kommission aller „Zwölf", wie Matt. xviii. 18, das andere ein Sonderauftrag von Petrus wie Matthäus. xvi. 19, werden nacheinander angehängt, mit der merkwürdigen Unglücklichkeit, dass die Wiederherstellung von Petrus von seinem Abfall, zusammen mit seiner Ernennung zum obersten Unterhirten der Herde, nach dem wiederhergestellten Auftrag erfolgt, in dem er bereits mit den anderen *erschienen* ist zu vollem Glauben und Gunst und ausgestattet mit der Inspiration und Autorität des Geistes.

Es ist wahr, dass die Aufgabe, „die Herde Gottes zu hüten" (*vgl* . 1. Petrus v. 2), Petrus im 20. Jahrhundert übertragen wurde. 15-19 ist spezieller als das allen in xx übertragene Apostolat. 21-23; aber der Epilog hat Petrus bereits zuvor (xxi. 1-14) eine besondere und gebieterische Rolle im Apostolat (Ausbreitung des Evangeliums in die Welt) eingeräumt. Niemand wird in Frage stellen, dass Wundererzählungen bei einem Schriftsteller wie dem Vierten Evangelisten (und noch mehr beim Verfasser des Epilogs) einen symbolischen Sinn haben sollen. Es lässt sich auch nicht leugnen, dass der wundersame Fischfang, der in Lukas Vers 1-11 mit der ursprünglichen Berufung „Simons" einhergeht, [33] hier auf die Arbeit angewendet wird, die die Zwölf in der nun beginnenden Zukunft zu vollbringen haben, nämlich „ Menschenfischer." Die Spezifizierung der Anzahl der Fische und die Aussage, dass die Gefahr des Zerreißens des Netzes (*vgl.* Lukas V. 6) glücklich vermieden wurde, sollen natürlich auch einen symbolischen Sinn vermitteln, den Hieronymus noch macht leichter zu verstehen, wenn man uns mitteilt, dass 153 von Naturforschern der damaligen Zeit als die Gesamtzahl aller Fischarten angesehen wurde. Johannes xxi. 1-14 ist daher eine primitive Geschichte des Erscheinens Jesu nach seiner Auferstehung „vor Petrus und denen, die bei ihm waren" in Galiläa (nicht in Jerusalem wie in Johannes 1. -20. und Lukas), die einen Bezug zu Lukas hat V. 1-11, und wahrscheinlich auch an Matthäus. xiv. 28-33 (*vgl.* Johannes xxi. 7). Es ähnelt auch fast dem Fragment am Ende des *Petrusevangeliums* . Es symbolisiert die Arbeit der apostolischen Mission unter der Figur des Menschenfischens (*vgl.* Markus 1 , 17; Matthäus 13, 47-50) und gibt Petrus die Hauptrolle. Tatsächlich kommt Petrus nicht nur vor allen anderen zum Herrn und pflegt als Einziger mit ihm so etwas wie die innigen Beziehungen der Vergangenheit, sondern vollbringt nach seinem privaten Gespräch mit Jesus auch die gigantische Leistung, den gesamten wundersamen Fang ohne Hilfe zu landen . Die große und vielfältige Menge, die alle gemeinsam im Netz gefangen waren, aber nicht in das Boot heben konnten, brachte Petrus auf Jesu Wort sicher nach Hause. Der Autor, der die bereits konventionalisierten Symbole kirchlicher Bilder auf diese Weise verwendet, hatte sicherlich keine geringe Vorstellung vom Apostelamt des Petrus. In mindestens ebenso hohem Maße wie der Autor der Apostelgeschichte sieht er Petrus in einem besonderen Sinne als den Auftrag, der große Leiter und Leiter aller missionarischen Aktivitäten sowohl für Nichtjuden als auch für Juden zu sein (Apostelgeschichte XV. 7), und dies auch zu tun der Retter der Einheit der Kirche in der Stunde ihres drohenden Zerfalls. Als er zusätzlich von Jesus mit den Insignien und dem Amt des obersten Unterhirten der Herde Gottes ausgestattet wird, wird der Makel seiner dreifachen Verleugnung durch eine dreifache Gelegenheit, seine besondere Liebe durch besonderen Dienst zu beweisen, und die Schmach, die er damit hatte, ausgelöscht Nachdem er das frühere Versagen der „Nachfolge" (xiii. 36-38) mit der Verheißung gesühnt hat, dass er im Alter Gelegenheit haben wird, Jesus im Märtyrertod nachzufolgen (xxi. 18 f.), bleibt nichts übrig, was *dem* anspruchsvollsten Freund des „Katholischen" widerfahren wäre „Die Apostolizität konnte in Form einer Hommage an ihren großen Vertreter fordern.

Und doch ist der Hauptgegenstand des Epilogs noch nicht berührt. Wir können sicher sein, dass es nicht nur geschrieben wurde, um Petrus zu verherrlichen; obwohl es natürlich nicht anzunehmen ist , dass das Evangelium in seiner ursprünglichen Form Petrus nach dem 18. Jahrhundert einfach in der Haltung eines Abtrünnigen zurückließ. 27, um wieder aufzutauchen, als wäre in xx nichts passiert. 1 *ff.* [34] Es würdigt Petrus als Hauptzeugen der Auferstehung, Hauptapostel, Hauptretter der Einheit der Kirche, Hauptunterhirte der Herde Gottes im Interesse der katholisch-apostolischen Einheit, die alle Kirchenmänner waren zu deren Verwirklichung zu Lebzeiten des Autors so ernsthaft gearbeitet wurde und für die der Name Petrus zunehmend an Bedeutung gewann. Aber das

Hauptziel des Epilogs ist etwas anderes. Es wurde in erster Linie geschrieben, um eine andere Autorität zu loben und Raum für sie zu schaffen, die Autorität des Evangeliums, dem es beigefügt ist, und das Petrus immer wieder eine geheimnisvolle, namenlose Gestalt gegenüberstellt, die immer sieht, wenn Petrus blind ist, glaubt, wenn Petrus ungläubig ist, ist treu, als Petrus und alle anderen in feiger Verlassenheit geflohen sind. Ziel des Epilogs ist es, neben der wachsenden und heilsamen Autorität des Petrus Platz für die Autorität und Botschaft „des Jüngers, den Jesus liebte" zu finden. Sein Zweck erscheint in seiner Schlussfolgerung: „Dies (der Jünger, den Jesus liebte) ist der Jünger, der diese Dinge bezeugt und diese Dinge niederschreibt, und wir (die Kirche, die dieses ‚spirituelle' Evangelium schätzt und weitergibt) wissen, dass es ihm gehört. " Zeuge ist wahr."

Der Autor sagt nicht ausdrücklich, dass er den Apostel Johannes meint (der in Ephesus als Autor der Offenbarung gilt); denn eine solche direkte Identifizierung könnte durchaus sein eigenes Objekt gefährden. Aber er macht auf zweierlei Weise deutlich, dass Johannes wirklich gemeint ist, wie nachfolgende Autoren tatsächlich sofort schließen lassen. [35] (1) „Die Söhne des Zebedäus" werden zum ersten Mal im gesamten Werk in XXI vorgestellt. 2, aus der Gruppe, die mit Petrus anwesend ist. Ein einfacher Ausschlussprozess [36] lässt dann nur Johannes oder einen der beiden namenlosen „anderen Jünger", die kaum zu Jesus gerechnet werden konnten, als „den Jünger, den Jesus liebte" (Vers 7) identifizieren ' engste Vertraute.

(2) Auf die Szene der Vorhersage des Martyriums des Petrus (xxi. 18 *f.*) folgt unmittelbar (Vers 20-23) ein Hinweis auf Überlieferungen, von denen wir wissen, dass sie vor dem Ende des ersten Jahrhunderts in Bezug auf das Martyrium aktuell waren der beiden Söhne des Zebedäus, insbesondere in Bezug auf Johannes. Peter in xxi. 21 wirft die Frage nach dem *Schicksal* „des Jüngers, den Jesus liebte" auf (wörtlich: „und was diesen Mann betrifft?"). Der prägnante Befehl Jesu an Petrus „Folge mir nach" soll sich eindeutig auf das Martyrium beziehen (*vgl.* xiii. 36 *f.*) und wird von „dem Jünger, den Jesus liebte" sowie von Petrus befolgt. Die Frage des Petrus und die Antwort des Herrn hatten „unter den Brüdern" den Glauben entstehen lassen, dass dieser Jünger bis zur Wiederkunft „verweilen" würde. Nun haben wir nur bei Johannes, dem Sohn des Zebedäus, eine merkwürdige Schwankung der alten Tradition zwischen dem Glauben an sein Märtyrertod im gleichen Sinne wie sein Bruder Jakobus (Mark zu Markus IX. 1), dass er als bleibender Zeuge bis zum Kommen („weißes Märtyrertum") bleiben würde. Der Verfasser des Epilogs hat offensichtlich diese Überlieferungen über das Schicksal des Johannes im Sinn. Er möchte seinen Lesern klar machen, dass die rätselhafte Prophezeiung Jesu weder das dauerhafte Überleben des Johannes noch seinen gewaltsamen Tod versprach, sondern zumindest einer Interpretation fähig war, die Johannes an die Seite von Petrus stellte und nicht als Rivalen

seiner Führung oder Weisung Kontrolle, sondern einfach als Zeuge („Märtyrer") der Wahrheit. Petrus wird bereitwillig das Amt des „regierenden Ältesten" in der Kirche übertragen, wenn nur „der Jünger, den Jesus liebte" die Funktion des Propheten und Lehrers „im Geist" haben könnte, des Mannes des Glaubens und der Einsicht, dessen Funktion es ist „den Geist Christi" interpretieren.

Wenige Dinge könnten für die Bedingungen des christlichen Lebens und Denkens in den ersten Jahren des zweiten Jahrhunderts bedeutsamer sein als dieser Epilog, der dem „spirituellen" Evangelium beigefügt wurde, um es der allgemeinen Akzeptanz in der Kirche zu empfehlen. Es ist nicht von entscheidender Bedeutung, ob die vorsichtig vorgeschlagene Identifizierung des geliebten Jüngers mit Johannes, dem Sohn des Zebedäus, richtig ist oder nicht. Für eine historische Würdigung des großen literarischen Beitrags der Kirchen des Paulus zum „katholischen" Christentum des zweiten Jahrhunderts ist es wichtig, dass wir erkennen, was Petrus-Katholizität damals bedeutete und wie das paulinische geistliche Evangelium auf halbem Weg war es zu treffen. In diesem Punkt lohnt sich ein Studium der Epiloge, insbesondere aber des großen Epilogs zum Johannesevangelium.

Wir haben die Zeit für unsere eigenen Schlussworte erreicht. Der Prozess der Vereinigung und Kanonisierung der neutestamentlichen Schriften, der auf die Konsolidierung der Kirchen im zweiten Jahrhundert folgte, fällt nicht in unseren Zuständigkeitsbereich. Wir haben nur versucht, einen Einblick in die Ursprünge zu geben, da wir davon ausgehen, dass sich die Entstehung des Neuen Testaments eher auf die Schöpfungen der Gründungszeit bezieht, als die bewusste Inspiration noch in vollem Glanz war, als auf die Zeit der Sammlung in einem offiziellen Kanon . Wenn wir auf die beiden führenden Arten christlichen Denkens zurückblicken, das paulinische und das „apostolische" Evangelium, das griechisch-christliche Evangelium *über* Jesus und das jüdisch-christliche Evangelium *von* Jesus, das Evangelium des Geistes und das Evangelium der Autorität, können wir nicht versagen um zu erkennen, wie tief, breit und alt die beiden großen Strömungen des religiösen Denkens und Lebens sind, die sich hier vermischen, konkurrieren und zu neuem Ausdruck und klarerer Definition gelangen. Jedes hat seine verschiedenen Unterteilungen und Modifikationen, das paulinische Christentum in der griechischen Welt hat seine Probleme des Widerstands gegen die hellenistische Perversion auf der einen Seite und der Reaktion auf die jüdische äußere Autorität auf der anderen Seite. Das apostolische Christentum hat, ob in seiner konservativeren Form in Jerusalem oder in breiterer Angleichung an die paulinische Lehre in Antiochia und Rom, auch seine unterschiedlichen Strömungen, seine primitiveren und seine weiter entwickelten Stadien. Die Literatur, wie wir sie vor dem Hintergrund der Zeit langsam wahrnehmen, erweist sich immer mehr als Index des Lebens. Nicht auf die bloßen Eigenheiten einzelner Personen, sondern auf den großen Golfstrom des menschlichen Instinkts für soziale Gerechtigkeit und für individuelle Erlösung, der in seiner mächtigen Flut immer weiter voranschreitet.

Die Literatur des Neuen Testaments muss, wenn überhaupt, historisch verstanden werden. Es muss als Produkt, man könnte fast sagen als Niederschlag, der größten Periode in der Geschichte der Religion verstanden werden. Es stellt die Begegnung und gegenseitige Anpassung zweier grundlegender und komplementärer Religionsvorstellungen dar. Der Gegensatz besteht nicht nur zwischen dem Partikularismus des Juden und dem Universalismus des Nichtjuden. Es ist eine Antithese des sozialen Ideals des Gesetzes und der Propheten gegen das individuelle Ideal der persönlichen Erlösung durch die Vereinigung mit dem göttlichen Geist, das den Kern allen wichtigen hellenistischen religiösen Denkens in dieser Zeit des Reiches bildete. Das Christentum, wie wir es kennen, die Religion der Menschheit, wie sie geworden ist, die ultimative Weltreligion, wie sie unserer Meinung nach werden soll, ist ein Ergebnis dieser beiden Faktoren, semitisch und arisch, des sozialen und des individuellen Ideals. Seine kanonisierte Literatur repräsentiert die Kombination. Auf der einen Seite steht das soziale Ideal im Vordergrund. Es verewigt das Evangelium *Jesu* in Form der matthäischen und petrinischen Tradition, ergänzt durch die Apokalypse, die die Tradition mutmaßlich mit dem Namen Johannes verbindet. Das angestrebte Ziel ist das Reich Gottes, Gerechtigkeit und Frieden auf Erden wie im Himmel. Auf der anderen Seite überwiegt das individuelle Ideal. Es verewigt das Evangelium *über* Jesus in Form der paulinischen und johanneischen Lehre von seiner Person, die als Norm und Typus des geistlichen Lebens gilt. Das angestrebte Ziel ist die persönliche Unsterblichkeit durch moralische Gemeinschaft mit Gott. Sein Glaube ist Sohnschaft, durch Teilhabe an der göttlichen Natur, ohne zeitliche Begrenzung, ohne Verlust der individuellen Identität. Beide Arten von Evangelien behaupten mit Recht, sie kämen von Jesus von Nazareth; aber keiner kann ohne den anderen den Anspruch erheben, die Bedeutung seines Geistes und Lebens vollständig darzustellen.

Die Einheit des Neuen Testaments ist eine Einheit in der Vielfalt. Gerade weil es so weit auseinander liegende Vorstellungen davon präsentiert, was das Evangelium ist, verspricht es ewige Fruchtbarkeit. Nicht nach der Art der Schriftgelehrten studiert, die glauben, dass sie in ihrem Buch der Gebote und Prophezeiungen einen Pass für Belohnungen in einer künftigen magischen Welt haben, sondern als „Manifestation des Lebens, sogar des ewigen Lebens" des Geistes Gottes im Menschen wird es weiterhin den Geist und die Gesinnung Christi reproduzieren. Zu verschiedenen Zeiten und auf unterschiedliche Weise als Widerspiegelung der erlösenden Weisheit Gottes studiert, die „in jeder Generation, wenn sie in die heiligen Seelen eindringt, die Menschen zu Propheten und Freunden Gottes macht" (Sap. vii. 27), und die die Griechen, Betrachtet man ihn unglücklicherweise eher in seinem intellektuellen als in seinem moralischen Aspekt und nennt ihn den Logos Gottes, so wird er sich, wie in so vielen Generationen zuvor, als „unvergänglicher Same" erweisen, als „Wort der frohen Botschaft, das dem Menschen gepredigt wird". Welt, ein „Wort des Herrn, das bleibt". für immer ."

FUSSNOTEN

[1] *Tarik*, ich . e. „Weg" ist immer noch der arabische Begriff für eine Sekte, und der rabbinische Begriff für gesetzliche Anforderungen ist *Halacha*, d . h . e. "gehen."

[2] Bei der Verwendung traditioneller Namen und Titel wie „Lukas", „Johannes", „Matthäus" und „Jakobus" wird keine Annahme hinsichtlich der Authentizität gemacht. Die Bezeichnung wird aus Bequemlichkeitsgründen verwendet, unabhängig von ihrer kritischen Genauigkeit oder Ungenauigkeit.

[3] Das Vierte Evangelium wird somit durch Clemens von Alexandria charakterisiert, was bedeutet, dass es einen tiefen symbolischen Sinn hatte.

[4] Siehe Fußnote 3

[5] Siehe Fußnote 3

[6] „Katholisch" wird hier im etymologischen Sinn von „allgemein" oder „universal" verwendet. Wir werden im Folgenden Gelegenheit haben, den Begriff in einem engeren Sinne zu verwenden.

[7] Oder vielleicht dreizehn. Gal. ii. 1 kann man aus der Umrechnung (31-33) rechnen. In beiden Perioden (Gal. i . 18 und ii. 1) werden beide Termini gezählt.

[8] Wir beziehen den Namen auf den Autor der Lukas-Apostelgeschichte, unbeschadet der Frage der Urheberschaft.

[9] Apostelgeschichte xxii. 10-21 stimmt nicht ganz mit xxvi überein. 15-18; aber der allgemeine Sinn ist klar.

[10] Cornelius' Fall (Apostelgeschichte x.-xi. 18) ist außergewöhnlich und es folgt keine Propaganda. Die Lesung „Griechen" in Apostelgeschichte xi. 20 wird zwar vom Sinn verlangt und daher von den englischen Übersetzern übernommen, wird jedoch durch die Textbeweise nicht gestützt. Lukas hat hier seine Quelle korrigiert, um sie an seine Theorie anzupassen, genau wie in x. 1-xi. 18 geht er an der wahren Bedeutung der Geschichte vorbei, in der es eigentlich um die Frage des *Essens* mit Heiden geht (xi. 3, 7 *f.*).

[11] Die Behauptung wurde kürzlich in sehr hoher Runde auf der Grundlage des 1. Kor. aufgestellt. vii. 18, dass Paulus auch die „apostolische" Ansicht vertrat, dass der Christ jüdischer Herkunft weiterhin zur Einhaltung des Gesetzes verpflichtet sei. Man könnte meinen, Paulus hätte Vers 19 nicht hinzugefügt!

[12] Zur Lesung „Griechen" in Apostelgeschichte xi. 20 siehe Fußnote 10

[13] Das tatsächliche Ergebnis zeigt sich in der Reduzierung der „Last" auf die beiden Elemente der Enthaltsamkeit von „Unzucht und von Götzenopfern". Die schöneren Unterscheidungen des Paulus unter der letztgenannten Überschrift (1. Kor. VIII, 1-13, X. 14-23) sowie seine Unterscheidung zwischen den zeremoniellen und moralischen Gründen der Abstinenz wurden außer Acht gelassen.

[14] Der Römerbrief erweitert das Konzept der Rechtsökonomie, indem er das heidnische Gesetz des „Gewissens" einschließt (Röm. 1 , 18 – ii, 16). Im Galaterbrief wird dieser Punkt nur dadurch abgedeckt, dass die „Engel", durch die das mosaische Gesetz gegeben wurde, den „Elementen" zugeordnet werden, die in der nichtjüdischen Religion geehrt werden . Bei beiden handelt es sich um Kodizes von „Verwaltern und Gouverneuren".

[15] Harnack führt als Grund sehr geistreich den späteren schlechten Ruf Laodizeas an (*vgl.* Offb. iii. 15 *f.*); Vergleich des Ausmeißelns der Namen unbeliebter Könige aus Inschriften.

[16] Einige Autoritäten ersten Ranges glauben, dass es Hinweise auf eine literarische Abhängigkeit im 1. Kor. gibt. ich . 18-21 zum Spruch (Mt. xi. 25-27 = Lk. x. 21 *f.*).

[17] Das orthodoxe aramäische *Evangelium der Nazarener* lehnt sich sowohl an Lukas als auch an Matthäus an, spricht jedoch im Namen von „Matthäus". Dieser Apostel galt auch als Autor des *Evangeliums die Hebräer* , ein ketzerisches Produkt von *ca.* 120, in griechischer Sprache unter den jüdischen Christen Palästinas (Ebioniten) verbreitet.

[18] Die Überschrift lautete: „Dies sind die ... Worte (*logoi* wie in den Hirtenbriefen, nicht *logia* wie in Papias und Polykarp), die Jesus, der lebendige Herr, zu den Jüngern und zu Thomas sprach."

[19] Die Möglichkeit, dass das griechische Matthäusevangelium in Ägypten verfasst wurde (vgl. Mt. ii. 15), sollte offen bleiben, wie einige Kritiker meinen. Aus Sicht des Kirchenhistorikers muss Ägypten jedoch tatsächlich den „Gebieten Südsyriens" zugerechnet werden. Die Beziehungen zu Jerusalem waren eng und konstant.

[20] Die Parallele in Markus xvi. 14-18 ist sehr lehrreich, aber um den Sinn zu vervollständigen, bedarf es der kürzlich entdeckten Verbindung zwischen den Versen 14 und 15: „Und sie entschuldigten sich (für ihren Unglauben) und sagten: Dieses Zeitalter der Gesetzlosigkeit und des Unglaubens steht unter der Herrschaft Satans, der durch ..." Die Mittel der unreinen Geister verhindern, dass die Wahrheit und Macht Gottes erfasst wird. Darum offenbare schon jetzt deine Gerechtigkeit (*d . h.* Gerechtigkeit im Sinne von Jesaja 16, 1 *b*). Und Christus antwortete ihnen: Die Die Grenze der Jahre der Macht Satans ist (bereits) erfüllt, aber andere schreckliche Dinge stehen

bevor; außerdem wurde Ich im Namen der Sünder dem Tod ausgeliefert, damit sie zur Wahrheit zurückkehren und nicht mehr sündigen, damit sie das Erbe erben geistige und unvergängliche Herrlichkeit, die im Himmel ist." Dann folgt die Mission in alle Welt und die Begabung mit den Gaben.

[21] So Irenäus (186) und (implizit) Papias. Clemens von Alexandria (210) begegnet der Schwierigkeit, indem er behauptet, dass Petrus noch lebte, dem Schriftsteller aber keine Hilfe leistete.

[22] Siehe unten.

[23] Beachten Sie auch, wie in Apostelgeschichte VI. 5 endet die Liste der Diakon-Evangelisten „und Nikolaus, *ein Proselyt von Antiochia* ."

[24] Die Erwähnung von Agabus jedoch in xi. 27 *f.* stimmt kaum mit xiii überein. 1 und xxi. 10-14. Es scheint an der redaktionellen Neufassung von xi zu liegen. 22-30.

[25] Siehe oben, S. 104.

[26] Beachten Sie die Hinzufügung eines „achten" Kaisers in Vers. 11.

[27] Nicht 2. Johannes; denn es steht nur im 1. Johannes II. 18, dass der Ältere von „vielen Antichristen" spricht und jeden einzelnen Doketisten mit der apokalyptischen Figur identifiziert. Im 2. Johannes VII. Es ist die Häresie selbst als Phänomen, die *den* Antichristen ausmacht.

[28] In der *Apostelgeschichte des Johannes* kommt der Christusgeist, der in Jesus wohnte, zu Johannes, nachdem er vor der Gruppe, die den Herrn verhaftet hatte, in eine Höhle auf dem Ölberg geflohen war. Die süße Stimme des unsichtbaren Christus informiert ihn dort darüber, dass die geblendete Menge unten eine bloße Körpergestalt gequält hatte, die sie für Christus hielten, „während ich daneben stand und lachte". Im *Petrusevangelium* hing Jesus „wie einer, der keinen Schmerz empfindet" am Kreuz und wurde vor dem Ende „aufgenommen".

[29] Siehe Fußnote 28.

[30] Einige wenige Passagen, die damit nicht übereinstimmen, finden sich im Hauptteil des Evangeliums. Wie der Anhang (xxi. 22) handelt es sich um spätere Modifikationen einer für die Mehrheit zu hellenischen Lehre.

[31] Die persönlichen Briefe bildeten eine eigene Gruppe. Zwei Briefe an dieselbe Kirche (1. Kor., 2. Kor.) wurden als ein Brief gezählt. Marcion (140) zählte insgesamt zehn und hatte eine andere Reihenfolge.

[32] Eine Fehlzählung für „Vierte", es sei denn, wir ignorieren xx. 11-18, oder (mit Wellhausen) betrachten Sie xx. 24-29 eine Einfügung später als der Epilog.

[33] Der Zusatz in Ver. 10 *a* und der Plural „sie" in Ver. 11, sind lediglich redaktionelle Anpassungen der Geschichte an Markus I. 16-20.

[34] Wir müssen zu dem Schluss kommen, dass diese *beiden* Daten aus der synoptischen Tradition, die Verleugnung (xiii. 36-38; xviii. 15-18, 25-27) *und* die Wiederherstellung (Kap. xxi.), Ergänzungen zur ursprünglichen Form der sind Evangelium.

[35] Das *Muratorianum* stützt seinen legendären Bericht über die Niederschrift des Vierten Evangeliums durch „Johannes" mit der Billigung „seiner Mitjünger und Bischöfe" auf Johannes XXI. 24.

[36] Der frühe Tod von Jakobus, dem Sohn des Zebedäus (Apostelgeschichte XII, 1), schließt ihn von der Betrachtung aus.

LITERATURVERZEICHNIS

1. Allgemeine Einführungen in die NT-Literatur.

MOFFATT, JAS. Reihe „ *Internat. Theol. Bibliothek*". Scribner's, 1911. Standardmäßig, umfassend, fortschrittlich. Bestes Kompendium zum Thema auf Englisch. Ein Buch für Experten. 671 Seiten, 8 Vo.

JÜLICHER, A. Engl. übersetzt, von DA Ward, aus der 4. deutschen Ausgabe. London, Smith, Elder & Co., 1903. Die nützlichsten modernen deutschen Einführungen, basierend auf dem Standardwerk der „liberalen" Schule, von HJ Holtzmann . 650 Seiten, großes 8vo.

ZAHN, THEO. Engl. übers. aus der 3. dt. Auflage, von MW Jacobus. Scribner's, 1909. „Konservatives" Standardwerk. Immense Gelehrsamkeit im Bereich der Apologetik. Insgesamt 1750 Seiten, in 3 Bänden, großes 8vo.

SPECK, BW *Reihe „Neuer Test. Handbuch"*. Macmillan 1900. Ähnlich dem Standpunkt von Moffatt, jedoch ohne Literaturübersicht. Für technisch weniger fortgeschrittene Leser. 300 Seiten, kleine 8vo.

PEAKE, AS NY, Scribner's, 1910. 250 Seiten, 12 Monate. Eine ausgezeichnete Einführung in das Thema, im Allgemeinen konservativ.

2. Kritische Behandlungen der paulinischen Literatur.

SHAW, RD *Die Paulusbriefe, Einleitung und Erläuterung Studien* , 2. Aufl. T. & T. Clarke, 1904. 518 Seiten, großes 8vo. Nüchtern und vorsichtig. Für allgemeine Leser.

RAMSAY, WM *Pauline und andere Studien zum frühen Christentum Geschichte*. Hodder & Stoughton, 1906. 425 Seiten, großes 8vo. *Die Städte von St. Paul* (1907, 468 S.) stammt vom selben Autor, einem bedeutenden Geographen und Archäologen, der sich leidenschaftlich gegen die deutsche Kritik engagiert. Interessant, aber diffus.

PFLEIDERER , O. *Paulinismus*. Engl. übers. von E. Peters. 2. Aufl. 1891. Williams & Norgate. 2 Bde. 8vo. Insgesamt 580 Seiten, 8 Vo. Immer noch eine Standarddarstellung des Gedankensystems des Paulus. Ein Buch für Experten.

BAUR, FC *Paulus, der Apostel Jesu Christi, sein Leben und Werk, Briefe und Lehre*. Engl. übers. von Zeller (2.), deutsche Ausgabe, von A. Menzies. Williams & Norgate, 1876. Zwei Bände. 8vo (375 + 350 Seiten). Ein epochales Buch, Ausgangspunkt der modernen Kritik.

SCHWEITZER, A. Dieser fähige, wenn auch einseitige Kritiker hat bereits (1912) den Abschluss seiner Studie über moderne Leben Christi (siehe unten,

Die Suche nach dem historischen Jesus) unter dem Titel *Geschichte der Paulinischen veröffentlicht Forschung* . Es ist zu erwarten, dass dieser umfassende Überblick und die scharfsinnige Kritik der paulinischen Literatur bald dem englischen Leser zugänglich gemacht werden.

WREDE, W. *Paul.* Engl. übers. von E. Lummis. P. Green, London, 1907. 190 Seiten, 12 Monate. Eine kurze, brillante, populäre Skizze, radikal, suggestiv. Braucht den Ausgleich zu vorsichtigerer Kritik.

WEISS, J. *Paulus und Jesus.* Engl. übers. von HJ Chaytor . London und New York, Harper & Bros., 1909. 130 Seiten, 12 Monate. Eine wirksame Antwort auf Wredes Ansicht von Paulus als dem wahren Schöpfer des Christentums durch einen fortschrittlichen und fähigen Kritiker.

Leben des Paulus von Cone, Clemen (deutsch) und anderen sind in den letzten Jahren reichlich vorhanden. Siehe die *Enzyklopädien* und *Wörterbücher der Bibel* , sv „Paulus."

3.   Kritische   Behandlung   der   synoptischen   Evangelien   und Apostelgeschichte.

STANTON, VH *Die Evangelien als historische Dokumente* , Teil I und II. Cambridge University Press, 1903-1909. 297 + 400 Seiten, 8 Vo. Ein Standardüberblick über die Evangelienkritik aus konservativer Sicht, die Arbeit eines Gelehrten für Gelehrte.

KEGEL, O. *Evangelienkritik und historisches Christentum.* Putnam's, NY, 1891. 375 Seiten, kleine 8 Seiten. Liberal, halbpopulär.

BURKITT, FC *Die frühesten Quellen zum Leben Jesu.* Houghton & Mifflin, Boston und New York, 1910. 130 Seiten, 12 Monate. Einfach und beliebt. Burkitt ist ein führender fortschrittlicher Wissenschaftler.

4. Die johanneischen Schriften.

DRUMMOND, JAS. *Charakter und Autorschaft des Vierten Evangeliums.* Scribner's, NY, 1904. 544 Seiten, 8 Vo. Die fähigste aktuelle Verteidigung der traditionellen Autorschaft. Wissenschaftliche Auseinandersetzung mit der Literaturgeschichte.

SPECK, BW *Das vierte Evangelium in Forschung und Debatte.* Moffat, Yard & Co., NY, 1910. 556 Seiten, 8 Vo. Eine ähnliche Diskussion der Beweise kommt zu der umgekehrten Schlussfolgerung.

SCOTT, EF *Das vierte Evangelium, sein Zweck und seine Theologie.* T. & T. Clarke, Edinburgh, 1906. 386 Seiten, 8 Bände. Bewundernswert im Temperament, klar im Stil, halb beliebt.

SCHMIEDEL , PW *Die johanneischen Schriften*. Engl. übersetzt, von MA Canney . London, A. & C. Black, 1903. 295 Seiten, 12 Monate. Kurz, populär, radikal, von einem der fähigsten NT-Kritiker.

Allgemein.

REUSS, E. *Geschichte des NT* Engl. übers. aus der 5. deutschen Auflage, von EL Houghton. Boston, Houghton, Mifflin & Co., 1884. 649 S. 2 Bde. großes 8vo. Eine Standard-Schatzkammer wissenschaftlicher Informationen.

WERNLE , P. *Die Anfänge des Christentums*. Engl. übersetzt von GA Bienemann. London, Williams & Norgate, 1904. 388 + 404 Seiten, 8 Vo. 2 Bde. Fähig, wissenschaftlich, fortgeschritten.

PFLEIDERER , O. *Christliche Ursprünge*. Engl. übersetzt, von D. Hübsch . New York, BW Hübsch , 1906. 295 Seiten, 12 Monate. Populäre Vorträge, die etwas von den Ansichten der modernen Kritikerschule religionsgeschichtlich *zeigen* . Pfleiderers kritische Ansichten kommen in seinem Werk *Primitive Christianity* (engl. übersetzt, von W. Montgomery, in vier Bänden, 8 Bände, Putnams , 1909) vollständig zum Ausdruck.

MUZZEY, DS *The Rise of the NT* New York, Macmillan, 1900. 156 Seiten, 12 Monate. Eine ausgezeichnete Grundierung für Anfänger.

WREDE, W. *Der Ursprung des NT* Engl. übers. von JS Hill. Harper & Bros., London & New York, 1909. 151 Seiten, 12 Monate. Eine bewundernswerte Einführung von einem brillanten Anführer der fortgeschrittenen Kritik.

VON SODEN . *Die Geschichte der frühchristlichen Literatur. Schriften von das NT* Engl. übersetzt von JR Wilkinson. Williams & Norgate, 1906. 476 Seiten, 12 Monate. Ein Buch für Anfänger von einem großen neutestamentlichen Gelehrten liberaler Ansichten. Ein eng miteinander verbundenes Feld wird durch verschiedene *Geschichten des Apostolischen Zeitalters abgedeckt* , von denen die jüngsten und wichtigsten die von Weizsäcker (engl. transl., 1895) und McGiffert (1897) sind. Weniger technisch und eher orthodox sind die von Vernon-Bartlett (1899) und JH Ropes (1906). *Kritisch „Leben Christi"* präsentiert die Ergebnisse einer kritischen Untersuchung der Evangelien. Einen Überblick über dieses Forschungsgebiet, scharf analytisch und äußerst kritisch, gibt A. Schweitzer in *The Quest of the Historischer Jesus* (engl. übersetzt von W. Montgomery. A. & C. Black, 1910. 416 Seiten, 8vo). Schweitzer schreibt mit großer Gelehrsamkeit und Kraft, aber als „konsequenter Eschatologe" mit entschieden polemischem Interesse.